ことりっぷ co-Trip 会話帖

タイ語

電子書籍 が
無料

電子書籍のいいところ
購入した「ことりっぷ」が
いつでも
スマホやタブレットで
持ち運べますよ♪

まずは
ことりっぷアプリを
ダウンロード

詳しくは裏面で

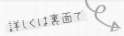

🐦 電子書籍をダウンロードするには…

Step 1
「AppStore」または「GooglePlay」から〈ことりっぷ〉で検索して
アプリをダウンロード

このアイコンが目印です

Step 2
アプリを起動し、
まず会員登録してからログイン

Step 3
トップ画面にある
電子書籍ボタンをタップ

Step 4
ストア画面の
「QRコードスキャン」をタップ

Step 5
右のQRコードを読み取ります

Step 6
ことりっぷが本棚に追加されます

ことりっぷ co-Trip 会話帖

タイ語

Thai

勇気を出してタイ語で話しかけてみましょう。
すこしでも気持ちが伝われば旅はもっと楽しくなります。
いつもよりあたたかい旅を経験してみませんか？

会話帖 タイ語を持って…

さあ、話してみましょう

**旅に必要な基本会話から、とっておきの現地情報を聞いたり、
ツウな旅を楽しむためのフレーズや単語を集めました。
さあ、会話を楽しんでみませんか?**

せっかく旅に出たのなら、現地の人とコミュニケーションをとってみましょう。簡単なあいさつでもその土地の言葉で元気よく話しかければ、現地の人も笑顔で応えてくれるはず。

グルメ、ショッピング、エステに観光、マーケットでも会話を楽しむシーンはいっぱいです。少しの会話でも、いつもと違った体験ができるかも!? 会話で旅はもっと楽しくなります。

どれがおすすめですか?
มีอันไหนแนะนำไหม?
ミーアンナイネナムマイ

トムヤムクンをください。
ขอต้มยำกุ้ง
コートムヤムクン

とってもおいしいです!
อร่อยมาก!
アロイマーク

贈り物用に包んでください。
กรุณาห่อของขวัญให้ด้วย
カルナーホーコーンクアンハイドゥアイ

3

HOW TO
ことりっぷ会話帖
タイ語

ことりっぷ会話帖は、見ためがかわいいだけではなく、
内容も盛りだくさん。事前にちょこっとお勉強するのも◎。
現地でも使いやすい会話帖をうまく使いこなすコツを教えます。

"カフェで何といえば注文できるの?""化粧水
って何ていうの?"などいざという時に困った
ことはありませんか?ことりっぷ会話帖は、現
地で使いやすいシチュエーション別の構成。そ
の場面に関連したフレーズや単語も充実してい
ます。こんなフレーズほしかったという声にお
答えした会話帖です。

使えるポイントはココ

● シチュエーション別の構成で使いやすい

● 様々なシーンでの基本フレーズが充実

● 単語集は和タイが多く、現地でも役立ちます

1 シチュエーション別にアイコンがついています

「グルメ・ショッピング・ビューティ・見どころ・エンタメ・
ホテル」は、それぞれジャンル別にアイコンがタイトルの
横についているので、探したいフレーズをすぐに見つける
ことができます。

2 単語が入れ替えてきて使いやすいです

数字や地名など、入れかえるだけで使えます。

アナンタ・サマーコム宮殿は
今日開いていますか?
ワンニープラティーナンアナンタサマーコムプードマイ
Is Gyeongbokgung open today?

3 重要フレーズが探しやすいです

特に重要なフレーズは一目でわかるようになっています。

ワット・ポーへ
行きたいのですが。
チャンジャパイウットポー
I want to go to Wat Pho.

4 相手の言葉もすぐ分かります

現地の人がよく使うフレーズも掲載しています。
事前にチェックしておけば、慌てずにすみますね。

開いています。/
休みです。
プート／ピット
Yes, it is.   No, it isn't

5 タイ語以外にも英語表記があります

英語の表記も掲載しています。
タイ語が通じなかったら英語で試してみましょう。

チェックアウトは
何時ですか?
チェックアウトキーモーン
When is the check-out time?

レストランに入ったら流れはこんな感じです

いよいよお楽しみの食事タイムです。食べたいものが決まったら、さっそくお店にでかけましょう。
楽しく食事を楽しむためにシーン別で使えるフレーズを集めました。

予約している	ペンカー チューリートーリー
○○です。	My name is Tanaka. I have a reservation.
予約していません。	マイ ミー チョーン ティー ワーン マイ
席はありますか?	I don't have a reservation, but can I get a table?
2人ですが	チューン コン ティー ワーン マイ
席はありますか?	Do you have a table for two?
どのくらい	ローナン クートゥーイ
待ちますか?	How long do we have to wait?
15分ほどです。	プラマーン シッナーティー
	About fifteen minutes
	わかりました。待ちます。 またにします。
	トックロン チャロー / ワチャ グラッマー マイ
	Oh, we'll wait / We'll come back again.
ここに座っても	ヌントローンニーダイマイ
いいですか?	Can I sit here?
メニューを	コーメニューノイ
見せてください。	Can I see the menu?
日本語のメニュー	ミーメニューパーサーイープン マイ
はありますか?	Do you have a Japanese menu?
名物料理は	メニューダンチュー クーアライ
どれですか?	Which one is the local food?

26

6 対話形式で やりとりも把握できます

実際の対話例を掲載しているので、
どのようにやり取りしたらよいかが
分かります。

こんにちは。
สวัสดี
サウッディー

いらっしゃい。
เชิญครับ
インディートーンラップ

これは何?
นี่คืออะไร
ニークーアライ

それは揚げ豆腐だよ、おいしいよ。
เต้าหู้ทอด อร่อย
タオフートート アロイ

LOOK
イラスト&写真単語集

自分で指をさして、相手にもさしてもらえるイラストや写真が豊富。各シーンで必要な単語を入れ替えして使えます。

※❶＝日本語を表しています。

> 現地の人と
> 楽しく会話を
> 楽しもう♪

インデックス

シチュエーションでインデックスを分けているので、すぐに必要なフレーズにたどり着けます。

リンクについて

例　時間 ➡ P.152

数字や食べ物など、単語を入れかえて使いたいときは、リンク先のページで見つけることができます。

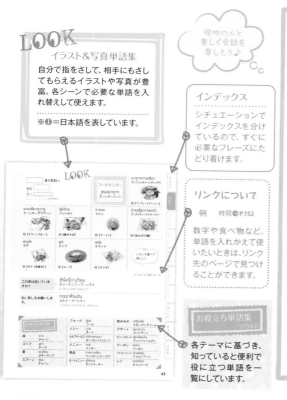

各テーマに基づき、知っていると便利で役に立つ単語を一覧にしています。

43

ことりっぷ会話帖で、積極的に現地の人と コミュニケーションを♪

コツ1 巻頭のあいさつや定番フレーズを事前に覚えよう

簡単なあいさつや基本のフレーズを覚えておけばいざというとき便利です。
➡ P.12

コツ2 写真・イラスト単語を相手に見せて伝えよう

うまく伝わらなかったら写真やイラストを見せて自分の意思を伝えてみましょう。
（例）➡ P.30・57・96 など

コツ3 日本の文化紹介をして積極的にコミュニケーションを

海外では日本文化に興味のある人も多いです。自分の国について紹介できれば、会話もはずみます。
➡ P.146

発音・フリガナについて

それぞれのフレーズ、単語にはカタカナ表記を付けています。そのまま読めば、現地のことばに近い音になるように工夫してありますので、積極的に声に出してみてください。

● タイ語の発音って？

タイ語は「子音」、「母音」、「声調」によって構成されています。タイ語の子音は42文字あり、日本語に近い音が多いですが、「無気音」（息をもらさないように発音する）と「有気音」（息をもらしながら発音する）の区別が慣れるまで難しいかもしれません。例えばnは「カ行」を息をもらさないように発音します。（実際には「ガ行」に近い音になります。）

タイ語の母音には、「基本母音（短母音・長母音）」と「複合母音（二重母音・三重母音）」があり、日本語にはない音もあります。例えば【ウア】は「あ」と「う」の中間の音になります。

タイ語には5つの「声調」（音の高低や抑揚）があり、同じ発音でも、声調が違うと意味が変わってしまいます。タイ語の文法は ➡ P.156へ

5

ことりっぷ co-Trip 会話帖

タイ語

Contents

シチュエーション別
の会話は、

🍴 グルメ
🛍 ショッピング
💆 ビューティ
📷 見どころ
🎵 エンタメ
🏨 ホテル

の6つのジャンルで
紹介しています。

Thai.

タイってこんなところです

ここではタイの基本情報や地理を紹介します。
主な地名は覚えておくと旅先で役立ちますよ。

タイのきほん

Q 言葉と文字は？

A タイ語です

タイ語が基本で、独自の方言や言語を
持つ地方もあります。観光地では英語
が通じるところも。

Q 通貨は？

A バーツ（B）です

「バーツ（B）」の下は「サタン（S）」で
1B＝100S。よく使われる紙幣は1000
B、500B、100B、50B、20B。硬貨
は10B、5B、2B、1B、50S、25Sです。

Q 旅行シーズンは？

A 11〜2月がベスト

熱帯モンスーン気候で、年間平均気温
が約29℃と一年中蒸し暑いタイ。雨
が少ない11〜2月（乾季と呼ばれてい
ます）がおすすめです。

タイのマナーを知っておきましょう

●王室に関する言動に注意
国民は現国王夫妻を敬愛していま
す。王室を侮辱するような言動は、王
室不敬罪で警察沙汰となることも。

●仏教に対する配慮は不可欠
寺院を訪れる際には肌を露出した服
装は避けること。また、境内以外でも
僧侶の姿をよく見かけますが、女性は
僧侶に触れてはいけません。すれ違
う時や電車の中では特に注意を。

●人の頭は神聖、左手と足の裏は不浄
たとえ親愛の情を込めていても、頭
をなでたりしてはいけません。また、
左手で指を指したり、人に足の裏を
向けることは失礼にあたります。

タイのおもな地名はこちら

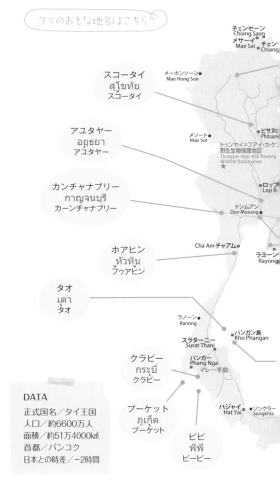

チェンセーン
Chiang Saen

メーサーイ
Mae Sai

チェン・
Chiang

スコータイ
สุโขทัย
スコータイ

メーホンソーン
Mae Hong Son

アユタヤー
อยุธยา
アユタヤー

メソート
Mae Sot

ピサヌ(l)
Phitsan

トゥンヤイ＝ファイ・カ・ケー
野生生物保護地区
Thungyai-Huai Kha Khaeng
Wildlife Sanctuaries
★

カンチャナブリー
กาญจนบุรี
カーンチャナブリー

ロップ
Lop B

ドンムアン
Don Mueang

ホアヒン
หัวหิน
フゥアヒン

Cha Am チャアム

ラヨーン
Rayong

タオ
เต่า
タオ

ラノーン
Ranong

パンガン島
Kho Phangan

スラターニー
Surat Thani

パンガー
Phang Nga

マレー半島

クラビー
กระบี่
クラビー

プーケット
ภูเก็ต
プーケット

ハジャイ
Hat Yai

ソンクラー
Songkhla

ピピ
พีพี
ピービー

DATA

正式国名／タイ王国
人口／約6600万人
面積／約51万4000k㎡
首都／バンコク
日本との時差／−2時間

その他の観光スポット WORD

寺院
วัดพุทธ
ワッドプット

市場
ตลาด
タラード

遺跡
ซากปรักหักพัง
サークプラックハックパン

タイの水事情

生水は絶対に飲まないこと。ミネラルウォーターはコンビニやスーパーで入手できます。500mlボトルで7〜10B程度です。

チェンマイ
เชียงใหม่
チェンマイ

エンチャン
Vientiane
ーンカーイ
Nong Khai

■バーン・チエン遺跡
Ban Chiang Archaeological Site

■ウドンタニー
Udon Thani

ナコーンパノム
Nakhon Phanom

■コンケーン
Khon Kaen

タイ
THAILAND

ウボンラチャターニー■
Ubon Rachathani

ンパヤーイェン=カオ ヤイ森林地帯
Dong Phayayen-Khao Yai Forest Complex

■アランヤプラテート
Aranya Prathet

コラート（ナコーンラチャシマー）
โคราช (นครราชสีมา)
コーラート（ナコンラーチャシーマー）

バンコク
กรุงเทพ
クルンテープ
世界屈指の観光地。街中に点在する寺院や仏塔、活気溢れるマーケット、極上スパ、そして絶品グルメと旅の魅力満載です。

パタヤー
พัทยา
パッタヤー

サムイ
สมุย
サムイ

ワンポイント

地名を使って会話してみよう

[　　　　　] に行きたいのですが。
ฉันอยากไป [　　　　　]
チャンヤークパイ [　　　　　]

目的地を伝えるときは、地名をはっきり言いましょう。

出身地はどこですか？
บ้านเกิดอยู่ที่ไหน
バーンクートユーティーナイ

出身は [　　　　　] **です。**
บ้านเกิดอยู่ที่ [　　　　　]
バーンクートユーティー [　　　　　]

現地の人とコミュニケーションを取って、旅にスパイスを加えましょう！

9

バンコクの街はこんな感じです

エリアによって多彩な表情を見せるタイの首都・バンコク。
街歩きの前に、主なエリアの位置関係をチェックしましょう。

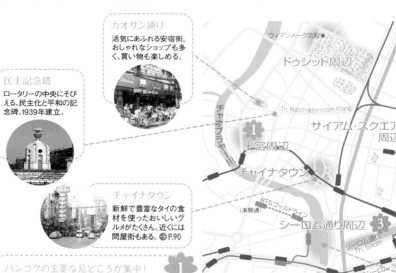

カオサン通り
活気にあふれる安宿街。おしゃれなショップも多く、買い物も楽しめる。

民主記念塔
ロータリーの中央にそびえる、民主化と平和の記念碑。1939年建立。

ウィマンメーク宮殿●

ドゥシット周辺

Th. Ratchadamnoen Klang

① 王宮周辺

サイアム・スクエア周辺

チャオプラヤ川

チャイナタウン

BTSゴールドライン
（未開通）

シーロム通り周辺 ③

シーロム通り
Th. Silom

BTSシーロムライン

チャイナタウン
新鮮で豊富なタイの食材を使ったおいしいグルメがたくさん。近くには問屋街もある。 ➡ P.90

バンコクの主要な見どころが集中！
歴史と信仰を象徴するエリア ①

王宮周辺
แถวพระบรมมหาราชวัง
/テーウプラブロムマハーラーチャワン

おもなスポット
- ワット・プラケーオ
  วัดพระแก้ว／ワットプラケーウ
- ワット・ポー
  วัดโพธิ์／ワットポー
- ワット・アルン
  วัดอรุณ／ワットアルン

その他の
観光スポット
WORD

大寝釈迦仏 พระนอน プラノーン	ドゥシット動物園 สวนสัตว์ดุสิต スアンサットドゥシット
ゲイソン ห้างเกสร ハーンケーソーン	アサンプション教会 อาสนวิหารอัสสัมชัญ アーサウィハーンアッサムチャン
エラワン・ブーム พระภูมิเอราวัณ プラブームエーラーワン	ワット・トライミット วัดไตรมิตร ウットライミット

☐☐☐ に行きたいのですが。
ฉันอยากไป ☐☐☐
チャンヤークパイ ☐☐☐

街歩きは看板を目印に

タイでは主要道路をถนน／タノン、そのわき道をซอย／ソーイといいます。わき道の入口の看板を街歩きの目印にしましょう。

Th. Phetchaburi

エアポート・レイル・リンク

Th. Phetchaburi

4 スクンヴィット通り周辺

BTSスクンヴィット・ライン　スクンヴィット通り

●ルンピニー公園

●ベンチャキティ森林公園
Benchakiti Forest Park

Th. Rama 4

---

2 思いっきりショッピングが楽しめるエリア

サヤーム・スクエア周辺　สยามสแควร์／サヤームサクウェー

おもなスポット

- ジム・トンプソンの家
  บ้านจิมทอมป์สัน／バーンジムトムサン
- プラトゥーナム市場
  ตลาดประตูน้ำ／タラートプラトゥーナム

---

3 在住外国人が多い国際色豊かな街

スクンヴィット通り周辺　สุขุมวิท／スクムヴィット

おもなスポット

- カムティエン夫人の家
  พิพิธภัณฑ์บ้านคำเที่ยง／ピピッタパンバーンカムティエン
- エンポリアム
  เอ็มโพเรียม／エンポーリアム

---

4 昼と夜で異なる顔を見せるバンコク有数のビジネス街

シーロム通り周辺　สีลม／シーロム

おもなスポット

- コンヴェント通り
  ถนนคอนแวนต์／タノンコンウェン
- ララライサップ市場
  ซอยละลายทรัพย์／ソーイララーイサップ

チャオプラヤー川周辺

高級ホテルが建ち並ぶ。北上すると王宮など歴史的な建物もある。

ルンピニー公園

バンコクのど真ん中にある都会のオアシス。市民の憩いの場。

地下鉄の駅はどこですか?

สถานีรถไฟฟ้าใต้ดินอยู่ที่ไหน

サターニーロットファイファータイディンユーティーナイ

まずはあいさつから始めましょう

タイでのコミュニケーションの始まりは、あいさつからです。
まずは基本のあいさつを覚えて、積極的に使うことから始めましょう。

おはよう。／こんにちは。／こんばんは。
อรุณสวัสดิ์／สวัสดี／สวัสดี
アルンサウット／サウッディー／サウッディー
Good morning. ／ Good afternoon. ／ Good evening.

さようなら。
ลาก่อน
ラーコーン
Bye. ／ Good-bye.

はい。／いいえ。
ใช่／ไม่ใช่
チャイ／マイチャイ
Yes. ／ No.

よい１日を。
ขอให้เป็นวันที่ดี
コーハイペンワンティーディー
Have a nice day.

ありがとう。
ขอบคุณ
コープクン
Thank you.

どういたしまして。
ไม่เป็นไร
マイペンライ
You are welcome.

またね！／また明日。
แล้วเจอกัน!／เจอกันพรุ่งนี้
レーウチャーガン／チューガンプルンニー
Bye! ／ See you tomorrow.

ครับ「クラップ」とค่ะ「カー」で丁寧に

タイ語で相手に丁寧に伝えるとき、男性はครับ「クラップ」、女性はค่ะ「カー」を動詞の後につけます。「ありがとうございます」は男性はขอบคุณครับ「コープクンクラップ」、女性はขอบคุณค่ะ「コープクンカー」と言います。

はじめまして。私は<u>スズキサトコ</u>です。
ยินดีที่ได้รู้จัก ฉันซาโตโกะ ซุซุกิ
インディーティーダイルーチャック　チャンサートーコ　ススキ
Nice to meet you. I'm Satoko Suzuki.

お目にかかれてうれしいです。
ยินดีที่ได้เจอ
インディーティーダイチュー
I'm glad to see you.

日本から来たのですか？
คุณมาจากญี่ปุ่นเหรอ
クンマーチャークイプンロー
Are you from Japan?

はい、<u>東京</u>から来ました。
ใช่ มาจากโตเกียว
チャイ　マーチャークトウキョウ
Yes, I'm from Tokyo.

すみません（何かをたずねる）。
ขอโทษ
コートート
Excuse me.

なんでしょうか？
อะไรเหรอ
アライロー
Pardon?

知っていると便利なフレーズたちを集めました

旅先でよく使う簡単なフレーズを集めました。
これだけで、コミュニケーションの幅がぐっと広がりますよ。

旅行前に覚えておくと
現地で便利です。

どのくらいかかりますか?
ใช้เวลาประมาณเท่าไหร่
チャイウェラープラマーンタウライ
How long does it take?

いくらですか?
เท่าไหร่
タウライ
How much is it?

はい、お願いします。／いいえ、結構です。
ใช่ รบกวนด้วย／ไม่ใช่ ขอบคุณ
チャイ　ロブグアンドゥアイ／マイチャイ　コープクン
Yes, please. ／ No, thank you.

これは何ですか?
อันนี้คืออะไร
アンニークーアライ
What is it?

わかりません。
ไม่เข้าใจ
マイカウチャイ
I don't understand.

知りません。
ไม่รู้
マイルー
I don't know.

もう1回言ってください。
กรุณาพูดอีกครั้ง
カルナーラートイークラン
Can you say that again?

ゆっくり話してもらえますか?
พูดช้าๆได้ไหม
ブードチャチャーダイマイ
Could you speak slowly?

おっしゃったことを 書いてもらえますか?
เขียนเรื่องที่พูดให้ได้ไหม
キーアンルアンティーブードハイダイマイ
Could you write down what you said?

日本語[英語]のできる人は いますか?
มีใครพูดภาษาญี่ปุ่น [ภาษาอังกฤษ] ได้บ้างไหม
ミークライブードバーサーイープン [バーサーアングリッド] ダイバンマイ
Is there anyone who speaks Japanese[English]?

とってもよいです。／ まあまあです。
ดีมาก／ก็ไม่เลว
ディーマーク／ゴマイレーウ
It's very good. ／ It's not bad.

いいですよ。／ OK。
ได้สิ／โอเค
ダイシ／　オケー
Sure. ／ OK.

だめです。
ไม่ได้
マイダイ
No.

ごめんなさい。
ขอโทษ
ゴートート
I'm sorry.

私です。／あなたです。
ฉัน／คุณ
チャン／クン
It's me. ／ It's you.

これをください。
ขออันนี้
ゴーアンニー
Can I have this?

いつ?／誰?／どこ?／なぜ?
เมื่อไหร่／ใคร／ที่ไหน／ทำไม
ムアライ／　クライ／ティーナイ／タンマイ
When? ／ Who? ／ Where? ／ Why?

15

知っていると便利なフレーズたちを集めました

[_____] をください。

ขอ [_____]

ゴー [_____]

[_____] , please.

Point ขอ は、要望を相手に伝える表現。[_____] に「物」や「サービス」などを入れて頼みましょう。ほしいものを受け取ったときや、何かしてもらったときには ขอบคุณ（コープクン／ありがとう）のひとことを忘れずに。

コーヒー
กาแฟ
カーフェー
coffee

紅茶
น้ำชา
ナムチャー
tea

コーラ
โคล่า
コーラー
coke

ミネラルウォーター
น้ำแร่
ナムレー
mineral water

ビール
เบียร์
ビア
beer

マンゴージュース
น้ำมะม่วง
ナムマムアン
mango juice

牛肉
เนื้อวัว
ヌアウア
beef

鶏肉
เนื้อไก่
ヌアカイ
chicken

トム・ヤム・クン
ต้มยำกุ้ง
トムヤムクン
Tom yum goong

グリーンカレー
แกงเขียวหวาน
ケーンキーアウウーン
green curry

メニュー
เมนู
メーヌー
menu

地図
แผนที่
ベーンティー
map

お店で大活躍するフレーズです。単語をあてはめて使いましょう。

パンフレット
ใบปลิว
バイプリウ
brochure

レシート
ใบเสร็จรับเงิน
バイセットラップグン
receipt

☐ してもいいですか?

ทำ ☐ ได้ไหม

タム ☐ ダイマイ
May I ☐ ?

> **Point** ทำ~ได้ไหมは、「~してもいいですか?」と相手に許可を求める表現。また「~できますか」とたずねる表現。☐に自分がしたいことを入れてたずねます。相手はたいてい ใช่ (チャイ/はい)か ไม่ใช่ (マイチャイ/いいえ)で答えてくれます。

写真を撮る
ถ่ายรูป
ターイループ
take a picture

トイレに行く
ไปห้องน้ำ
パイホンナム
go to a toilet

注文する
สั่ง
サン
order

ここに座る
นั่งตรงนี้
ナントロンニー
sit here

窓を開ける
เปิดหน้าต่าง
バードナーターン
open the window

予約する
จอง
チョーン
make a reservation

チェックインする
เช็คอิน
チェックイン
check in

そこに行く
ไปตรงนั้น
パイトロンナン
go there

ここにいる
อยู่ตรงนี้
ユートロンニー
stay here

電話を使う
ใช้โทรศัพท์
チャイトーラサップ
use a phone

あとで電話する
จะโทรไปหลังจากนี้
チャトーパイランチャークニー
call later

クーポンを使う
ใช้คูปอง
チャイクーポン
use a coupon

徒歩でそこへ行く
เดินไปตรงนั้น
ドゥーンパイトロンナン
walk there

> 観光地では「写真を撮ってもいいですか?」と聞いてから撮影を。

ここで支払う
ชำระเงินที่นี่
チャムラグンティーニー
pay here

知っていると便利なフレーズたちを集めました

[____] はどこですか?

[____] อยู่ที่ไหน

[____] ユーティーナイ

Where is [____] ?

Point อยู่ที่ไหน は、「場所」などをたずねる表現。どこかへ行きたいときや、探し物があるときに使います。[____] に「場所」「物」「人」などを入れてたずねてみましょう。

このレストラン
ภัตตาคารนี้
パッターカーンニー
this restaurant

トイレ
ห้องน้ำ
ホンナム
a restroom

駅
สถานี
サターニー
a station

一番近い駅
สถานีที่ใกล้ที่สุด
サターニーティークライティースット
the nearest station

きっぷ売り場
ที่ขายตั๋ว
ティーカーイトゥア
a ticket booth

私の席
ที่นั่งของฉัน
ティーナンコーンチャン
my seat

案内所
สถานที่แนะนำ
サターンティーネナム
an information center

エスカレーター
บันไดเลื่อน
バンダイルアン
an escalator

エレベーター
ลิฟท์
リフト
an elevator

階段
บันได
バンダイ
stairs

カフェ
ร้านกาแฟ
ラーンカーフェー
a cafe

銀行
ธนาคาร
タナーカーン
a bank

街歩きから建物の中にいる時まで、幅広いシーンで使えます。

郵便局
ที่ทำการไปรษณีย์
ティータムカーンプライサニー
a post office

警察署
สถานีตำรวจ
サターニータムルアト
a police station

☐ はありますか?

มี ☐ ไหม

ミー ☐ マイ

Do you have ☐ ?

Point มี〜ไหม は、「〜はありますか?」とたずねる表現。☐ に「品物」や「料理」などを入れて、店で自分のほしいものを売っているかたずねたり、レストランで注文したりするときなどに使います。

薬
ยา
ヤー
medicine

ティッシュ
กระดาษทิชชู่
クラダードティッチュー
tissue

雑誌
นิตยสาร
ニッタヤサーン
magazine

チョコレート
ช็อคโกแลต
チョコレート
chocolate

変圧器
เครื่องแปลงกำลังไฟ
クルーアンプレーンカムランファイ
transformer

地図
แผนที่
ベーンティー
maps

ジャム
แยม
イェーム
jam

ケチャップ
ซอสมะเขือเทศ
ソースマクアテート
ketchup

塩
เกลือ
グルア
salt

コショウ
พริกไทย
プリックタイ
pepper

紙ナプキン
กระดาษชำระ
クラダードチャムラ
paper napkins

電池
แบตเตอรี่
バットテリー
batteries

コピー機
เครื่องถ่ายเอกสาร
クルーアンターイエーカサーン
a copy machine

生理用品は
ผ้าอนามัย
パーアナーマイ
といいます。

はさみ
กรรไกร
カンクライ
scissors

19

知っていると便利なフレーズたちを集めました

▢▢▢▢▢ を探しています。

กำลังหา ▢▢▢▢ อยู่

カムランハー ▢▢▢▢ ユー

I'm looking for ▢▢▢▢ .

Point ก่ำลังหา ～ อยู่ は、「～を探しています」と相手に伝える表現。「なくした物」、「買いたい物」、「欲しい物」だけでなく、「行きたい場所」などを伝えるときにも使います。

私のさいふ
กระเป๋าสตางค์ของฉัน
クラパオサターンコーンチャン
my wallet

私のパスポート
พาสปอร์ตของฉัน
パースポートコーンチャン
my passport

私のカメラ
กล้องของฉัน
クロンコーンチャン
my camera

トイレ
ห้องน้ำ
ホンナム
a restroom

出口
ทางออก
ターンオーク
an exit

入口
ทางเข้า
ターンカオ
an entrance

Tシャツ
เสื้อยืด
スアーユート
T-shirts

靴
รองเท้า
ローンタオ
shoes

かばん
กระเป๋า
クラパオ
bags

化粧品
เครื่องสำอาง
クルーアンサムアーン
cosmetics

コンビニ
ร้านสะดวกซื้อ
ラーンサドゥアクスー
a convenience store

両替所
ที่รับแลกเปลี่ยนเงิน
ティーラップレークプリーアングン
a money exchange

「人」を探すときにも使えます！尋ねる前にすみませんという意味のขอโทษ（コートート）と声をかけるとより◎です。

本屋
ร้านหนังสือ
ラーンナンスー
a bookstore

アスピリン
ยาแก้ปวด
ヤーケーブワート
an aspirin

20

基本会話

グルメ

ショッピング

ビューティ

見どころ

エンタメ

ホテル

乗りもの

基本情報

単語集

［　　　］してくれませんか?

ทำ ［　　　］ ให้ได้ไหม

タム ［　　　］ ハイダイマイ

Could you ［　　　］ ?

Point ทำ ～ ให้ได้ไหมは、「～してくれませんか?」と要望を相手に伝える表現。
［　　　］には「相手にしてほしいこと」を入れて使います。

お願いを聞く

ขอความช่วยเหลือ
コークワームチュアイルアー
do me a favor

助ける・手伝う

ช่วย
チュアイ
help me

もう一度言う

พูดอีกครั้ง
プートイーククラン
say that again

ゆっくり言う

พูดช้าๆ
プートチャチャー
speak slowly

今言ったことを書く

เขียนเรื่องที่พูดตอนนี้
キーアンルアンティープードトーンニー
write down what you said now

タクシーを呼ぶ

เรียกแท็กซี่
リーアクテクシー
call me a taxi

道を教える

บอกทาง
ボークターン
show me the way

毛布を持ってくる

ให้ผ้าห่ม
ハイパーホム
bring a blanket

医者を呼ぶ

เรียกหมอ
リーアクモー
call for a doctor

少し待つ

รอหน่อย
ローノーイ
wait a minute

探す

ค้นหา
コンハー
look for it

案内する

แนะนำ
ネナム
show me around

荷物を運ぶ

ขนของ
コンコーン
carry the luggage

ขอ(コー／～をください) より、丁寧な表現になります。

連絡先を教える

บอกที่ติดต่อ
ボークティーティトトー
tell me your address

21

現地の人に気持ちを伝えてみましょう

タイの
ことば

タイ語を覚えるのはちょっと大変ですが、感情がすぐに伝わるひとことを
事前に覚えておけば、現地で地元の人と早く仲良くなれますよ。

友だちに
会ったら…

ไง! ガイ
やあ！

仲良くなった相手に使える簡単
なあいさつの言葉です。

相手にお礼を
言われたら…

ไม่เป็นไร マイペンライ
どういたしまして。

「気にしないで」という意味もあ
る、便利なひとこと。

屋台やレストランで…

อร่อยจัง! アロイチャン
おいしい！

旅行中に何度も言いたいひとこ
とですね。

強引な客引きに
あったら…

ไม่เอา! マイアウ
けっこうです！

毅然とした態度ではっきりと断り
ましょう。

相手の言葉が聞き
取れなかったら…

เอ๊ะ อะไรหรอ エ　アライロー
え？何ですか？

わかったふりをせず、聞き返して
みましょう。

観光中に…

สวยจัง! スアイチャン
きれい！

美しい風景や街並みに感動した
ら、このひとこと。

カタコトでも一生懸命相手の国の言葉を話そ
うとするだけで、よいコミュニケーションにつ
ながりますよ。

コミュニケーションのコツを覚えておきましょう

よいコミュニケーションに必要なのは、何も言葉の知識だけではありません。
その国の文化や考え方、行動の背景を知ることも大切ですね。

タイのあいさつといえばワイ
(合掌礼)。ふつうは目下の者
が目上に対して敬意を表すた
めに行い、目上の者が目下に
対してすることはありません。

むやみに「ใช่／チャイ」(は
い)と言わないようにしまし
ょう。わからないときは「ไม่รู้
／マイルー」(知りません)な
どと相手に伝えましょう。

ขอโทษ

相手の体に触れてしまったら、
「ขอโทษ／コートード」(すみ
ません)と言いましょう。相
手を呼びとめたり、注意をひ
いたりするときも、このフレー
ズを使うのがマナーです。

タイでは人の頭は神聖、左手
と足の裏は不浄と考えられて
います。人の頭に触る・左手
で指さす・人に足を向けるな
どの行為はNGです。

こんなシーンで
実際に使ってみましょう

旅先ではさまざまなシーンに出くわすでしょう。
おいしい料理を堪能したり、ショッピングでお目当てのアイテムを見つけたり。
または、道に迷ったり、持ち物をなくしてしまったりすることもあるかもしれません。
よい思い出を倍増させ、いざというときにあなたを助けてくれるのが
現地の人々との会話なんです。
現地の人々と積極的にコミュニケーションを取って、あなたの旅を
より魅力的なものにしましょう。

ビューティ
ความสวยงาม
クアームスアイガーム

ショッピング
ช้อปปิ้ง
ショッピング

エンタメ
ความบันเทิง
クアームバントゥン

グルメ
อาหาร
アーハーン

見どころ
จุดเด่น
チュッドデン

タイ料理をおいしく食べるには準備がたいせつです

**タイ旅行の楽しみのひとつは、おいしいタイ料理を味わうことですよね。
うわさの人気店でグルメを楽しむには、ぜひ事前に予約を入れましょう。**

まずは予約をしましょう

もしもし、ブルー・
エレファントですか？

ฮัลโหล บลูเอเลเฟนท์ใช่ไหม
ハロー　ブルーエレフェントチャイマイ
Hello, is this Blue Elephant?

ブルー・エレファントです。
ご用件をうかがいます。

ที่นี่บลูเอเลเฟนท์ มีอะไรให้รับใช้
ティーニーブルーエレフェント　ミーアライハイラップチャイ
This is Blue Elephant. How can I help you?

**今晩6時に4名で
予約をお願いします。**

ขอจอง 4 ที่ เวลา 6 โมงเย็น
コーチョーンシーティー　ウェーラーホックモーンイェン
I'd like to make a six o'clock reservation for four.

数字 ⇒ P.150
時刻 ⇒ P.152

かしこまりました。
お席を用意しておきます。

รับทราบ จะเตรียมที่นั่งไว้ให้
ラップサープ　チャトリーアムティーナンウィハイ
Sure. We'll have a table ready for you then.

すみません。その
時間はいっぱいです。

ขอโทษ ช่วงเวลานั้นเต็มแล้ว
コートート　チューアンウェーラーナンテムレーウ
I'm sorry. We have no open tables at that time.

何時の席を
予約できますか？

ช่วงเวลาไหนที่สามารถจองได้
チューアンウェーラーナイティーサーマートチョーンダイ
For what time can we reserve a table?

6時30分なら
予約できます。

สามารถจองได้เวลา 6 โมงครึ่ง
サーマートチョーンダイウェーラーホックモーンクルン
We can make a reservation at six thirty.

時刻 ⇒ P.152

お名前を
お願いします。

ขอชื่อด้วย
コーチューデゥーアイ
Can I have your name, please?

タナカです。

ทานากะ
タナカ
I'm Tanaka.

禁煙席［喫煙席］を
お願いします。

ขอที่นั่งปลอดบุหรี่ [สามารถสูบบุหรี่ได้]
コーティーナンプロートブリー［サーマートスープブリーダイ］
Non-smoking [Smoking] table, please.

基本会話

グルメ

ショッピング

ビューティ

見どころ

エンタメ

ホテル

乗りもの

基本情報

単語集

全員一緒の席に してください。	ขอที่นั่งติดกันทุกคน コーティーナンティットカントックコン We'd like to be on the same table.	
窓際の席に してください。	ขอที่นั่งริมหน้าต่าง コーティーナンリムナーターン We'd like to have a table near the window.	
ドレスコードは ありますか?	มีเดรสโค้ดไหม ミートレスコードマイ Do you have a dress code?	
予約を 変更したいのですが。	ต้องการเปลี่ยนการจอง トンカーンプリーアンカーンチョーン I'd like to change the reservation.	
予約を取り消したい のですが。	ต้องการยกเลิกการจอง トンカーンヨックルークカーンチョーン I'd like to cancel the reservation.	
予約の時間に 遅れそうです。	เกรงว่าจะช้ากว่าเวลาที่จองไว้ クレーンウーチャチャークアーウェーラーティーチョーンウイ We're running late.	

ワンポイント メニューの読み方

タイ料理の注文に特別なルールはありません。何種類か注文して、各自取り皿に取って食べてもOKです。

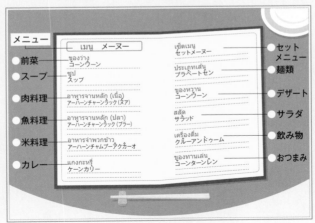

メニュー

เมนู メーヌー

前菜	ของว่าง コーンウーン	เซ็ตเมนู セットメーヌー	セット メニュー
スープ	ซุป スップ	ประเภทเส้น プラペートセン	麺類
肉料理	อาหารจานหลัก (เนื้อ) アーハーンチャーンラック (ヌア)	ของหวาน コーンウーン	デザート
魚料理	อาหารจานหลัก (ปลา) アーハーンチャーンラック (プラー)	สลัด サラッド	サラダ
米料理	อาหารจำพวกข้าว アーハーンチャムプークカーオ	เครื่องดื่ม クルーアンドゥーム	飲み物
カレー	แกงกะหรี่ ケーンカリー	ของทานเล่น コーンターンレン	おつまみ

25

レストランに入ったら流れはこんな感じです

いよいよお楽しみの食事タイムです。食べたいものが決まったら、さっそくお店にでかけましょう。
楽しく食事を楽しむためにシーン別で使えるフレーズを集めました。

お店に入ります

予約している タナカです。	ทานากะที่จองไว้ タナカティーチョーンウイ My name is Tanaka. I have a reservation.
予約していませんが、 席はありますか?	ไม่ได้จองไว้ พอมีที่ว่างไหม マイダイチョーンウイ　ポーミーティーワーンマイ I don't have a reservation, but can I get a table?
2人ですが 席はありますか?	2 คน มีที่ไหม ソーンコン　ミーティーマイ Do you have a table for two? 　数字 → P.150
どのくらい 待ちますか?	รอนานแค่ไหน ローナーンケーナイ How long do we have to wait?
15分ほどです。	ประมาณ 15 นาที プラマーンシップハーナーティー About fifteen minutes. 　数字 → P.150

わかりました、待ちます。	またにします。
ตกลง จะรอ トックロン　チャロー OK, we'll wait.	จะกลับมาใหม่ チャクラップマーマイ We'll come back again.

ここに座っても いいですか?	ขอนั่งตรงนี้ ได้ไหม コーナントロンニーダイマイ Can I sit here?
メニューを 見せてください。	ขอเมนูด้วย コーメーヌードゥアイ Can I see the menu?
日本語のメニュー [写真つき のメニュー] はありますか?	มีเมนูเป็นภาษาญี่ปุ่น [เมนูที่มีภาพประกอบ] ไหม ミーメーヌーペンパーサーイープン[メーヌーティーミーパープラコープ] マイ Do you have a Japanese menu[picture menu]?
名物料理は どれですか?	เมนูขึ้นชื่อคืออันไหน メーヌークンチュークーアンナイ Which one is the local food?

26

注文をしましょう

何がおすすめですか?
มีอะไรแนะนำไหม
ミーアライネナムマイ
What do you recommend?

おなかがすきました〜
ヒウジャンレイ〜
ビュチャンルーイ〜

**この<u>トム・ヤム・クン</u>が
おすすめです。**
แนะนำต้มยำกุ้ง
ネナムトムヤムクン
I'll recommend this Tom Yam Kung.

**辛くないものは
どれですか?**
อาหารที่ไม่เผ็ดคืออันไหน
アーハーンティーマイペッドクーアンナイ
Which one is the mild dish?

注文をお願いします。
สั่งอาหารหน่อย
サンアーハーンノーイ
Can I order now?

**<u>パパイヤのサラダ</u>と
<u>焼きそば</u>をください。**
ขอส้มตำกับผัดไทย
コーソムタムカップパットタイ
I'd like Som Tam and Phat Thai.

**これを<u>2</u>人前
ください。**
ขออันนี้ 2 ที่
コーアンニーソーンティー
Can we have two of these?

数字◎P.150

**一人前だけ
注文できますか?**
สั่งแค่ที่เดียวได้ไหม
サンケーティーディーアウダイマイ
Can I order it for one person?

**あれと同じものを
ください。**
ขอเหมือนอันนั้น
コームーアンアンナン
I want that one.

**あまり辛くしないで
ください。**
ขอแบบไม่ค่อยเผ็ด
コーベープマイコイペット
Can you make it mild?

**ひとこと
フレーズ**

いただきます。
จะทานแล้วนะ
チャターンレーウナ

おいしそう。／おいしいです!
ท่าทางน่าอร่อย／อร่อย
ターターンナーアロイ／アロイ

取り皿をください。
ขอจานแบ่ง
コーチャーンベン

トイレはどこですか?
ห้องน้ำไปทางไหน
ホンナムパイターンナイ

ごちそうさまでした。
ขอบคุณสำหรับอาหาร
コープクンサムラップアーハーン

🍴

食事中

すみません、箸はありますか?	ขอโทษ มีตะเกียบไหม コートート　ミータキーアップマイ Excuse me, can I have chopsticks?
スプーンを落としました。	ช้อนตก チョーントック I dropped my spoon.
ミネラルウォーターをください。	ขอน้ำแร่ コーナムレー I'd like to have mineral water, please.
注文したものがまだです。	ของที่สั่งยังไม่ได้ コーンティーサンヤンマイタイ My order hasn't come yet.
これは何ですか?	อันนี้คืออะไร アンニークーアライ What is this?
これは注文していません。	อันนี้ไม่ได้สั่ง アンニーマイタイサン I didn't order this.
これはどうやって食べるのですか?	อันนี้กินยังไง アンニーキンヤンガイ How can I eat this?
(肉や麺などを)切ってください。	หั่นให้ด้วย ハンハイドゥアイ Can you cut these?
この料理には十分火が通っていないようです。	ดูเหมือนว่าอาหารจะยังไม่ค่อยสุก ドゥームーアンウーアーハーンチャヤンマイスック This dish is rather raw.

お役立ち単語集 WORD

		甘い	หวาน ウーン	苦い	ขม コム
		塩辛い	เค็ม ケム	ごみ箱	ถังขยะ タンカヤ
辛い	เผ็ด ペット	すっぱい	เปรี้ยว プリーアウ	おつり	เงินทอน グントーン

基本会話

グルメ

ショッピング

ビューティ

見どころ

エンタメ

ホテル

乗りもの

基本情報

単語集

ここを拭いてもらえますか?	เช็ดตรงนี้ให้ได้ไหม チェットロンニーハイダイマイ Could you wipe here, please?
これを下げてください。	เก็บตรงนี้ให้ได้ไหม ケッフトロンニーハイダイマイ Could you take this away, please?
おなかいっぱいです。	อิ่ม イム I'm full.
まだ食べ終わっていません。	ยังกินไม่เสร็จ ヤンキンマイセット I haven't finished eating yet.
メコン・ウイスキー [ビール] はありますか?	มีเหล้าแม่โขง [เบียร์] ไหม ミーラオメーコーン [ビア] マイ Do you have Mekhong Whisky [beer]? 飲みもの⊜P.34

お会計をしましょう

領収書をきちんと確認。
間違いがあればお店
の人に伝えましょう。

会計をお願いします。	คิดเงินด้วย キットグンドゥーアイ Check, please.
いくらですか?	เท่าไหร่ タウライ How much is it?
計算違いがあるようです。	เหมือนว่าจะคิดเงินผิด ムーアンウーチャキットグンピット I think the check is incorrect.
領収書ください。	ขอใบเสร็จรับเงินด้วย ゴーバイセットラッフグンドゥーアイ Can I have a receipt?
支払はクレジットカードでもいいですか?	ชำระด้วยบัตรเครดิตได้ไหม チャムラドゥーアイバッドクレーディットダイマイ Can I use credit cards?
(ホテルで) 部屋の勘定につけておいてください。	กรุณาคิดรวมกับค่าห้องพัก カルナーキットルアムカッフカーホンパック Will you charge it to my room, please?

29

をください。	LOOK

ขอ ▢
ゴー ▢
▢ , please.

id="2"
サラダ
สลัด／ของว่าง
サラット／コーンウーン

ยำวุ้นเส้น
ヤムウンセン

❶【春雨のサラダ】

ส้มตำ
ソムタム

❶【パパイヤのサラダ】

ยำส้มโอ
ヤムソムオー
❶【ザボンのサラダ】

ลาบปลาหมึก
ラーププラー
ムック
❶【レモングラスとイカのサラダ】

ยำเนื้อ
ヤムヌア
❶【牛肉と香草の和え物】

ลาบหมู
ラープムー
❶【豚ひき肉のナンプラー炒め】

เมี่ยงคำกุ้งสด
ミーアンカムクンソット
❶【葉包み前菜】

ปอเปี๊ยะสด
ポーピアソット

❶【蒸し春巻】

ผักบุ้งไฟแดง
パックブンファイデーン
❶【空芯菜の炒め物】

ยำหัวปลีไก่
ヤムフアプリーカイ
❶【バナナの花のサラダ】

ปลาหวาน
プラーワーン
❶【エビのサラダ】

กระทงทอง
クラトントーン
❶【ライスカップ入り前菜】

น้ำพริก
ナムプリック
❶【魚のすり身と野菜の前菜】

สุกี้
スキー
❶【タイスキ (タイ式寄せ鍋)】

スープ・カレー
ซุป／แกง
スップ／ゲーン

แกงเขียวหวาน
ケーンキーアウワーン

❶【グリーンカレー】

แกงเผ็ด
ケーンペット
❶【レッドカレー】

แกงกะหรี่
ケーンカリー
❶【イエローカレー】

แกงเลียง
ケーンリアン
❶【野菜とエビのスープ】

ต้มข่าไก่
トムカーカイ
❶【ココナツミルクのスープ】

แกงจืดเต้าหู้
ケーンチュートタオフー

❶【卵豆腐のすまし汁】

id="3"

id="7"

id="9"

id="10"

ต้มยำกุ้ง トムヤムクン ❶【トム・ヤム・クン】	แกงมัสมั่น ケーンマッサマン ❶【イスラム式カレー】	แกงส้มชะอมกุ้งสด ケーンソムチャオムクンソット ❶【オムレツ入りスープ】	แกงลาว ケーンラーオ ❶【野菜ときのこのスープ】
ご飯 ข้าว カーオ	ข้าวผัด カオパット ❶【タイ風炒飯】	ข้าวอบสับปะรด カオオップサップパロット ❶【パイナップルの炒飯】	ข้าวมันไก่ カオマンガイ ❶【蒸し鶏のせご飯】
ข้าวผัดกะเพราราดข้าว カオパットガパオラートカーオ ❶【鶏挽肉のバジル炒めご飯】	ข้าวผัดแหนมเชียงใหม่ カオパットネームチェンマイ ❶【チェンマイ式炒飯】	ข้าวต้มกุ้ง カオトムクン ❶【エビ入り粥】	ข้าวคลุกกะปิ カオクルックカピ ❶【エビ味噌炒飯】
ข้าวเหนียว カオニーアウ ❶【蒸しもち米】	麺 เส้น セン	ผัดไทย パットタイ ❶【焼きそば】	ผัดซีอิ๊วไก่ パットシーイウカイ ❶【醤油焼きそば】
ขนมจีน カノムチーン ❶【米粉のそうめん】	ข้าวซอย カオソーイ ❶【カレースープ麺】	ก๋วยเตี๋ยวลูกชิ้น クイティーアウルークチン ❶【米麺とつみれのスープ】	บะหมี่น้ำ バミーナーム ❶【中華麺】
ก๋วยเตี๋ยวเย็นตาโฟ クイティーアウイエンターフォー ❶【米麺入り腐乳スープ】	ก๋วยเตี๋ยวราดหน้าหมู クイティーアウラートナームー ❶【豚肉と野菜のあんかけ麺】	บะหมี่แห้ง バミーヘーン ❶【汁なし麺】	ก๋วยเตี๋ยวน้ำใส クイティーアウナムサイ ❶【豚骨スープの麺】

LOOK

□□□□ はありますか？

มี □□□□ ไหม
ミー □□□□ マイ
Do you have □□□□ ?

ผัดหมี่ซั่ว
パットミースワ

❶【細麺焼きそば】

| 魚料理 |
| ปลา |
| プラー |

ปูผัดผงกะหรี่
プーパットポンカリー

❶【蟹の卵とじカレー風味】

ทอดมันกุ้ง
トートマンクン

❶【エビのすり身揚げ】

ออส่วน
オースーウン

❶【カキの卵とじ】

ปลากะพงทอดน้ำปลา
プラーカポントートナムプラー

❶【スズキの揚げ物】

กุ้งอบวุ้นเส้น
クンオップウンセン

❶【エビと春雨の香草蒸し】

ปลากะพงนึ่งมะนาว
プラーガポンヌンマナーウ

❶【スズキのライム蒸し】

ห่อหมกทะเล
ホーモックタレー

❶【魚介のすり身蒸し】

ปลาช่อนแป๊ะซะ
プラーチョンペッサ

❶【雷魚のソース煮込み】

ทะเลเปรี้ยวหวาน
タレープリーアウワーン

❶【魚介と野菜のソース炒め】

ปลาทอดเปรี้ยวหวาน
プラートートプリーアウワーン
❶【白身魚のスイートソース炒め】

น้ำตกทูน่า
ナムトックトゥーナー

❶【マグロの炙り焼き】

ปลากะพงนึ่งซีอิ๊ว
プラークラポンヌンシーイウ

❶【川魚の塩焼き】

ห่อหมกปลาช่อน
ホーモックプラーチョーン
❶【魚のすり身のハーブ包み】

| 肉料理 |
| เนื้อ |
| ヌア |

ไก่ห่อใบเตย
カイホーバイトゥーイ

❶【鶏肉の包み揚げ】

คอหมูย่าง
コームーヤーン

❶【豚ノド肉の炙り焼き】

ไก่ผัดเม็ดมะม่วงหิมพานต์
カイパットメットマムアンヒンマパーン
❶【鶏肉のカシューナッツ炒め】

ไก่ย่าง
カイヤーン

❶【鶏の炭火焼き】

ขาหมู
カームー
❶【豚足のナンプラー煮込み】

เนื้อผัดน้ำมันหอย
ヌアパットナムマンホイ

❶【牛肉のオイスターソース炒め】

32

คั่วกลิ้งซี่โครง
クアクリンシークローン

❶【豚肉のカレー炒め】

สะเต๊ะ
サテ

❶【串焼き（鶏・豚・牛など）】

基本会話

グルメ

ショッピング

ビューティ

見どころ

エンタメ

ホテル

乗りもの

基本情報

単語集

フルーツ

ผลไม้
ポンラマイ

น้อยหน่า
ノーイナー

果肉は甘くてなめらか。

❶【カスタードアップル】

ลำไย
ラムヤイ

水分たっぷりで甘い。大きな種がある。

❶【ロンガン】

แก้วมังกร
ケーウマンコン

ほんのり甘く、酸味がある。

❶【ドラゴンフルーツ】

มังคุด
マンクット

❶【マンゴスチン】

ชมพู่
チョムプー

リンゴとナシを混ぜたような味。

❶【ジャワフトモモ】

ทุเรียน
トゥリアン

❶【ドリアン】

ฝรั่ง
ファラン

❶【グアバ】

ขนุน
カヌン

黄色い果肉は臭みが少なく甘酸っぱい。

❶【ジャックフルーツ】

สับปะรด
サッパロット

❶【パイナップル】

เงาะ
ゴ

ライチのような酸味と甘み。

❶【ランブータン】

มะเฟือง
マフーアン

甘酸っぱく、サクサクとした食感。

❶【スターフルーツ】

ละมุด
ラムット

熟した柿のような甘さ。

❶【サポディラ】

スイーツ

ของหวาน
コーンワーン

ลูกชุบ
ルークチュップ

❶【緑豆とココナツの団子】

ตะโก้แห้ว
タゴーヘーウ

❶【ココナツクリームの生菓子】

ขนมถ้วย
カノムトゥーアイ

❶【ココナツミルクのプリン】

ข้าวเหนียวมะม่วง
カオニーアウマムアン

❶【マンゴーのもち米添え】

ขนมหม้อแกง
カノムモーゲン

❶【タロイモプリン】

ขนมบ้าบิ่น
カノムバービン

❶【もち米の焼菓子】

ข้าวเหนียวปิ้ง
カオニーアウピン

❶【もち米のちまき】

วุ้น
ウン

❶【タイ風寒天】

	をください。 **LOOK**	ขนมเบื้อง カノムブーアン	ขนมทองหยอด カノムトーンヨート
ขอ			
ゴー			
, please.		❶【タイ風クレープ】	❶【卵黄菓子】

ขนมทองเอก カノムトンエーク	กล้วยไข่เชื่อม クルーアイカイチューアム	กล้วยบวชชี クルーアイブーアットチー	ทับทิมกรอบ タブティムクロープ
❶【タイ風干菓子】	❶【バナナのココナツミルクがけ】	❶【ホット・ココナツミルク】	❶【タピオカ・ココナツミルク】

ขนมน้ำดอกไม้ カノムナムドークマーイ	ข้าวเหนียวทุเรียน カーオニーアウトゥリアン	ฝอยทอง フォーイトーン	ドリンク เครื่องดื่ม クルーアンドゥーム
❶【ココナツ菓子】	❶【ドリアンのココナツミルクがけ】	糸のような卵の黄身をぐるぐる巻いたお菓子。 ❶【鶏卵素麺】	

เบียร์สิงห์ ビアシン	เบียร์ลีโอ ビアリーオー	เบียร์ช้าง ビアチャーン	คลอสเตอร์เบียร์ クロースタービア
強い苦みとコクがタイ料理に合う。	発泡酒に似たすっきり感。安いのも魅力。	アルコール度数6.4%の濃い味。	日本でも人気のビール。コクのある味わい。
❶【シンハー・ビール】	❶【リオ・ビール】	❶【チャン・ビール】	❶【クロスター・ビール】

สปาย スパーイ	เหล้าแม่โขง ラオメーコーン	แสงโสม セーンソーム	ชาเขียวโออิชิ チャーキーアウオーイシ
初のタイ国内生産のワインクーラー。	米が主原料のタイウイスキー。	タイで最も一般的なラム酒。	
❶【スパイ】	❶【メコン・ウイスキー】	❶【セーンソーム】	❶【砂糖入り緑茶】

ไวตามิลค์ ワイタミュー	โอเลี้ยง オーリーアン	ชานมเย็น チャーノムイェン	น้ำส้ม ナムソム
❶【豆乳】	❶【タイ式アイスコーヒー】	❶【タイ式アイスミルクティー】	❶【オレンジジュース】

น้ำใบบัวบก チームバイブアボック 少し青くさい が口当たり はまろやか。 ❶【陸蓮の葉のジュース】	น้ำมะพร้าว チームマプラーオ ❶【ココナツ果汁】	เอ็มร้อยห้าสิบ エム・ローイハーシップ ❶【栄養ドリンク】	素材 วัตถุดิบ ウットゥディップ
เนื้อวัว ヌアウア ❶【牛肉】	เนื้อหมู ヌアムー ❶【豚肉】	ไข่ カイ ❶【卵】	ปู プー ❶【蟹】
เนื้อไก่ ヌアカイ ❶【鶏肉】	เนื้อเป็ด ヌアベッド ❶【アヒル肉】	กุ้ง クン ❶【エビ】	ปลากะพง プラーカポン ❶【スズキ】
หอยนางรม ホーイナーンロム ❶【カキ】	ปลาดุก プラードゥック ❶【ナマズ】	แครอท ケーロット ❶【ニンジン】	ผักบุ้ง パックブン ❶【空芯菜】
ปลาทูน่า プラートゥーチー ❶【マグロ】	ปลาแซลมอน プラーセルモン ❶【サーモン】	ฟักทอง パックトーン ❶【カボチャ】	ข้าวโพด カーオポート ❶【コーン】
เต้าหู้ タオフー ❶【豆腐】	調理法 วิธีปรุงอาหาร ウィティープルンアーハーン	ผัด パット ❶【炒めた】	ต้ม トム ❶【ゆでた】
กะทิ カティ ❶【ココナツミルク】		ย่าง ヤーン ❶【焼いた】	ปิ้ง ピン ❶【炙った】
เคี่ยว キーアウ ❶【煮込んだ】	ทอด トート ❶【揚げた】	調味料 เครื่องปรุงรส クルーアンプルンロット	พริกแดง プリックデーン ❶【赤唐辛子】
นึ่ง ヌン ❶【蒸した】	คลุก クルック ❶【和えた】		พริกเขียว プリックキーアウ ❶【青唐辛子】
น้ำปลา ナムプラー ❶【ナンプラー】	พริกไทย プリックタイ ❶【コショウ】	น้ำส้มสายชู ナムソムサーイチュー ❶【酢】	ใบกะเพรา バイカプラオ ❶【ヘアリーバジル】
เกลือ クルーア ❶【塩】	น้ำตาล ナムターン ❶【砂糖】	ผักชี パックチー ❶【パクチー】	ตะไคร้ タクライ ❶【レモングラス】

35

タイ料理といえば、トム・ヤム・クンですよね

甘さ・辛さ・酸っぱさが命のタイ料理を代表するスープ。
複雑な味わいと爽やかな香りのバランスがたまりません。

トム・ヤム・クン
ต้มยำกุ้ง

トム・ヤム・クンとは？

トム・ヤムとは具の多いスープを指し、クン＝エビなので、エビ入りトム・ヤムとなります。世界三大スープのひとつ。

★ナームコン น้ำข้น
ココナツミルクや唐辛子味噌が入ったタイプ

★ナームサイ น้ำใส
ココナツミルクの入らない澄んだタイプ

トム・ヤム・クンを食べるときに使うフレーズ

トム・ヤム・クンがおいしいお店はどこですか？	มีร้านไหนที่ต้มยำกุ้งอร่อยบ้าง ミーラーンナイティートムヤムクンアロイバーン Where is the restaurant that serves good Tom yum goong?
トム・ヤム・クンとご飯をください。	ขอต้มยำกุ้งกับข้าว コートムヤムクンカップカーウ Tom yum goong and rice, please.
おかわりをください。	ขอเติมข้าวด้วย コートゥームカーウドゥアイ Can I have another one, please?
ドリンクメニューはありますか？	มีเมนูเครื่องดื่มไหม ミーメーヌークルーアンドゥームマイ Do you have a drink menu?

お役立ち単語集 WORD

		エビ	กุ้ง クン	ココナツミルク	กะทิ カティ
		レモングラス	ตะไคร้ タクライ	スプーン	ช้อน チョーン
ご飯	ข้าว カーオ	唐辛子	พริก プリック	取り皿	จานแบ่ง チャーンベーン

知っておきたいタイ料理の魅力

おいしくて体にやさしいタイ料理の奥深さを少しご紹介します。

 魅力 1 タイ料理は4つの味がベースになっています

タイ料理の基本は右の4つ。それぞれの味にはライム（酸）・唐辛子（辛）・ナンプラー（塩）・ココナツ（甘）、と自然素材を使います。トム・ヤム・クンでも味わえる、この4つの味のバランスこそがタイ料理の神髄なのです。

酸 เปรี้ยว プリーアウ

辛 เผ็ด ペット

塩 เกลือ グルーア

甘 หวาน ワーン

 魅力 2 麺やハーブの種類が豊富です

豊富な素材もタイ料理の魅力のひとつです。米の栽培はタイ全土で盛んですが、これを使った米麺は麺料理には欠かせない存在。また、さまざまな種類のハーブが日常的に使用されており、これが複雑な味わいを生み出す秘訣なのです。

 センレック เส้นเล็ก センレック

 センミー เส้นหมี่ センミー

 センヤイ เส้นใหญ่ センヤイ

 バミー บะหมี่ バミー

 ママー มาม่า ママー

 パクチー ผักชี パックチー
料理に風味と彩りを加える。

 ヘアリーバジル ใบกะเพรา バイカプラウ
カレーなどの香り付けに使われる。

 レモングラス ตะไคร้ タクライ
レモンのような香りのするハーブ。

 魅力 3 テーブル調味料で自分好みの味付けをしてみましょう

タイでは料理を自分好みの味にアレンジするのが普通。特に麺屋台では、後で味付けすることを前提に薄めで作っています。テーブルには4つの味を調整する調味料がおいてあるので、好きな味にアレンジしましょう。

ナンプラー น้ำปลา ナムプラー

酢 น้ำส้มสายชู ナムソムサーイチュー

唐辛子 พริก プリック

砂糖 น้ำตาล ナムターン

いろいろなタイカレーを食べ比べてみましょう

イエロー、グリーン、レッド…と、カラフルで目にも鮮やかなタイカレー。
色によって味も辛さも違うので、食べ比べてみて、好みの味を見つけましょう。

タイカレーは大きく
3種類に分かれます

イエローカレー
แกงกะหรี่
ケーンカリー

唐辛子は少なく、ターメ
リックが多め。辛さをひ
かえたまろやかな味で
食べやすくなっています。

グリーンカレー
แกงเขียวหวาน
ケーンキーアウワーン

レッドカレー
แกงเผ็ด
ケーンペット

乾燥させた赤唐辛子の風
味をたっぷり効かせたカ
レー。ストレートな辛さが
特徴的です。

きれいな緑色は、生の
青唐辛子やハーブによ
るもの。スパイシーな
がらマイルドな味。

38

ロティ
โรตี ローティー

タイカレーはロティと一緒に食べるのもおすすめです

タイ人もカレーはライスと一緒に食べるのが定番です
が、ロティという小麦粉で作られたクレープのようなも
のと一緒に食べるのもおすすめ。ロティはシロップや
砂糖などがかかった甘いデザートになったものもあ
り、屋台でよく売られています。

基本会話

グルメ

ショッピング

ビューティ

見どころ

エンタメ

ホテル

乗りもの

基本情報

単語集

タイカレーを食べるときに使うフレーズ

グリーンカレーとご飯をください。	ขอแกงเขียวหวานกับข้าว コーケーンキーアウワーンカップカーウ A green curry and rice, please.
辛さ控えめのカレーはどれですか?	แกงที่ไม่เผ็ดคืออันไหน ゲーンティーマイペットクーアンナイ Which curry is mild?
ロティはありますか?	มีโรตีไหม ミーローティーマイ Do you have Roti?
ミネラルウォーターをください。	ขอน้ำแร่ コーナムレー A mineral water, please.
ご飯のおかわりをください。	ขอเติมข้าวด้วย コートゥームカーウドゥアイ Can I have more rice, please?
とてもおいしいです。	อร่อยมาก アローイマーク It's delicious.
鶏肉のカレーはありますか?	มีแกงไก่ไหม ミーケーンカイマイ Do you have a chicken curry?

お役立ち単語集 WORD			
ココナツミルク	กะทิ カティ	鶏肉	เนื้อไก่ ヌアカイ
		牛肉	เนื้อวัว ヌアウア
		アヒル肉	เนื้อเป็ด ヌアペット

蟹	ปู プー
エビ	กุ้ง クン
ナマズ	ปลาดุก プラードゥック

おいしく、楽しく、タイスキをいただきましょう

タイスキは、野菜や魚介など好きな具材を入れていただくタイ風の寄せ鍋。
疲れた体をほっこり癒やしてくれそうです。

たとえばこんな具があります

ニンジン／カボチャ
แครอท／ฟักทอง
ケーロート／ファックトーン
鍋に彩りを添えます。飾り切りも美しいです。

魚のすり身の厚揚げ
เต้าหู้ปลา
タオフープラー
旨みがあっておいしいので、タイスキには必須！

野菜セット
ชุดผัก チュットパック
人数が多い場合はセットを頼みましょう。

タレ
น้ำจิ้ม チムチム
各店こだわりのタレ。薬味を加えて好みの味に。

キノコ類
จำพวกเห็ด
チャムプアクヘット
よいダシが出てスープの旨みが増します。

サーモン
แซลมอน セルモン
新鮮な魚介が複雑な旨みを生み出します。

コーン
ข้าวโพด カーウポード
お店によってはヤングコーンの場合も。

ワンポイント

タイスキは具のバリエーションがとにかく豊富。気になる具はぜひ試してみましょう。

中華麺
บะหมี่ バミー
そのままでもおいしい。人気メニュー。

ワンタン
เกี๊ยว キィーアウ
豚肉、エビなど中身はいろいろ。

空芯菜
ผักบุ้ง パックブン
シャキッとした歯ごたえが◎。

つみれの香草巻
ปอเปี๊ยะ ポーピア
彩りがよく、つみれと香草の食感も楽しい。

基本会話

グルメ

ショッピング

ビューティ

見どころ

エンタメ

ホテル

乗りもの

基本情報

単語集

タイスキの食べ方

1
タレに刻みニンニクや唐辛子を加え、ライムを絞って好みの味に仕上げます。 →

2
まずは野菜セットを頼み、肉・魚介は好みで選びます。 →

3
具材がきたら鍋に。魚介はじっくり火を通すようにしましょう。白菜は手でちぎって入れます。 →

4
スープは注ぎ足し自由なので、たりなくなったらスタッフに頼みましょう。

タイスキを食べるときに使うフレーズ

野菜セットをください。
ขอชุดผัก
コーチュットパック
Assorted vegetables, please.

火を弱めたいのですが。
อยากจะหรี่ไฟลงหน่อย
ヤークチャリーファイロンノイ
I'd like to turn the heat down.

おすすめの具はなんですか?
เครื่องมือที่แนะนำคืออะไร
クルーアンムーティーネナムクーアライ
Which ingredients do you recommend?

パクチー抜きのタレをください。
ขอน้ำจิ้มที่ไม่ใส่ผักชี
コーナムチムティーマイサイパックチー
Can I have a sauce without corianders?

メニューをください。
ขอเมนูด้วย
コーメーヌードゥアイ
Can I have a menu, please?

スープを注ぎ足してください。
ขอเติมซุป
コートゥームスップ
Can I have more soup, please?

ご飯と卵をください。
ขอข้าวกับไข่
コーカーウカップカイ
Rice and an egg, please.

お役立ち単語集 WORD

取り皿	จานแบ่ง チャーンベーン	箸	ตะเกียบ タキーアップ
		おたま	กระบวย クラブーアイ
		アク取り	กระชอน クラチョーン
刻みニンニク	กระเทียมสับ クラティアムサップ		
唐辛子	พริก プリック		
ライム	น้ำมะนาว ナムマナーオ		

41

フードセンターで気軽においしいタイ料理を♪

ショッピングセンターの中などにあるフードコートのことをタイでは
フードセンターといいます。料理の種類が豊富で注文も簡単なので、
ぜひ一度行ってみましょう。

フードセンターに着いたら…

チャージカード〈先払い〉の場合

1 入口のブースへ
100～150Bを目安にカードを購入します。

2 カードをもらいます
金額を入力したカードを受け取ります。

3 お店で支払い
注文したい料理を選び、カードを渡します。

4 支払い終了！
使った金額を差し引いたカードが戻されます。

後払い方式の場合や、
クーポン方式の場合
もあります。

カードもクーポンも、余った分は払い戻しできます。ただし、払い戻しは通常当日限りなので注意してくださいね！

では注文しましょう

いらっしゃいませ。
ยินดีต้อนรับ
インディートーンラップ

（メニューを指さして）このセットをください。
ขอชุดนี้
コーチュットニー

これをお願いします。
ขออันนี้
コーアンニー

おかずはどれにしますか？
จะรับเครื่องเคียงอันไหน
チャラップクルーアンキアンアンナイ

（カードを出して）はい、どうぞ。
เอานี่ เชิญ
アオニー　チューン

120Bになります。
รวม 120 บาท
ルアムローイーイーシップバート

42

LOOK

［　　　　］をください。

ขอ ［　　　　　］

ゴー ［　　　　　］

［　　　　　　］, please.

フードセンター
ศูนย์อาหาร
スーンアーハーン

อาหารจานเดียว
アーハーンチャーンディーアウ

❶【ワンプレートディッシュ】

แกงเขียวหวาน
ケーンキーアウワーン

❶【グリーンカレー】

ผัดไทย
パットタイ

❶【焼きそば】

ราเมน
ラメン

❶【ラーメン】

ก๋วยเตี๋ยวราดหน้า
クーアイティーアウラードナー

❶【あんかけ麺】

สะเต๊ะ
サテ

❶【サテ（串焼き）】

ซุป
スップ

❶【スープ】

สลัด
サラッド

❶【サラダ】

いろいろ選べて
楽しい！

その他の料理 ➡ P.30〜35

この席は空いていますか？	ที่นั่งนี้ว่างไหม ティーナンニーワーンマイ Is this seat taken?
払い戻しをお願いします。	กรุณาคืนเงิน カルナークーングン I'd like a refund, please.

お役立ち単語集 WORD

皿	จาน チャーン
コップ	แก้ว ケーウ
箸	ตะเกียบ タキーアップ
スプーン	ช้อน チョーン

フォーク	ส้อม ソーム
トレー	ถาด タート
セルフサービス	บริการตนเอง ボーリカーントンエーン
メニュー	เมนู メーヌー
単品	รายการเดียว ライカーンディーアウ
セットメニュー	เซ็ตเมนู セットメーヌー

飲みもの	เครื่องดื่ม クルーアンドゥーム
デザート	ของหวาน コーンウーン
チャージカード	บัตรเติมเงิน バットトゥームグン
クーポン	คูปอง クーポン
ファストフード	ฟาสต์ฟู้ด ファストフート
レジ	แคชเชียร์ キャッシーア

屋台の地元フードにチャレンジしましょう

街のあちこちにある屋台では、タイの日常食が食べられます。
気になるメニューを見つけたら、笑顔で注文してみましょう。

屋台に行ってみましょう

大通りのほか、マーケットや広場など人が集まるところに出店しています。営業時間帯はおおむね6時〜22時頃までですが、繁華街付近には夜中まで営業するお店も。ご飯ものや麺類などのしっかりした食事から、気軽につまめる軽食、おやつまで、少なめ予算でお腹いっぱい楽しめますよ。

衛生面は？
水や氷、生ものは避けた方が無難。また、ウェットティッシュを持ち歩き、箸やスプーンは拭いてから使うと安心です。

では注文しましょう

 こんにちは。

สวัสดี
サウ゚ッディー

 いらっしゃい。

ยินดีต้อนรับ
インディートーンラップ

 これは何？

นี่คืออะไร
ニークーアライ

それは揚げ豆腐だよ、おいしいよ。

เต้าหู้ทอด อร่อยนะ
タウ゚ートート　アロイナ

 1ついくら？

หนึ่งอันเท่าไหร่
ヌンアンタウ゚ライ

20Bだよ。

20 บาท
イーシップバート

 1つちょうだい。

ขอหนึ่งอัน
コーヌンアン

 はいよ。

นี่
ニー

44

基本会話

グルメ

ショッピング

ビューティ

見どころ

エンタメ

ホテル

乗りもの

基本情報

単語集

LOOK

[　　　] をください。

ขอ [　　　]

ขอー [　　　]

[　　　], please.

屋台メニュー
อาหารริมทาง
アーハーンリムターン

ข้าวมันไก่
カーオマンカイ

❶【蒸し鶏のせご飯】

ข้าวผัดกะเพราราดข้าว
カーウパットガパオラートカーウ

❶【鶏挽肉のバジル炒めご飯】

ข้าวผัดปลาหมึก
カーウパットプラームック

❶【イカ入り炒飯】

ก๋วยเตี๋ยวน้ำใส
クーアイティーアウナムサイ

❶【豚骨スープの麺】

ก๋วยเตี๋ยวเนื้อ
クーアイティーアウヌア

❶【牛だしスープ麺】

ก๋วยเตี๋ยวแห้ง
クーアイティーアウヘーン

❶【汁なし麺】

ขนมจีบ
カノムチーブ

❶【シュウマイ】

สะเต๊ะ
サテ

❶【串焼き】

โจ๊ก
チョーク

❶【粥】

ข้าวเหนียวมะม่วง
カーウニーアウマムーアン

❶【マンゴーのもち米添え】

กล้วยปิ้ง
クルーアイピン

❶【焼きバナナ】

น้ำผลไม้
ナムポンラマイ

❶【フルーツジュース】

น้ำเต้าหู้
ナムタウフー

❶【豆乳】

屋台で使ってみましょう

お箸 [お皿] を ください。	ขอตะเกียบ [จาน] コータキーアップ［チャーン］ Chopsticks[Plates] please.
ここに座っても いいですか?	นั่งตรงนี้ได้ไหม ナンチロンニーダイマイ May I sit here?
氷を入れないで ください。	กรุณาอย่าใส่น้ำแข็ง カルナーヤーサイナムケン No ice, please.

やっぱりスイーツは外せませんよね

南国・タイには、冷たくて甘いスイーツがいっぱい。
暑さに疲れた体を癒やしてくれます。

注文をしてみましょう

パイナップルアイスを
1つください。

ไอศกรีมสับปะรด 1 อัน
アイサクリームサッパロットヌンアン
One pineapple ice cream, please.

数字 ◉ P.150

スプーンを
2つください。

ขอช้อน 2 คัน
コーチョーンソーンカン
Can I have two spoons?

数字 ◉ P.150

ドリンクとのセットは
ありますか?

มีเซ็ตเครื่องดื่มไหม
ミーセットクルーアンドゥームマイ
Do you have any specials that come with a drink?

人気のスイーツは
何ですか?

ของหวานที่นิยมคืออะไร
コーンウーンティーニヨムクーアライ
What is the famous dessert?

カフェラテを
1つください。

ขอกาแฟลาเต้ 1 แก้ว
コーカーフェーラーテーヌンケーウ
One café latte, please.

数字 ◉ P.150

テイクアウト
できますか?

สั่งกลับบ้านได้ไหม
サンクラップバーンダイマイ
Can I take this home?

マンゴーを使ったスイーツ
はありますか?

มีของหวานที่ทำจากมะม่วงไหม
ミーコーンウーンティータムチャークマムーアンマイ
Do you have a dessert with mangoes?

チョコチップをトッピ
ングしてください。

ขอท็อปปิ้งช็อกโกแลตชิพ
コートッピンチョッコーレットチップ
I'd like a chocolate chips on it.

トッピングの単語もチェックしましょう

フルーツ ◉ P.33・47

マシュマロ	マーシュメルロー マーチメーロー	ピーナッツ	ถั่ว トゥア	コーンフレーク	คอร์นเฟลก コーンフレーク	チョコレートソース	ซอสช็อกโกแลต ソースチョッコーレット
ワッフル	วาฟเฟิล ワーファン	もち米	ข้าวเหนียว カーウニーアウ	イチゴソース	ซอสสตรอเบอร์รี่ ソースストローベリー	練乳	นมข้น ノムコン

LOOK

基本会話

グルメ

ショッピング

ビューティ

見どころ

エンタメ

ホテル

乗りもの

基本情報

単語集

_____ をください。
ขอ _____
ゴー _____
_____ , please.

スイーツ	ไอศกรีม アイサクリーム ❶【アイスクリーム】
ของหวาน コーンワーン	

เชอร์เบท チャーベット ❶【ソルベ】	สมูทตี้ サムーティー ❶【スムージー】	เครื่องดื่มนมผสมผลไม้ クルアンドゥームノムポソムポンラマーイ ❶【ラッシー】	ขนมปังนึ่ง カノムパンヌン ❶【スチーム・バン】
ขนมปังปิ้ง カノムパンピン ❶【トースト】	พาร์เฟ่ต์ パーフェー ❶【パフェ】	ผลไม้เสียบไม้ ポンラマイシアプマーイ ❶【フルーツ串】	เยลลี่ผลไม้ イェンリーポンラマーイ ❶【フルーツゼリー】
ข้าวเหนียวมะม่วง カーウニーアウマムーアン ❶【マンゴーのもち米添え】	กาแฟ カーフェー ❶【コーヒー】 น้ำชา ナムチャー ❶【紅茶】	กาแฟลาเต้ カーフェーラーテー ❶【カフェラテ】 คาปูชิโน่ カープーチノー ❶【カプチーノ】	โคล่า コーラー ❶【コーラ】 น้ำผลไม้ ナムポンラマーイ ❶【ジュース】

ワンポイント 南国フルーツでビタミン補給！

タイは南国フルーツの宝庫。マンゴーのほかにもいろいろなフルーツが出回っています。
街角のフルーツスタンドなどで、気軽に味わってみては？

フルーツ ☞ P.33

ドラゴンフルーツ แก้วมังกร ゲーウマンコン 柔らかい果肉と種の食感が◎。	スターフルーツ มะเฟือง マフアン 甘酸っぱくサクサクした食感。	ランブータン เงาะ ゴ ほどよい甘さで食べやすい。	ジャワフトモモ ชมพู่ チョムプー 水分が多くさっぱりした味わい。

マナーを守ってタイの料理を楽しみましょう

路地裏の屋台から高級レストランまで、さまざまな選択肢があるタイのグルメ。
基本的なマナーをおさえて、おいしい料理を楽しみましょう。

レストランの予約は…

高級レストラン以外で、予約が必要な場合はあまりありません。一方、人気のお店は予約がないと入れない場合があるので、予約した方が無難。

日本との違いは…

日本のように器を手に持って食べることはしません。テーブルに置いたままいただくようにしましょう。また、食器に直接口をつけるのはNGです。

タイのテーブルマナーは…

左手にフォーク、右手（利き手）にスプーンを持ちます。料理を切るときはスプーンを使い、フォークはその際に食べものを押さえたり、スプーンで食べものをすくうときの補助として使います。フォークで食べものを突き刺すのはNG。

日本と違うからって、びっくりしないでね。

他にも気をつけたいことは？

①麺を食べるときは？

タイ料理に欠かせない麺類ですが、食べるときは音を立てないようにしましょう。汁を飲むときは、器に直接口をつけずレンゲかスプーンで最後まで飲みます。

②お酒について

タイではお酒の販売時間が11〜14時、17〜0時と決められているため、時間帯によっては注文すると断られることも。また、仏教の祝日など終日販売禁止の日があるので要注意。

ワインを飲むときは…

高級店では、ワインはお店の人に注いでもらうのがマナー。注いでもらうときはグラスは手に持たず、テーブルに置いたままで。またワイングラスを合わせて音をたてて乾杯するのはやめておきましょう。

服装の決まり（ドレスコード）は…

高級レストランでもドレスコードを問われることはほとんどありません。一部の店でサンダル履きや短パンが不可、という程度です。気軽な服装でOKですが、相応の格好をしていくと丁重にもてなされることも。

チップは…

高級レストランでは食事代の10％を目安にしましょう。会計時にサービス料（10％）が加算されている場合は、おつりの小銭を置いていくとよいでしょう。

③喫煙は？

一部のオープンエアの店を除いて全面禁煙。違反した場合は罰金を科せられます。吸う前に喫煙所の有無を店員に確認しましょう。

楽しく自分好みのファッションを見つけましょう

タイには個性的でかわいいファッショングッズがいっぱい。
上手に会話をしてお気に入りの最新アイテムを見つけましょう。

まずはお店を探しましょう

**デパートは
どこにありますか?**

ห้างสรรพสินค้าอยู่ที่ไหน
ハーンサッパシンカーユーティーナイ
Where is the department store?

歩いてそこまで
行けますか?

สามารถเดินไปถึงตรงนั้นได้ไหม
サーマートドゥーンパイトゥントロンナンダイマイ
Can I go there on foot?

**Tango という店は
どこですか?**

ร้านTangoอยู่ที่ไหน
ラーンタンゴーユーティーナイ
Where is the shop called Tango?

お店についてたずねましょう

営業時間を
教えてください。

กรุณาบอกเวลาทำการ
カルナーボークウェーラータムカーン
What are the business hours?

定休日は
いつですか?

วันหยุดราชการคือเมื่อไหร่
ワンユットラーチャカーンクームアライ
What days are you close?

店内案内図は
ありますか?

มีแผนผังภายในไหม
ミーベーンパンパーイナイマイ
Do you have a floor map?

**靴を買うにはどこに
行けばいいですか?**

ถ้าจะซื้อรองเท้าควรไปที่ไหนดี
ターチャスーロンターウクアンパイティーナイディー
Where should I go to buy shoes?

エレベーター [エスカレ
ーター]はどこですか?

ลิฟท์ [บันไดเลื่อน] อยู่ตรงไหน
リフト [バンダイルーアン] ユートロンナイ
Where is the elevator[escalator]?

荷物を預かってもらえる
ところはありますか?

มีที่รับฝากกระเป๋าไหม
ミーティーラップファーククラパオマイ
Where is the cloak room?

50

日本語を話せるスタッフはいますか?	มีสต้าฟที่พูดภาษาญี่ปุ่นได้ไหม
	ミースターフティープードパーサーイープンダイマイ
	Is there anyone who speaks Japanese?

店内にATMはありますか?	ในนี้มีตู้เอทีเอ็มไหม
	ナイニーミートゥーエーティーエムマイ
	Do you have an ATM in here?

顧客サービス窓口はどこですか?	ฝ่ายลูกค้าสัมพันธ์อยู่ที่ไหน
	ファーイルークカーサンパンユーティーナイ
	Where is the customer service?

LOOK

	はどこにありますか?
	อยู่ที่ไหน
	ユーティーナイ
	Where is _____?

ห้างสรรพสินค้า
ハーンサッパシンカー
❶【デパート】

เซเล็กท์ช้อป
セレクトショップ
❶【セレクトショップ】

ช้อปปิ้งมอลล์
ショッピングモール
❶【ショッピングモール】

ร้านหนังสือ
ラーンナンスー
❶【雑貨店】

ร้านสะดวกซื้อ
ラーンサドゥアクスー
❶【コンビニ】

ร้านเสื้อผ้า
ラーンスアーパー
❶【洋服屋】

ร้านกระเป๋า
ラーンクラパオ
❶【カバン屋】

ร้านรองเท้า
ラーンローンターウ
❶【靴屋】

ร้านสินค้าปลอดภาษี
ラーンシンカープロートパーシー
❶【免税店】

ร้านเครื่องสำอาง
ラーンクルーアンサムアーン
❶【コスメの店】

สยามพารากอน
サヤームパラゴン
❶【サヤーム・パラゴン】

เซ็นทรัลเวิลด์
センタンウールド
❶【セントラル・ワールド・プラザ】

เกสรพลาซ่า
ゲーソンプラザー
❶【ゲイソン】

สยามดิสคัฟเวอรีเซ็นเตอร์
サヤームディスカバリーセンター
❶【サヤーム・ディスカバリー・センター】

อิเซตัน
イセタン
❶【伊勢丹】

มาบุญครอง(เอ็มบีเคเซ็นเตอร์)
マーブンクローン(エムビーケーセンター)
❶【マーブン・クローン・センター】

สยามเซ็นเตอร์
サヤームセンター
❶【サヤーム・センター】

แพลทินัมแฟชั่นมอลล์
プラティナムファッションモール
❶【プラティナム・ファッション・モール】

ชิบุญ่า 19
シブヤーシップカオ
❶【シブヤ19】

เซ็นเตอร์วันช้อปปิ้งพล่าซ่า
センターワンショッピングプラザー
❶【センター・ワン・ショッピング・プラザ】

คิงเพาเวอร์ คอมเพล็กซ์
キングパワーコンプレック
❶【キングパワー・コンプレックス】

อัมรินทร์ พลาซ่า
アマリンプラザー
❶【アマリン・プラザ】

ซอยละลายทรัพย์
ソーイララーイサップ
❶【ララライサップ・マーケット】

สำเพ็ง
サムペン
❶【サンペーン・レーン】

อ่อนนุชสแควร์
オーンヌットスクエア
❶【オンヌット・ナイト・マーケット】

สยาม พาราไดซ์ ไนท์ บาซาร์
サヤームパラダイスナイトバサー
❶【サヤーム・ナイト・バザール】

เอเชียทีค เดอะริเวอร์ฟร้อนท์
アジアティークザリバーフロント
❶【アジアティーク・ザ・リバーフロント】

51

楽しく自分好みのファッションを見つけましょう

お店に入ったら…

| 何かお探しですか? | หาอะไรอยู่
ハーアライユー
What are you looking for? |

| 見ているだけです。 | แค่ดูเฉยๆ
ケードゥーチュイチューイ
Just looking. |

| また来ます。 | จะมาใหม่
チャマーマイ
I'll come back later. |

| すみません、
ちょっといいですか? | ขอโทษ รบกวนได้ไหม
コートート ロブクアンダイマイ
Excuse me. Can you help me? |

| これください。 | ขออันนี้
コーアンニー
Can I have this? |

| (本を見せながら) こ
れが欲しいのですが。 | อยากได้อันนี้
ヤークダイアンニー
I'd like to buy this. |

お店に入ったら
สวัสดีサワッディー
とあいさつを

| **あのワンピースを
見せてください。** | ขอดูวันพีชชุดนั้น
コードゥーワンピースチュットナン
Can I see that dress? |

アイテム☞P.57.60

| ちょっと考えさせて
ください。 | ขอเวลาคิดสักครู่
コーウェーラーキットサックルー
Let me think about it for a while. |

| もう少し安い [高い]
ものはありますか? | มีของที่ถูก [แพง] กว่านี้หน่อยไหม
ミーコーンティートゥーク [ペーン] クアーニーノイマイ
Do you have a cheaper[more expensive] one? |

| セール品は
ありますか? | มีสินค้าลดราคาไหม
ミーシンカーロットラーカーマイ
Do you have anything on sale? |

| この素材は
何ですか? | อันนี้ทำมาจากอะไร
アンニータムマーチャークアライ
What is this made of? |

基本会話

グルメ

ショッピング

ビューティ

見どころ

エンタメ

ホテル

乗りもの

基本情報

単語集

免税手続きについて知っておきましょう
タイではほぼすべての物品やサービスに7%の付加価値税（VAT）が含まれていますが、VAT還付制度適用店で外国人が1日1店舗あたり2000B以上の買いものをした場合、手続を後に手数料を引いた金額が返金されます。上記に当てはまるお買いものをした際は、お店で免税書類を作ってもらいましょう。その際、パスポートの提示が必要です。

| 新しいものは
ありますか? | มีชิ้นใหม่ไหม
ミーチンマイマイ
Do you have a new one? |

| いくらですか? | เท่าไหร่
タウライ
How much is it? |

| クレジットカードは
使えますか? | รับบัตรเครดิตไหม
ラップバットクレーディットマイ
Do you accept credit cards? |

| 税金は含まれて
いますか? | รวมภาษีหรือยัง
ルアムパーシールーヤン
Does it include tax? |

| 免税で買えますか? | ซื้อแบบไม่เสียภาษีได้ไหม
スーベープマイシアパーシーダイマイ
Can I buy it tax-free? |

| 免税手続き用の書類
を作成してください。 | ออกใบกำกับภาษีให้ด้วย
オークバイカムカップパーシーハイドゥアイ
Please make me a tax refund form. |

| 計算が間違って
いるようです。 | เหมือนว่าจะคิดเงินผิด
ムアンウーチャキットグンピット
I think there is a mistake in this bill. |

| おつりを
間違えています。 | ทอนเงินผิด
トーングンピット
You gave me the wrong change. |

素材単語集 WORD

シルク	ผ้าไหม
パーマイ	麻	ผ้าลินิน
パーリニン
綿	ผ้าฝ้าย
パーファーイ	ウール	ขนสัตว์
コンサット
		カシミヤ	ผ้าแคชเมียร์
パーキャッシュミア
		ナイロン	ไนลอน
ナイロン

ポリエステル	โพลีเอสเตอร์
ポリエステン
皮革	หนัง
ナン
人工皮革	หนังเทียม
ナンティーアム
スエード	หนังกลับ
ナンクラップ

楽しく自分好みのファッションを見つけましょう

お目当てを探しましょう

**ワンピースは
どこにありますか?**
> ชุดวันพีซอยู่ตรงไหน
> チュットワンピースユートロンナイ
> Where can I see a dress?

アイテム◎P.57

婦人服売り場は
どこですか?
> โซนขายเสื้อผ้าผู้หญิงอยู่ทางไหน
> ソーンカーイスーアパーラーインユーターンナイ
> Where is the women's wear section?

色違いはありますか?
> มีสีอื่นไหม
> ミーシーウーンマイ
> Do you have it in different colors?

これのピンクは
ありますか?
> อันนี้มีสีชมพูไหม
> アンニーミーシーチョンプーマイ
> Do you have a pink one?

かわいい!
น่ารัก!
ナーラック

色◎P.61

私のサイズは
Mです。
> ฉันใส่ไซส์เอ็ม
> チャンサイサイスエム
> My size is M.

サイズ◎P.57

これのMサイズは
ありますか?
> อันนี้มีไซส์เอ็มไหม
> アンニーミーサイスエムマイ
> Do you have this in size M?

サイズ◎P.57

手にとっても
いいですか?
> ขอดูได้ไหม
> コードゥーダイマイ
> May I see this?

最新モデルは
どれですか?
> แบบใหม่ล่าสุดคืออันไหน
> ベープマイラースットクーアンナイ
> Which one is the newest model?

ぴったりです!
เข้ากันพอดี!
カオカンポーディー

鏡をみせてください。
> ขอดูกระจกได้ไหม
> コードゥークラチョックダイマイ
> Can I see the mirror?

試着しても
いいですか?
> ขอลองได้ไหม
> コーローンダイマイ
> May I try this on?

もっと安く
してください。
> ลดให้อีกนิดได้ไหม
> ロッドハイイークニットダイマイ
> Please give me a discount.

商品を手に取るときは…

日本と違って、たたんである服を勝手に広げると露骨にいやな顔をされることも。必ず店員さんにひと声かけてからにしましょう。

ちょっと大きい[小さい]です。	ใหญ่ [เล็ก] ไปหน่อย ヤイ[レック]パイノイ This is a little big [small].
もっと大きい[小さい]ものはありますか?	มีใหญ่ [เล็ก] กว่านี้ไหม ミーヤイ[レック]クアーニーマイ Do you have a bigger [smaller] one?
ちょっときつい[ゆるい]です。	คับ [หลวม] นิดหน่อย カップ[ルーアム]ニットノイ This is a little tight [loose].
長[短]すぎです。	ยาว [สั้น] ไป ヤーウ[サン]パイ This is too long [short].
サイズが合いません。	ไซส์ไม่พอดี サイスマイポーディー It doesn't fit me.

流行に敏感なあなたにはコレ

今、流行っているものはどれですか?

ชุดไหนกำลังฮิตอยู่ตอนนี้
チュットナイカムランヒットユートーンニー
Which one is in fashion now?

お役立ち単語集 WORD

大きい	ใหญ่ ヤイ	きつい	คับ カップ	薄い	บาง バーン
小さい	เล็ก レック	長い	ยาว ヤーウ	厚い	หนา ナー
ゆるい	หลวม ルーアム	短い	สั้น サン	長袖	แขนยาว ケーンヤーオ
		ちょうどいい	พอดี ポーディー	半袖	แขนสั้น ケーンサン
		かたい	แข็ง ケン	ノースリーブ	แขนกุด ケーンクット

楽しく自分好みのファッションを見つけましょう

店員さんに聞いてみましょう

**サイズ調整は
できますか?**

ปรับไซส์ได้ไหม
プラップサイスダイマイ
Can you adjust the size?

丈の調整は
できますか?

ปรับความยาวได้ไหม
プラップクアームヤーオダイマイ
Can you adjust the length?

どのくらい
かかりますか?

ใช้เวลาเท่าไหร่
チャイウェーラーラオタウライ
How much will it cost?

有料 [無料] ですか?

มีค่าใช้จ่าย [ไม่มีค่าใช้จ่าย] ใช่ไหม
ミーカーチャイチャーイ [マイミーカーチャイチャーイ] チャイマイ
Is this for free?

これを明日まで取り置
きしてもらえますか?

เก็บไว้ให้ถึงวันพรุ่งนี้ได้ไหม
ケップウイハイトゥンワンプルンニーダイマイ
Could you keep this until tomorrow?

これは
色落ちしますか?

อันนี้สีตกไหม
アンニーシートックマイ
Will the color run?

水洗いできますか?

ซักได้ไหม
サックダイマイ
Is this washable?

返品・交換・クレームがあったら…

返品したいのですが。

อยากจะเปลี่ยนสินค้า
ヤークチャプリーアンシンカー
I'd like to return this.

サイズを間違えたの
で交換したいです。

ไม่ถูกไซส์ก็เลยอยากจะเปลี่ยน
マイトゥークサイスコールーイヤークチャプリーアン
I'd like to change this because I had a wrong size.

汚れ [キズ] があったので
返品[交換] してください。

สกปรก [มีรอย] ก็เลยอยากจะเปลี่ยน
ソカプロック [ミーロイ] コールーイヤークチャプリーアン
I'd like to return [exchange] this because it has a stain[scratch].

56

LOOK

□□□□ はありますか？

มี □□□□ ไหม

ミー □□□□ マイ

Do you have □□□□ ?

ファッション
แฟชั่น
フェーチャン

เสื้อยืด
スーアーユート
❶【Tシャツ】

เสื้อผู้หญิง
スーアプーイン
❶【ブラウス】

ตัดเย็บ
タッドイェップ
❶【カットソー】

เสื้อปอนโช
スーアポンショー
❶【ポンチョブラウス】

เสื้อกล้าม
スーアクラーム
❶【タンクトップ】

เสื้อชั้นใน
スーアチャンナイ
❶【キャミソール】

เสื้อคาร์ดิแกน
スーアカーディガン
❶【カーディガン】

กระโปรง
クラプローン
❶【スカート】

ชุดวันพีซ
チュット
ワンピーズ
❶【ワンピース】

เสื้อคลุมกันลมและหิมะ
スーアクルムカンロムレヒマ
❶【パーカー】

เสื้อแจ็คเก็ต
スーアジャッケット
❶【ジャケット】

กางเกง
カーンケーン
❶【パンツ】

กางเกงยีนส์
カーンケーンイーン
❶【ジーンズ】

กางเกงขาสั้น
カーンケーンカーサン
❶【ショートパンツ】

หมวก
ムーアク

ชุดเดรส
チュットレス
❶【ドレス】

❶【帽子】

ผ้าคลุมไหล่
パークルムライ

❶【ショール】

แว่นกันแดด
ウェンカンデード
❶【サングラス】

เข็มขัด
ケムカット
❶【ベルト】

ชุดว่ายน้ำ
チュットウーイナム
❶【水着】

ยกทรง
ヨクソン
❶【ブラジャー】

ถุงน่อง
トゥンノン
❶【ストッキング】

ถุงเท้า
トゥンタウ
❶【靴下】

ワンポイント 洋服のサイズについて

タイ製の服はSML表記が主流ですが、日本のSMLよりも小さめです。試着するなどして必ず確認しましょう。

（婦人服）

日本	5	7	9	11	13	15
タイ	S		M		L	

お気に入りの靴&バッグを見つけたいですね

靴やバッグは色や種類が豊富なので見ているだけでも楽しめます。
店員さんにしっかりと好みを伝えて、希望通りのアイテムを探しましょう。

(靴屋さん編)

これの **36** サイズはありますか？	**อันนี้มีไซส์ 36 ไหม** アンニーミーサイズサームシップホックマイ Do you have this in 36 ? 靴のサイズ P.60
少しきつい [ゆるい] ような気がします。	**รู้สึกว่าคับ [หลวม] นิดหน่อย** ルースックウーカップ [ルーアム] ニットノイ I think this is a little tight [loose].
つま先があたります。	**มันบีบเท้า** マンビープタウ These shoes are pinching my toes.
もう半サイズ大きい[小さい] ものはありますか？	**มีไซส์ใหญ่ [เล็ก] กว่านี้สักครึ่งไซส์ไหม** ミーサイスヤイ [レック] クアーニーサックルンサイスマイ Do you have half-size bigger [smaller] than this?
ぴったりです。	**พอดี** ポーディー It's perfect.
かかとが高 [低] すぎるようです。	**ส้นสูง [เตี้ย] เกินไป** ソンスーン [ティア] グーンパイ I think the heels are too high[low].
これに合う靴はありますか？	**มีรองเท้าที่เหมาะกับอันนี้ไหม** ミーローンタウティーモカップアンニーマイ Do you have any shoes that go well with this?
スウェードのブーツを探しています。	**ฉันกำลังหารองเท้าหนังนิ่ม** チャンカムランハーローンタウナンニム I'm looking for swede boots.

お役立ち単語集
WORD

パンプス	รองเท้าส้นสูง ローンターウソンスーン	ミュール	รองเท้าแตะผู้หญิง ローンターウテプーイン	スニーカー	รองเท้าสนีคเกอร์ ローンターウスニーカー
サンダル	รองเท้าแตะ ローンターウテ	バレリーナシューズ	รองเท้าบัลเลต์ ローンターウバレー	ブーツ	รองเท้าบู๊ท ローンターウブート
		ハイヒール	รองเท้าส้นสูง ローンターウソンスーン	ショートブーツ	รองเท้าบู๊ทสั้น ローンターウブートサン
		ローファー	รองเท้าโลเฟอร์ ローンターウローファー	レインブーツ	รองเท้าฝน ローンターウフォン

バッグ屋さん編

| 仕事用の黒いバッグが欲しいのですが。 | ต้องการกระเป๋าสีดำ
トンカーンクラバウシーダム
I want a black bag for work. | 色 ➡ P.61 |

| ボタン [ジッパー] で閉まるものがいいです。 | ต้องการอันที่มีกระดุม [ซิป]
トンカーンアンティーミークラドゥム [シップ]
I want one with buttons[zippers]. |

| ほかの色 [柄] はありますか? | มีสี [ลาย] อื่นไหม
ミーシー [ラーイ] ウーンマイ
Do you have a different color[design]? |

| 新しいものはありますか? | มีอันใหม่ไหม
ミーアンマイマイ
Do you have a new one? |

| 防水加工されていますか? | กันน้ำไหม
カンナームマイ
Is this waterproof? |

| これは本革ですか? | อันนี้หนังแท้ใช่ไหม
アンニーナンテーチャイマイ
Is this real leather? |

| この服に合うバッグはありますか? | มีกระเป๋าที่เหมาะกับรองเท้าคู่นี้ไหม
ミークラバオティーモカップローンタウクーニーマイ
Do you have a bag that goes with this clothes? |

お役立ち単語集 WORD

旅行用	สำหรับเดินทาง サムラップデゥーンターン
仕事用	สำหรับทำงาน サムラップタムガーン
普段用	สำหรับทั่วไป サムラップトゥアパイ

肩ひもあり [なし]	มี [ไม่มี] สายสะพาย ミー [マイミー] サーイサパーイ
ポケット	กระเป๋าเสื้อ クラバウスーア
革製	ทำจากหนัง タムチャークナン
布製	ทำจากผ้า タムチャークパー
ハンドバッグ	กระเป๋าถือ クラバウトゥー

ショルダーバッグ	กระเป๋าสะพาย クラバウサパーイ
スーツケース	กระเป๋าเดินทาง クラバウドゥーンターン
ジッパー	ซิป シップ
ファスナー	ขอเกี่ยว コーキーアウ
ボタン	กระดุม クラドゥム

59

LOOK

はありますか？

มี [____] ไหม
ミー [____] マイ
Do you have [____]？

ファッション雑貨
แฟชั่นทั่วไป
フェーチャントゥアパイ

สร้อยคอ
ソーイコー
❶【ネックレス】

ต่างหู
ターンフー

❶【ピアス】

สร้อยข้อมือ
ソーイコームー

❶【ブレスレット】

หมวก
ムーアク

❶【帽子】

กระเป๋า
クラバオ

❶【バッグ】

เครื่องประดับแบบช่อ
クルーアンプラダップベープチョー

❶【コサージュ】

ผ้าพันคอ
パーバンコー

❶【ストール】

รองเท้า
ローンターウ

❶【靴】

จี้
チー
❶【チャーム】

แหวน
ウェーン
❶【指輪】

ผ้าคลุมไหล่
パークルムライ
❶【ショール】

เข็มกลัด
ケムクラット
❶【ブローチ】

กระจก
クラチョック
❶【眼鏡】

ต่างหู
ターンフー
❶【イヤリング】

เข็มขัด
ケムカット
❶【ベルト】

ที่ห้อยโทรศัพท์
ティーホイトーラサップ
❶【携帯ストラップ】

กระเป๋าสตางค์
クラバオサターン
❶【財布】

นาฬิกาข้อมือ
ナーリカーコームー
❶【腕時計】

แว่นกันแดด
ウェンカンデート
❶【サングラス】

ถุงเท้า
トゥンターウ
❶【靴下】

ยกทรง
ヨクソン
❶【ブラジャー】

เนคไท
ネクタイ
❶【ネクタイ】

ชุดว่ายน้ำ
チュットウーイナム
❶【水着】

ถุงน่อง
トゥンノーン
❶【ストッキング】

กางเกงขาสั้น
カーンケーンカーサン
❶【ショートパンツ】

婦人靴のサイズ表

日本	22	22.5	23	23.5	24	24.5	25
EUサイズ	34.5	35	36	37	37.5	38	38.5
USサイズ	5	5.5	6	6.5	7	7.5	8

60

LOOK

＿＿＿色はありますか？

มีสี ＿＿＿ ไหม

ミーシー ＿＿＿ マイ

Do you have in ＿＿＿ ?

色
สี
シー

ดำ
ダム
❶【黒】

ขาว
カーウ
❶【白】

แดง
デーン
❶【赤】

น้ำเงิน
ナムグン
❶【青】

เหลือง
ルーアン
❶【黄】

เขียว
キーアウ
❶【緑】

ชมพู
チョムプー
❶【ピンク】

ส้ม
ソム
❶【オレンジ】

ม่วง
ムアン
❶【紫】

ขาวงาช้าง
カーウガーチャーン
❶【アイボリー】

เบจ
ベーチ
❶【ベージュ】

น้ำตาล
ナムターン
❶【茶】

ทอง
トーン
❶【金】

เงิน
グン
❶【銀】

模様・柄
ลาย
ラーイ

ลายทาง
ラーイターン
❶【ストライプ】

ลายตาราง
ラーイターラーン
❶【チェック】

ลายดอกไม้
ラーイドークマーイ
❶【花柄】

ลายจุด
ラーイチュット
❶【水玉】

ไม่มีลาย
マイミーラーイ
❶【無地】

เป็นที่นิยม
ペンティーニヨム
❶【流行の】

基本会話
グルメ
ショッピング
ビューティ
見どころ
エンタメ
ホテル
乗りもの
基本情報
単語集

コスメの買い方を覚えましょう

地元の女性たちはどんなコスメを使っているのでしょうか。
気になるコスメを手にとってみましょう。

タイで入手したいコスメは？

ハーブや植物が豊富なタイでは、自然派コスメが驚くほど手頃な価格で手に入ります。おみやげにもおすすめ。また、ぜひチェックしたいのはスパ・プロダクト。スパ王国ならではの高品質なアイテムは、一度は試してみたいですね。

コスメを探しましょう

アイクリームを
探しています。

ฉันกำลังหาอายครีม
チャンカムランハーアーイクリーム
I'm looking for an eye-cream.

コスメ ☞ P.64

敏感肌でも使えますか？

ใช้กับผิวแพ้ง่ายได้ไหม
チャイカップビウペーガーイダイマイ
Can this be used on sensitive skin?

日中用[夜用]ですか？

ใช้ตอนกลางวัน [กลางคืน] ใช่ไหม
チャイトーンクラーンワン[クラーンクーン]チャイマイ
Is it for daytime-use [night time-use]?

防腐剤[添加物]は
使われていますか？

ใช้สารกันเสีย [สารเติมแต่ง] ไหม
チャイサーンカンシーア[サーントームテーン]マイ
Are any antiseptics [additives] used?

コスメを探す
フレーズは
コレ

乾燥が気になっています。

กังวลเรื่องผิวแห้ง
カンウォンルーアンビウヘーン
I'm concerned about dry skin.

お役立ち単語集 WORD		クマ	รอยคล้ำใต้ตา ローイクラムタイター	敏感肌	ผิวแพ้ง่าย ビウペーガーイ
		乾燥	แห้ง ヘーン	乾燥肌	ผิวแห้ง ビウヘーン
シミ	จุดด่างดำ チュトターンダム	保湿	รักษาความชุ่มชื้น ラックサークアームチュムチューン	普通肌	ผิวธรรมดา ビウタンマダー
シワ	ริ้วรอย リウローイ	オイリー肌	ผิวมัน ビウマン	アンチ エイジング	ต่อต้านริ้วรอย トーターンリウローイ

62

基本会話

グルメ

ショッピング

ビューティ

見どころ

エンタメ

ホテル

乗りもの

基本情報

単語集

おうちでスパ気分♪

生ハーブを包んだハーバル・ボール（⭐P.64）は、高級スパでも使用されている伝統的な癒やしアイテム。ぜひお店でチェックしてみて。

この色に近い口紅はありますか?

มีลิปสติกสีใกล้เคียงกับสีนี้ไหม
ミーリップステックシークライキーアンカップシーニーマイ
Do you have lipsticks close to this color?

コスメ⭐P.64

他の色を見せていただけますか?

ขอดูสีอื่นหน่อยได้ไหม
コードゥーシーウーンノイダイマイ
Can I see the other colors?

新色はどれですか?

อันไหนสีใหม่
アンナイシーマイ
Which color is the new one?

もっと薄い[濃い]色のファンデーションはありますか?

มีรองพื้นสีอ่อน [สีเข้ม] กว่านี้ไหม
ミーローングーンシーオーン [シーケム] クアーニーマイ
Do you have a foundation in lighter [darker] color?

コスメ⭐P.64

試してみてもいいですか?

ขอลองได้ไหม
コーローンダイマイ
Can I try this?

UV効果はありますか?

มีสารป้องกันรังสียูวีไหม
ミーサーンポンカンランシーユーウィーマイ
Does it block UV rays?

これと同じものを5つください。

ขอเหมือนกับอันนี้ 5 ชิ้น
コームーアンカップアンニーハーチン
I'd like five of these.

数字⭐P.150

全部でいくらになりますか?

ทั้งหมดเท่าไหร่
タンモットタウライ
How much is the total?

店員さんに聞いてみましょう

この商品はどうやって使うのですか?

ชิ้นนี้ใช้ยังไง
チンニーチャイヤンガイ
How can I use this?

LOOK

_____ はありますか？

มี **_____** ไหม

ミー _____ マイ

Do you have _____ ?

สบู่
サブー

❶【ソープ】

เกลืออาบน้ำ
クルアーアーブナム

❶【バスソルト】

เจลขัดผิว
チェルカットビュウ

❶【ピーリングジェル】

สครับขัดผิว
スクラブカットビュウ

❶【ボディスクラブ】

เจลอาบน้ำ
チェルアーブナム

❶【シャワージェル】

ออยล์ทาผิว
オイルタビュウ

❶【ボディオイル】

ครีมทาตัว
クリームタートゥア

❶【ボディクリーム】

น้ำนมบำรุงผิว
ナムノムバムルンビュウ

❶【ボディミルク】

บอดี้มิลค์
ボディミスト

❶【ボディミスト】

บอดี้บัตเตอร์
ボディバッター

❶【ボディバター】

น้ำมันนวด
ナムマンヌーアト

❶【マッサージオイル】

บาล์มสมุนไพร
バームサムンプライ

❶【ハーバル・バーム】

ลูกประคบสมุนไพร
ルークプラコップサムンプライ

❶【ハーバル・ボール】

น้ำมันมะพร้าว
ナムマンマプラーウ

❶【ココナツ・オイル】

สครับขัดเท้า
スクラブカットターウ

❶【フットスクラブ】

แฮนด์ครีม
ハンドクリーム

❶【ハンドクリーム】

スパグッズは
おみやげにも
いいですね

แชมพู
シャンプー
❶【シャンプー】

ครีมนวดผม
クリームヌーアトポム
❶【リンス】

แฮร์ทรีทเม้นท์
ヘアトリートメント

❶【ヘアトリートメント】

แฮร์มาสก์
ヘアマスク

❶【ヘアマスク】

フェイシャルケア
ผลิตภัณฑ์ใช้กับหน้า
パリッタバンチャイ
カップナー

สบู่ครีม
サブークリーム

❶【クリームソープ】

สครับขัดหน้า
スクラブカットナー

❶【フェイシャルスクラブ】

สเปรย์เพิ่มความชุ่มชื้นให้หน้า
スプレーボームクアームシュムチューンハイナー

❶【フェイシャルウォーター】

มาสก์หน้า
マスクナー

❶【フェイシャルマスク】

แผ่นลดริ้วรอย
ペーンロッドリュウローイ

❶【フェイシャルパッド】

ลิปบาล์ม
リップバーム

❶【リップバーム】

อายครีม
アーイクリーム
❶【アイクリーム】

ครีมกันแดด
クリームカンデート
❶【日焼け止め】

基礎化粧品
เครื่องสำอางพื้นฐาน
クルーアンサム
アーンプーンターン

โทนเนอร์
トーンナー

❶【化粧水】

เซรั่ม
セーラム

❶【美容液】

ครีมน้ำนม
クリームナームノム
❶【乳液】

ครีมมอยส์เจอร์ไรเซอร์
クリームモイスチャライザー
❶【保湿クリーム】

คอนซีลเลอร์
コンシールー
❶【コンシーラー】

ผลิตภัณฑ์ล้างหน้า
パリッタパンラーンナー
❶【洗顔料】

メイクアップ化粧品
เครื่องสำอางแต่งหน้า
クルーアンサム
アーンテーンナー

รองพื้น
ローンプーン
❶【ファンデーション】

บีบีครีม
ビービークリーム
❶【BBクリーム】

คลีนซิ่ง
クレンジング
❶【クレンジング】

บลัชออน
ブラッシュオーン
❶【チーク】

ลิปสติก
リップスティック

❶【口紅】

มาสคาร่า
マスカラー
❶【マスカラ】

ทาเล็บ
タムレップ

❶【マニキュア】

อายแชโดว์
アイシャドウ
❶【アイシャドウ】

ลิปกลอส
リップグロス
❶【グロス】

お役立ち単語集 WORD

ニキビ	สิว シウ	たるみ	หย่อนยาน ヨーンヤーン	コラーゲン	คอลลาเจน コルラージェン
		毛穴	รูขุมขน ルークムコン	無香料	ไม่ใส่น้ำหอม マイサイナームホーム
		美白	ผิวขาว ピウカーウ	無着色	ไม่ใส่สี マイサイシー

65

かわいいタイ雑貨を買いたい

艶やかな光沢のタイシルクから自然素材の雑貨まで、
個性的なタイ雑貨の中からお気に入りを見つけましょう。

気になる雑貨はコレ！

陶磁器
กระเบื้องเคลือบ
クラブーアン
クルーブ

鮮やかな装飾文様が美しい高級磁器・ベンジャロン焼と、
表面の細かいひびが特徴のセラドン焼。

セラドン焼
เครื่องดินเผาศิลาดล
クルーアンディンパオ
シラードン

ストールをください。
ขอผ้าพันคอของผู้หญิง
ゴーパーパンコー
ゴーンプーイン

ベンジャロン焼
เครื่องดินเผาเบญจรงค์
クルーアンディンパオ
ベンチャロン

タイシルク
ผ้าไหมไทย
パーマイタイ

独特の光沢と色合いが美しい。とっ
ておきの1枚を見つけて。

民族織物
ผ้าทอประจำเผ่า
パートーブラ
チャムパオ

エスニックな民族織物
には、日常使いできる
アイテムがいろいろ。

ほっこりした風合いのも
のから、繊細に編み上げ
られたものまでそろう。

バスケット
ตะกร้า
タグラー

タイシルクと糸

タイシルクの美しさの秘密は、野生の蚕が吐く太くてコシのある糸。この糸で織った生地は、光が複雑に反射し、独特の光沢と豊かな表情が生まれるのだそう。

グルメ

ショッピング

ビューティ

見どころ

エンタメ

ホテル

乗りもの

基本情報

単語集

お気に入りの雑貨がみつかったら…

こわれものなのでしっかり包んでください。	ห่อให้ด้วยเนื่องจากเป็นของแตกง่าย ホーハイドゥアイヌアンチャークペンコーンテークガーイ Please wrap this well because it is fragile.
日本に送ってもらえますか?	ส่งไปที่ญี่ปุ่นให้หน่อยได้ไหม ソンパイティーイープンハイノイダイマイ Can you send it to Japan?
他の色はありますか?	มีสีอื่นไหม ミーシーウーンマイ Do you have one in different colors? 色 ➡ P.61
こわれやすいですか?	อันนี้แตกง่ายใช่ไหม アンニーテークガーイチャイマイ Is this fragile?
2セットください。	ขอ 2 ชุด コーソーンチュット Two pairs, please. 数字 ➡ P.150
これと同じものを5つください。	ขอเหมือนกับอันนี้ 5 ชิ้น コームアンカップアンニーハーチン Can I have five of these? 数字 ➡ P.150
同じデザインでサイズが大きい[小さい]ものはありますか?	มีแบบเดียวกันแต่ไซส์ใหญ่ [เล็ก] กว่านี้ไหม ミーベーブディーアウカンテーサイスヤイ[レック]クアーニーマイ Do you have this in bigger[smaller] size?
贈り物用に包んでください。	ห่อของขวัญให้ด้วย ホーコーンクアンハイドゥアイ Could you wrap this as a gift?
別々に包んでください。	ห่อแยกกัน ホーイェークカン Could you wrap these individually?
紙袋をいただけますか?	ขอถุงกระดาษหน่อยได้ไหม コートゥンクラダートノイダイマイ Can I have a paper bag?

67

マーケットでコミュニケーション♪

地元の人々の生活に触れることができるマーケットへ出かけましょう。
タイはナイトマーケットも充実していて、買いもの以外の楽しみもいっぱいです。

マーケットめぐりのポイント
お買いものに夢中になって、気がつけばぐったり・・・なんてことにならないよう、マーケット内の屋台やカフェを利用しながら、こまめに水分補給と休憩を。

おトクだよ。
ลูกค้าประจำ
ルーッカープラチャム

いらっしゃい。
ยินดีต้อนรับ
インディートーンラップ

3つ買うからまけて!
ซื้อ 3 อันขึ้นไป ลด!
スーサームアンクンパイ　ロット

安くするよ。
ลดแล้วนะ
ロッドレーオナ

かわいい!
น่ารักจัง!
チーラックチャン

これが人気だよ。
อันนี้กำลังฮิตนะ
アンニーカムランヒットナ

ひとつください!
ขอ 1 อัน
コーヌンアン

この値段でどう?
ราคาเท่านี้เป็นอย่างไร
ラーカータオニーペンヤーンライ

いくら?
เท่าไหร่
タウライ

バンコクのナイト・マーケット

ザ・ワン・ラチャダー

ラチャダー鉄道市場の跡地にできた新しいナイトマーケット。フォトスポットとしても人気。

アジアティーク・ザ・リバーフロント・デスティネイション

旧貿易会社の建物をリノベーション。約1500店舗のショップと約45店舗のレストランが入る。

市場でチャレンジ

値段交渉をしてみましょう

1 商品を見せてもらう

欲しい商品を見つけたら、まず商品チェック。手に取って確認をしましょう。

2 値段交渉

買うことに決めたら、お店の人に伝えましょう。電卓を片手に値段交渉開始！

3 電卓ディスカウント

希望金額を電卓で見せます。値段に開きがあったらまとめ買い交渉へ。

4 商品ゲット！

5個以上買うと卸値価格になることが多いです。にっこり笑いながらがコツ。

マーケットでのお買いものに値段交渉は付きものですが、強引な値引きはNG。売り手とのコミュニケーションを楽しむ気持ちで交渉しましょう。

このワンピース、<u>150</u>バーツになりませんか？

ชุดวันพีชตัวนี้ลดเหลือ 150 ได้ไหม
チュッドワンピーストゥアニーロッドルーアヌンローイハーシップバートダイマイ
Could you make this dress 150 Baht?

OK、いいですよ。

โอเค ตกลง
オーケー　トックロン
OK, fine.

数字 ➡ P.150

お役立ち単語集
WORD

マーケット ตลาด
タラート

案内所	ที่ติดต่อสอบถาม ティーティットトーソープターム	トイレ	ห้องน้ำ ホンナム
見取り図	แผนผัง ペーンパン	入口	ทางเข้า ターンカウ
電卓	เครื่องคิดเลข クルゥアンキッドレーク	出口	ทางออก ターンオーク

スーパー、市場でおみやげ探しを楽しみましょう

おみやげ選びに迷ったら、スーパーや市場に行ってみましょう。
インスタント食品やプチプラコスメなど、タイらしいおみやげが気軽に買えます。

インスタント麺
บะหมี่กึ่งสำเร็จรูป
バミークンサムレットループ

軽くて安くて、おみやげにうってつけ。定番はやっぱりトム・ヤム・クン味です。

カップ麺
บะหมี่ถ้วย
バミートゥアイ

少しかさばりますが、手軽に食べられるので職場へのおみやげにどうぞ。

ドライフルーツ
ผลไม้แห้ง
ポンラマーイヘーン

南国らしく、様々なフルーツが揃います。日本ではなじみのないものを選ぶと◎。

スープペースト
ซุปก้อน
スップゴーン

トム・ヤム・クンやトム・カー・ガイなど、タイの味を気軽に再現！

カレーペースト
แกงกะหรี่ก้อน
ゲーンカリーコーン

定番のグリーン、イエロー、レッドのほか、多彩な味が揃います。日本より断然お得！

スナック菓子
ขนมขบเคี้ยว
カノムコップキーアウ

種類豊富なスナック菓子は、タイらしいピリ辛味がおすすめ。パッケージもポイントです。

ひとことフレーズ	○○ください。 ขอ... コー	5個ください。 ขอ 5 ชิ้น コーハーチン
いくら? เท่าไหร่ タウライ	**100gください。** ขอ 100 กรัม コーヌンローイグラム	**量を減らして。** กรุณาลดปริมาณ カルナーロットパリマーン
おすすめはどれ? มีอันไหนแนะนำบ้าง ミーアンナイネナムバーン	**レシートください。** ขอใบเสร็จด้วย コーバイセットドゥアイ	**量を増やして。** กรุณาเพิ่มปริมาณ ガルナープームパリマーン

基本会話

グルメ

ショッピング

ビューティ

見どころ

エンタメ

ホテル

乗りもの

基本情報

単語集

タイでご当地スナック

「カール」や「プリッツ」など、日本の定番菓子はタイでも人気。味は「ピリ辛サラダ味」「トム・ヤム・クン味」・・・と、タイらしさ満点。いつもの味と食べ比べてみては？

ナンプラー
น้ำปลา
ナムプラー

タイの代表的な調味料。炒め物に少量加えるだけで、タイの風味を楽しめます。

醤油
ซอสถั่วเหลือง
ソーストゥアルーアン

日本のたまり醤油と似た味で、ナンプラーのような独特の香りはありません。

ハーブ米
ข้าวสมุนไพร
カーウサムンプライ

ハーブで色付けした米。ロゼラの赤米には脂肪燃焼効果があるとか。

白茶ティーバッグ
ถุงชาขาว
トゥンチャーカーウ

ジャスミン入りでフルーティな味わいの白茶。パッケージも上品で素敵。

マンゴスチン石鹸
สบู่เปลือกมังคุด
サブーブルークマンクット

美肌効果があり、日本で買うよりも安い値段で買えます。友だちへのおみやげに。

ハーバルボール
ลูกประคบสมุนไพร
ルークプラコップサムンプライ

高級スパで伝統療法として使われている、生ハーブを包んだボール。

包装を頼みましょう

ひとつずつ包んでください。	กรุณาห่อทีละชิ้น ガルナーホーティーラチン Could you wrap these individually?
袋をもう<u>1</u>枚ください。	ขอถุงอีก 1 ใบ コートゥンイークヌンバイ Can I have another bag, please? 数字 ⏵ P.150
大きな袋に入れてください。	กรุณาใส่ถุงใบใหญ่ ガルナーサイトゥンバイヤイ Could you put it in the large bag?

71

チェンマイには手仕事雑貨がいっぱい

美しい手工芸品が豊富にそろうチェンマイ。
自分用に、おみやげに、お気に入りを探しましょう。

同じものを2つください。
ขอเหมือนกัน 2 อัน
ゴームアンカンソーンアン

ぬいぐるみ
ตุ๊กตา
トゥッカター
タイシルクで作った
キュートなクマ。

バスケット
ตะกร้า
タクラー
藤をていねいに編み
こんだバスケット。

キャンドル&キャンドル立て
เทียน&เชิงเทียน
ティアンレチューンティアン
ころんとした形がかわいいセラ
ドン焼の象。

クラッチバッグ
กระเป๋าถือ
クラパオトゥー
カラフルなビーズがア
クセント。

色違いは
ありませんか?
มีสีอื่นไหม
ミーシーウーンマイ

72

基本会話

クルメ

ショッピング

ビューティ

見どころ

エンタメ

ホテル

乗りもの

基本情報

単語集

チェンマイでお買いもの
夜ごと大賑わいのナイトバザールは、手工芸品も豊富でおみやげ探しにぴったり。値段は高く提示されるので、まとめ買いして値切るのがコツです。

急須＆茶碗
กาน้ำชา＆ถ้วยชา
カーナムチャーレトゥアイチャー
美しい色のセラドン焼。

とても美しいですね！
สวยงามมากเลยนะ!
スアイガームマークルイナ

巾着
กระเป๋าหิ้ว
クラパオヒウ
ハンドメイドのかわいい巾着。

テーブルランナー
ผ้าปูโต๊ะ
パープート
素朴な風合いがうれしい。

バッグ
กระเป๋า
クラパオ
ナチュラル素材で大人な雰囲気のものも。

壊れないように包んでくださいますか？
กรุณาห่อเพื่อไม่ให้แตกได้ไหม
カルナーホープアマイハイテークタイマイ

73

情緒あふれる風景、水上マーケットへ

バンコクはかつて「東洋のベニス」と呼ばれていました。
当時の面影を残す水上マーケットへ、少し早起きして行ってみませんか。

バンコク随一の
にぎわいをみせるマーケット
ダムヌン・サドゥアク
ดำเนินสะดวก ダムヌーンサドゥアク

ラマ4世時代に造られた運河で毎
朝開かれ、バンコク随一のにぎわ
いをみせる水上マーケット。朝
5時頃からフルーツや野菜、日用
品などを積んだ小舟が行き交い、
7～9時頃が最もにぎわいます。

のんびりとした雰囲気の
庶民派市場
タリン・チャン
ตลิ่งชัน タリンチャン

チャクプラ運河沿いにあり、昔ながらの素朴な雰囲気
が漂います。ここは小舟で商品を売りにくるのではな
く、係留されている小舟からさまざまな商品を購入する
というスタイル。

地元で人気の
日帰り観光スポット
アムパワー
อัมพวา アムパワー

今地元で最も人気がある観光スポットで、週末には大
勢の若者たちが押し寄せる。運河沿いに開けた市場
に、物売りの舟も往来。夜、ホタルが光る姿を見学する
ボートツアーも人気です。

74

雑貨
สินค้าทั่วไป シンカートゥアパイ

帽子
หมวก ムーアク

水上マーケット
では
こんなものが
買えます

お菓子
ขนม カノム

シーフード
ซีฟู้ด シーフード

生ジュース
น้ำผลไม้สด ナムポンラマイソット

フルーツ
ผลไม้ ポンラマイ

ワンポイント 水上マーケットショッピングのポイント

タイならではの醍醐味を満喫できる水上マーケット。
行き来する舟を見るだけでも楽しめます。売買は価格交渉制。

❶ 価格は交渉制

船頭に舟を止めてもらい交渉。
成立したら商品とお金を交換します。

❷ 午前中に訪れて

マーケットが活気づくのは朝7～9時頃。正午過ぎには閑散とするので注意。

❸ 周囲の店もチェック

運河の両脇には歩いて回れる買物エリアや食堂があるのでチェックしてみましょう。

オーダーメイドにチャレンジしてみましょう

ちょっとハードルは高いですが、オーダーメイドに挑戦してみませんか？
日本よりも安く、自分好みのものがオーダーできるのが魅力です。

オーダーメイドに
チャレンジしたい
ものはコチラ

靴
รองเท้า
ローンターウ

柄やリボン、高さなど
自分の好みに合った
靴をオーダーできる
お店が増えている。

布
ผ้า
パー

基本的には最初に
布を買って、そのあとに
縫製してもらう。
日本だと高額の
カーテンなどが人気。

服
เสื้อผ้า
スアパー

タイシルクが人気。
日本より格安で
つくることができる。

アクセサリー
เครื่องประดับ
クルーアンプラダップ

シルバーやビーズなど
自分の好きなパーツを
選んで、好きな形に
作ってもらうことができる。

> サイズちがいや発送の
> トラブルなどもよくあ
> るので、オーダーする
> 際はきちんと確認を。
> 発送の際には問い合
> わせ先などをきちんと
> 聞いておきましょう。

注文表を活用しましょう

商品名 ชื่อสินค้า シューシンカー	数量 จำนวน チャムヌアン	サイズ ขนาด カナード
フラットシューズ รองเท้าส้นแบน ローンターウソンペン	足	(__cm)
パンプス รองเท้าส้นสูง ローンターウソンスーン	足	(__cm)
ブーツ รองเท้าบู๊ท ローンターウブーツ	足	(__cm)
コート เสื้อโค้ท スアコート	着	(__号)
ネックレス สร้อยคอ ソーイコー	個	(__cm)
バッグ กระเป๋า クラパオ	個	__cm×__cm ×__cm

商品名 ชื่อสินค้า シューシンカー	数量 จำนวน チャムヌアン	サイズ ขนาด カナード
テーブルクロス ผ้าปูโต๊ะ パープート	枚	__cm×__cm
ピロケース ปลอกหมอน プロークモーン	枚	__cm×__cm
ベッドカバー ผ้าคลุมเตียง パークルムティアン	枚	ベッドサイズ __cm×__cm
ソファカバー ผ้าคลุมโซฟา パークルムソーファー	枚	__cm×__cm
カーテン ผ้าม่าน パーマーン	枚	__cm×__cm

1 | デザイン・色・素材選び

お店にある既製品やサンプルから自分の好きなものを選びます。雑誌などを持ち込んでもOK。

2 | 採寸

サイズを測ります。出来上がったらサイズが違うということもあるのできちんと確認しましょう。

3 | 完成

商品により1日～1カ月ほどかかります。配送する場合は、問合せ先やいつ頃になるかしっかり確認を。

オーダーしてみましょう

□□□□□ にしてください。
กรุณาทำ □□□□□

Please make it □□□□□ .
カルナータム □□□□□

靴	รองเท้า ローンターウ
リボン	โบว์ ボー
チェック	ลายตาราง ラーイタラーン
ドット	ลายจุด ラーイチュッド
ヒョウ柄	ลายเสือ ラーイスーア
ボタン	กระดุม クラドゥム
スパンコール	เลื่อม ルーアム
サンダル	รองเท้าแตะ ローンターウテ
アニマル柄	ลายสัตว์ ラーイサット
防水	กันน้ำ カンナム
ウエッジ	ลิ่ม リム
カジュアル	ไม่เป็นทางการ マイペンターンカーン
革	หนัง ナン
フラット	ส้นแบน ソンベン
ヒール	ส้นสูง ソンスーン
ソール	พื้นรองเท้า プーンローンターウ

アクセサリー	เครื่องประดับ クルーアンプラダップ
ネックレス	สร้อยคอ ソーイコー
ピアス	ต่างหู ターンフー
ブレスレット	สร้อยข้อมือ ソーイコムー
チェーン	สายคล้อง サーイクローン
石	หิน ヒン
ビーズ	ลูกปัด ルークパット
ヒモ	เชือก チュアク

服	เสื้อผ้า スアパー
牛革	หนังวัว ナンウア
羊革	หนังแกะ ナンケ
タイシルク	ผ้าไหมไทย パーマイタイ

布	ผ้า パー
ストレッチ	ยืด ユート
フリル	จีบระบาย チープラバーイ
ベルベット	ก้ามะหยี่ ガムマイー
サテン	ซาติน サーティン
ポリエステル	โพลีเอสเตอร์ ポリエストゥー
ストライプ	ลายทาง ラーイターン
スウェード	หนังกลับ ナンクラップ
ステッチ	ปักเดินเส้น パックドーンセン
不燃加工	ไม่ติดไฟ マイティットファイ
遮光	กันแดด カンデート

コーデュロイ	ผ้าลูกฟูก パールークフーク
フェイクレザー	หนังเทียม ナンティアム
デニム	ยีนส์ イーン

スパ・マッサージでリラックス

海外でリフレッシュするためにはエステも欠かせませんよね。
意思をきちんと伝えられればいつも以上にリラックスができますよ。

まずは予約をしましょう

予約をお願いします。	อยากจะขอจองที่ ヤークチャコージョーンティー I'd like to make an appointment.

明日午後4時に2名で
お願いします。

พรุ่งนี้ 4 โมงเย็น 2 คน
プルンニーシーモーンイェンソーンコン
For two persons, tomorrow at four o'clock, please.

数字➡P.150
時刻➡P.152

全身マッサージを
60分お願いします。

อยากจะนวดทั้งตัว 60 นาที
ヤークチャヌーアタントゥアホクシップナーティー
I'd like to have a full-body massage for sixty minutes.

数字➡P.150

日本語を話せる人は
いますか?

มีคนพูดภาษาญี่ปุ่นได้ไหม
ミーコンプードパーサーイープンダイマイ
Is there anyone who speaks Japanese?

何時なら
予約できますか?

จองได้ตอนกี่โมง
チョーンダイトーンキーモーン
What time can I make an appointment?

何時までにお店に
着けばいいですか?

ต้องไปถึงตอนกี่โมง
トンバイトゥントーンキーモーン
What time should I be there?

日本語のメニューは
ありますか?

มีเมนูภาษาญี่ปุ่นไหม
ミーメーヌーパーサーイープンマイ
Do you have a Japanese menu?

料金表を
見せてください。

ขอดูตารางราคาได้ไหม
コードゥーターラーンラーカーダイマイ
Can I see the price list?

フェイシャルは
ありますか?

มีนวดหน้าไหม
ミーヌーアトナーマイ
Can I have a facial?

どんなコースが
ありますか?

มีคอร์สแบบไหนบ้าง
ミーコースベープナイバーン
What kind of packages do you have?

どんな効果が ありますか？	มีผลอย่างไรบ้าง ミーポンヤーンライバーン What kind of effects does it have?
オプションでネイルも お願いします。	ขอทำเล็บเพิ่มด้วย コータムレッププームドゥアイ I'd like to have nails done too.
女性セラピストが 良いです。	ขอช่างนวดผู้หญิง コーチャーンヌーアトプーイン I'd like a female therapist.
同じ部屋で 受けられますか？	ขออยู่ห้องเดียวกันได้ไหม コーユーホンディーアウカンダイマイ Can we have it in the same room?
パックはメニューに 含まれていますか？	รวมพอกหน้าด้วยหรือเปล่า ルアムポークナードゥアイルプラウ Is the facial pack included?
男性はエステを 受けられますか？	ผู้ชายนวดได้ไหม プーチャーイヌーアトダイマイ Can males have a massage?
<u>タイ式マッサージ</u>は 初めてです。	มานวดแผนไทยเป็นครั้งแรก マーヌーアトペーンタイペンクランレーク This is my first time to have Thai massage.

(キャンセル・変更はコチラ)

予約を 変更したいのですが。	อยากจะเลื่อนจอง ヤークチャルーアンチョーン I'd like to change the appointment.
<u>午後4時</u>に予約した<u>ヤマダ</u>です。 予約をキャンセルしたいのですが。	ฉันยามาดะที่จองไว้ตอน 4 โมง อยากจะขอยกเลิก チャンヤマダティーチョーンウイトーンシーモーン　ヤークチャコーヨックルーク I'm Yamada that made a four o'clock appointment, but I'd like to cancel it.

時間 ● P.152

お役立ち単語集 WORD		明日	พรุ่งนี้ プルンニー	午後	บ่าย バーイ
		明後日	มะรืนนี้ マルーンニー	夕方	ตอนเย็น トーンイェン
今日	วันนี้ ワンニー	午前	เช้า チャオ	夜	กลางคืน クラーンクーン

スパ・マッサージでリラックス

受付～施術

予約した<u>ヤマダ</u>です。	**ฉันยามาดะที่จองไว้** チャンヤマダティーチョーンウイ I'm Yamada, I have an appointment.
予約していませんが、 <u>2</u>人できますか？	**ไม่ได้จองไว้ มีคิวสำหรับ 2 คนไหม** マイダイチョーンウイ　ミーキュウサムラップソーンコンマイ　　数字 ⊕ P.150 We didn't make an appointment but can the two of us have a massage?
トイレを 貸してください。	**ขอใช้ห้องน้ำได้ไหม** コーチャイホンナームダイマイ May I use the restroom?
ロッカーは どこですか？	**ล็อคเกอร์อยู่ที่ไหน** ロッカーユーティーナイ Where is the locker?
どこで脱ぎますか？	**ถอดชุดได้ที่ไหน** トードチュッダイティーナイ Where do I take off my clothes?

カウンセリング表をちょこっと解説

施術の前にはカウンセリングを行います。カウンセリングでは、当日の体調や受けたいコースなどの確認をします。妊娠中やアレルギーがある場合などは、この時に伝えましょう。

カウンセリング表

ชื่อ(名前) : ＿＿＿＿＿＿

วันเดือนปีเกิด(生年月日) : ＿.＿.＿

อายุ(年齢) : ＿＿＿＿＿

ภูมิแพ้(アレルギー) :
　　มี(有)　／　ไม่มี(無)

สภาพร่างกาย(体調) :
　　ดี(良好)　／　ไม่ดี(不調)

ประเภทผิว(肌質) :
＿＿＿＿＿＿＿＿＿

ปัญหาผิว(肌の悩み) :
＿＿＿＿＿＿＿＿＿

アレルギー
具体的に何に反応するのか、発症している場合は炎症部なども伝えましょう。

肌質
自分の肌質を伝えましょう。下の表を参考に！

/ 最初に伝えましょう /

生理中です	**มีประจำเดือน** ミープラチャムデゥアーン
肩こりです	**ไหล่ตึง** ライトゥン
妊娠しています	**กำลังท้องอยู่** カムラントーンユー

肌質 WORD	敏感肌	ผิวแพ้ง่าย ピゥペーガーイ		オイリー肌	ผิวมัน ピゥマン
	乾燥肌	ผิวแห้ง ピゥヘーン		普通肌	ผิวธรรมดา ピゥタンマダー

基本会話

グルメ

ショッピング

ビューティ

見どころ

エンタメ

ホテル

乗りもの

基本情報

単語集

気持ちよーくなるために覚えたいフレーズはコチラ

ここは 触らないでください。	กรุณาอย่าแตะตรงนี้ ガルナーヤーテトロンニー Please don't touch here.
もう少し強く [弱く] してください。	กรุณาทำให้แรง [เบา] อีกหน่อย ガルナータムハイレーン [バオ] イークノイ Could you make it stronger [weaker]?
ここは 見ないでください。	กรุณาอย่าดูตรงนี้ ガルナーヤードゥートロンニー Please ignore this part.
この香りは何ですか?	นี่คือกลิ่นอะไร ニークークリンアライ What is this scent?
ちょうどいいです。／ 痛い!	กำลังดี／เจ็บ! カムランディー／チェプ It's OK. ／ It hurts!
とても気持ちが いいです。	รู้สึกดีมากๆ ルースックディーマークマーク I feel good.
ちょっと気分が 悪くなりました。	รู้สึกไม่ค่อยดี ルースックマイコイディー I feel a little ill.
お水をください。	ขอน้ำหน่อย コーナムノイ Some water, please.

終わったらひとこと

気持ち良かったです。	รู้สึกดีขึ้นแล้ว ルースックディークンレーオ It was very nice.
この化粧品は 買えますか?	ขอซื้อเครื่องสำอางชิ้นนี้ได้ไหม コースークルーアンサムアーンチンニーダイマイ Can I buy these cosmetics?

タイにはいろいろな種類のスパがあります

旅の疲れをとるために、キレイになるために、スパで癒されましょう。
タイでは世界中のスパフリークが認めた極上スパが、リーズナブルに楽しめます。

スパメニューが豊富です

豊富なスパメニューの
なかから、自分の好みのものを
チョイスしましょう。

ハーバル・ボール・マッサージ
นวดด้วยลูกประคบสมุนไพร
ヌアトドゥアイルークプラコップサムンプライ

数種類のハーブを布に包ん
で蒸したハーバル・ボールで
マッサージ。

アロマテラピー・マッサージ
นวดอโรมา
ヌアトアロマー

アロマオイルを利用したマッ
サージ。香りがリラックス効
果を高めます。

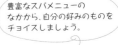

タイ式マッサージ
นวดแผนไทย
ヌアトペーンタイ

ヨガや整体、指圧などを融合
させたタイ独自の民間療法
マッサージ。

ストーン・マッサージ
นวดหิน
ヌアトヒン

温めたストーンを体にのせ
て、もみほぐす癒やし系マッ
サージ。

ボディ・スクラブ
บอดี้สครับ
ボディスクラブ

古い角質層や毛穴の汚れを
取り除き、肌をなめらかに整
えてくれます。

気持ちいいです
รู้สึกดี
ルースックディー

スウェーディッシュ・マッサージ
นวดสวีดิช
ヌアトスウィーディッシュ

筋肉に適度な刺激を与え、血行
を促進するオイルマッサージ。

アーユル・ヴェーダ
นวดอายุรเวท
ヌアトアーユラウェート

インド古来より伝わる伝統医
学をもとにしたマッサージ。

┃ スパに行く前にCheck！

予約
お店に行っても予約でいっぱい、ということも。事前予約がおすすめ。

お店へ
予約の15分前には着くよう、余裕をもって出かけよう。

持ち物
施術中、貴重品は施設内のセーフティボックスへ預けよう。

チップ
セラピストへのチップの相場は1時間50～100B程度。

予算や気分に合わせて、お店を選べます

\ 一軒家スパ /

トリートメントのみならず、インテリアや庭の美しさも堪能できます。

\ ホテルスパ /

ホテル内にある設備が整った高級スパ。世界的に有名なスパも多いです。

\ マッサージ店 /

安価で予約も不要。たいていの店でタイ古式マッサージも受けられます。

\ 街スパ /

街なかにあるスパで、リーズナブルにトリートメントが受けられます。

ワンポイント アロマオイルのいろいろ

レモングラス Lemongrass
ตะไคร้
タクライ
すぐれた殺菌力があり、毛穴を引き締める作用も。

ラベンダー Lavender
ลาเวนเดอร์
ラウェンドゥー
気分を和らげ、筋肉痛など多くの症状に効果的な優れもの。

ローズマリー Rosemary
โรสแมรี่
ロースメーリー
筋肉をやわらかくする。時差ボケを解消したいときにも効果的。

カモミール Chamomille
คาโมมาย
カモマーイ
イライラを取り除いてくれるうえ、抗ウイルス作用もある。

ティーツリー Teatree
ต้นชา
トンチャー
清涼感あふれる爽やかな香り。強い殺菌効果がある。

イランイラン Ylang Ylang
กระดังงา
グラダンガー
エキゾチックな甘い香り。ホルモン分泌にも効果あり。

ジンジャー Ginger
ขิง
キン
日本でも製薬としてなじみが深く、冷え症や血行促進に効果的。

ベルガモット Bergamot
มะกรูด
マクルート
柑橘系の上品な香りは、リラックス効果を得たい人にぴったり。

サンダルウッド Sandalwood
แก่นจันทน์
ケンチャン
スキンケアや慢性気管支炎、のどの痛みなどにも効果がある。

LOOK

	したいです。

อยากจะทำ [ ]
ヤークチャタム
I'd like to do [ ].

メニュー
เมนู
メーヌー

อบไอน้ำ
オップアイナム
❶【蒸気浴】

อาบน้ำนม
アーブナムノム
❶【ミルクバス】

นวดหน้า
ヌーアトナー

❶【フェイシャルマッサージ】

นวดเท้า
ヌーアトターウ

❶【フットマッサージ】

นวดหัว
ヌーアトゥア

❶【ヘッドマッサージ】

気持ちいいです
ルースックディー

แช่ตัวในอ่างดอกไม้
チェートゥアナイアーンドークマイ
❶【フラワーバス】

นวดมือ
ヌーアトムー
❶【ハンドマッサージ】

นวดฝ่าเท้า
ヌーアトファーターウ
❶【足裏マッサージ】

นวดตัว
ヌーアトトゥア
❶【ボディマッサージ】

อ่างจากุซซี่
アーンジャグシー
❶【ジャグジー】

นวดไหล่
ヌーアトライ
❶【ショルダーマッサージ】

กดจุด
ゴットジュット
❶【指圧】

スクラブ素材
วัตถุดิบของสครับ
ワットゥディップコーンスクラブ

天然素材のもの
がおすすめです

สมุนไพรไทย
サムンプライタイ

レモングラスなどのハーブ
類は、リフレッシュ効果が
期待できる。

❶【タイ・ハーブ】

ข้าว
カーオ

肌に潤いと張りをもたらす
自然派スクラブの代表格。

❶【ライス】

เกลือ
グルーア

天然のミネラルたっぷりな
ので、肌になじませればしっ
とり。

❶【ソルト】

มะละกอ
マラコー

皮脂の柔軟性を保ちなが
ら古い角質を落とし、肌に
潤いを与える。

❶【パパイヤ】

มะเขือเทศ
マクーアテート

皮脂の吸収と保湿に優れ
ていて、肌がしっとり仕上
がる。

❶【トマト】

มะขาม
マカーム

美容効果の高いフルーツ
酸がたっぷり。肌を明るく
してくれる。

❶【タマリンド】

สาหร่าย
サーラーイ

ビタミンEを含んでいるの
で、ドライスキンの人にお
すすめ。

❶【セサミ】

มะพร้าว
マプラーウ

傷んだ肌をリカバーし、バ
ランスを整えてくれる。

❶【ココナツ】

แตงกวา
テーンクワー

新しい細胞の生成を促進
してくれる効果が高い。

❶【キュウリ】

LOOK

☐☐☐☐ が気になっています。

रूสึก ☐☐☐☐
ルースック ☐☐☐☐
I'm concerned about ☐☐☐☐.

症状
อาการ
アーカーン

รอยย่น
ローイヂョン
🔊【しわ】

ความหมองคล้ำ
クワームモーングクラム
🔊【くすみ】

สิว シウ 🔊【ニキビ】	หย่อนยาน ヂョーンヤーン 🔊【たるみ】	แดดเผา デートパオ 🔊【日焼け】	แห้ง ヘーン 🔊【乾燥】
บวม ブーアム 🔊【むくみ】	ผิวแห้ง ピウヘーン 🔊【肌荒れ】	ภูมิแพ้ ブームペー 🔊【アレルギー】	การนอนหลับไม่เพียงพอ カーンノーンラップマイピアンポー 🔊【睡眠不足】
อ่อนเพลีย オーンプリーア 🔊【疲労】	เจ็ตแล็ก シェットレック 🔊【時差ボケ】	ไหล่ตึง ライトゥン 🔊【肩こり】	ขี้หนาว キーナーウ 🔊【冷え症】
ความเครียด クアームクリーアト 🔊【ストレス】	ปวดหัว ブーアトフア 🔊【頭痛】	ปวดเอว ブーアトエウ 🔊【腰痛】	ท้องผูก トーンブーク 🔊【便秘】

LOOK

☐☐☐☐ はどこですか?

☐☐☐☐ อยู่ที่ไหน
☐☐☐☐ ユーティーナイ
Where is ☐☐☐☐.

施設
สิ่งก่อสร้าง
シンゴーサーン

ประชาสัมพันธ์
プラチャーサンパン
🔊【受付】

ล็อบบี้
ロッピー
🔊【ロビー】

| ห้องเปลี่ยนเสื้อผ้า ホンプリーアンスアーパー 🔊【更衣室】 | ห้องทำทรีตเมนต์ ホンタムトリートメント 🔊【トリートメントルーム】 | ซาวน่า サウナー 🔊【サウナ】 | ห้องพัก ホンパック 🔊【休憩室】 |
| ล็อคเกอร์ ロッカー 🔊【ロッカー】 | อ่างอาบน้ำ アーンアープナム 🔊【風呂】 | ฝักบัวอาบน้ำ ファクブアアープナム 🔊【シャワー】 | ห้องน้ำ ホンナム 🔊【トイレ】 |

お役立ち単語集 WORD

| タオル | ผ้าเช็ดตัว パーチェットトゥア | バスローブ | เสื้อคลุมอาบน้ำ スーアクルムアープナム |
| スリッパ | รองเท้าแตะใส่ในบ้าน ローンタウテサイナイバーン | 紙ショーツ | กางเกงในกระดาษ カンケーンナイクラダート |

85

ネイルサロンで指先まで整えましょう

最後の仕上げはネイルサロンへ
日本よりもリーズナブルなので、色々なデザインが楽しめますよ。

大胆な色を
選んでもステキ

cool!
เจ๋ง!
チェン

Gorgeous!
สวยมาก!
スーアイマーク

Cute!
น่ารักจัง!
チーラックチャン

くまさんも
かわいい!

まずは予約をしましょう

ネイルの予約を お願いします。	**ขอจองคิวทำเล็บ** コーチョーンキュウタムレップ I'd like to make a nail appointment.
どんなコースが ありますか？	**มีคอร์สแบบไหนบ้าง** ミーコースベープナイバーン What kind of packages do you have?
ジェルネイルを お願いします。	**ขอต่อเล็บแบบเจล** コートーレップベープジェン I'd like to have gel nails done.
ジェルネイルのオフか らお願いできますか？	**เอาเจลที่ต่อเล็บออกก่อนได้ไหม** アウジェンティートーレップオークゴーンダイマイ I'd like to remove gel nails first.

ネイルに磨きをかけましょう

手と足を お願いします。	**ขอทำทั้งมือและเท้าเลย** コータムタンムーレターウローイ I'd like a manicure and pedicure.
デザイン見本を **見せてください。**	**ขอดูหนังสือแบบได้ไหม** コードゥーナンスーベープダイマイ Could I see the design samples?
色の種類を 見せてください。	**ขอดูว่ามีสีแบบไหนบ้าง** コードゥーウーミーシーベープナイバーン Could I see the color variations?

このデザイン [色] に してください。	กรุณาทำดีไซน์ [สี] นี้ カルナータムデザイン [シー] ニー This design[color], please.
爪は今より短く しないでください。	อย่าตัดเล็บให้สั้นกว่านี้ ヤータットレップハイサンクアーニー Don't make the nails any shorter.
爪を短くしてください。	กรุณาตัดเล็บให้ด้วย カルナータットレップハイドゥアイ Cut my nails short, please.
爪の形はラウンドに してください。	กรุณาตะไบเล็บให้โค้ง カルナータバイレップハイコーン Could you round my nails out?
爪が割れやすいので 注意してください。	เล็บหักง่าย กรุณาระวังด้วย レップハックガーイカルナーラワンドゥアイ Please be careful because my nails are fragile.
この指にラインストー ンを使ってください。	กรุณาติดเพชรที่เล็บนี้ カルナーティットペットティーレップニー Could you apply rhinestones to this nail?
この指は やり直してください。	กรุณาแก้นิ้วนี้ใหม่ カルナーケーニゥウニーマイ Could you do this nail again?
マニキュアが乾くのに 何分かかりますか?	ใช้เวลาเท่าไรยาทาเล็บจะแห้ง チャイウェーラータウライヤーターレップチャヘーン How long does it take for the manicure to dry?

お役立ち単語集 WORD

マニキュア	ทำเล็บ タムレップ
ペティキュア	ทำเล็บเท้า タムレップターオ
ジェルネイル	ต่อเล็บแบบเจล トーレップベープジェン
ネイルアート	เพ้นท์เล็บ ペントレップ
フレンチ	แบบเฟรนช์ ベープフレン
グラデーション	แบบไล่สี ベープライシー
ライン	แบบลายเส้น ベープライセン
ラメ	กากเพชร ガークペット
ラインストーン	เพชรแต่งเล็บ ペットテンレップ
ネイルピアス	เจาะเล็บ ジョレップ
ファイリング (爪の形整)	ตะไบเล็บ タバイレップ
スクエア	สี่เหลี่ยม シーリアム
オーバル	รูปไข่ ループカイ
ポイント	แหลม レーム
甘皮処理	กำจัดหนังบริเวณโคนเล็บ ガムチャットナンボリウェーンコーンレップ
角質除去	ลอกผิว ロークピウ
マッサージ	นวด ヌーアト
パラフィンパック	พาราฟินแวกซ์ パラフィンウェーク
フットバス	แช่เท้าในน้ำ シェータウナイナム

87

街歩き＆観光もかかせません

歴史的建造物や文化施設、自然など、タイには見どころがいっぱい。
さあ、街歩き＆観光に出かけましょう。

道をたずねるフレーズはコチラ

ちょっと お尋ねします。	ขอถามหน่อย コータームノイ Excuse me.	
ワット・ポーへ **行きたいのですが。**	ฉันจะไปวัดโพธิ์ チャンチャパイウットポー I want to go to Wat Pho.	観光地 **P.96**
右に曲がると左手に ありますよ。	เลี้ยวขวาแล้วจะอยู่ทางซ้ายมือ リーアウクウーレーウチャユーターンサーイムー Turn right and you'll find it on your left.	
私に ついてきてください。	กรุณาตามฉันมา カルナータームチャンマー Follow me, please.	
この住所に 行きたいのですが。	ฉันอยากไปตามที่อยู่นี้ チャンヤークパイタームティーユーニー I'd like to go to this address.	
この地図で どこですか?	ตามแผนที่นี้อยู่ที่ไหน ターンベーンティーニーユーティーナイ Where is it on this map?	
道に迷って しまいました。	ฉันหลงทาง チャンロンターン I'm lost.	
ここはどこですか?	ที่นี่ที่ไหน ティーニーティーナイ Where am I?	
ここは何通りですか?	ที่นี่ถนนอะไร ティーニータノンアライ What street is this?	
一番近い駅は どこですか?	สถานีที่ใกล้ที่สุดอยู่ที่ไหน サターニーティークライティーxットユーティーナイ Where is the nearest station?	

88

基本会話

クルメ

ショッピング

ビューティ

見どころ

エンタメ

ホテル

乗りもの

基本情報

単語集

道をたずねる時に使える単語

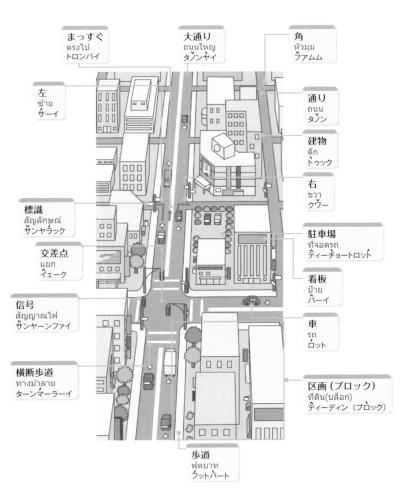

まっすぐ
ตรงไป
トロンパイ

大通り
ถนนใหญ่
タンヤイ

角
หัวมุม
フアムム

左
ซ้าย
サーイ

通り
ถนน
タン

建物
ตึก
トゥック

右
ขวา
クワー

標識
สัญลักษณ์
サンヤラック

交差点
แยก
イェーク

駐車場
ที่จอดรถ
ティーチョートロット

看板
ป้าย
パーイ

信号
สัญญาณไฟ
サンヤーンファイ

車
รถ
ロット

横断歩道
ทางม้าลาย
ターンマーラーイ

区画（ブロック）
ที่ดิน(บล็อก)
ティーディン（ブロック）

歩道
ฟุตบาท
フットバート

89

街歩き&観光もかかせません

観光地や美術館で

アナンタ・サマーコム宮殿は 今日開いていますか?	วันนี้พระที่นั่งอนันตสมาคมเปิดไหม ワンニープラティーナンアナンタサマーコムプードマイ Is Ananta Samakhom Palace open today?

観光地 ● P.96

開いています。／ 休みです。	เปิด／ปิด プート／ピット Yes, it is. ／ No, it isn't.

入場料は いくらですか?	ค่าเข้าชมเท่าไหร่ カーカウチョムタウライ How much is the entrance fee?

1人100バーツです。	คนละ 100 บาท コンラヌンローイバート 100 Baht per a person.

数字 ● P.150

大人2人 お願いします。	ผู้ใหญ่ 2 คน プーヤイソーンコン Two adults, please.

数字 ● P.150

何時まで 開いていますか?	เปิดถึงกี่โมง プートゥンキーモーン How late are you open?

日本語のパンフレット はありますか?	มีแผ่นพับภาษาญี่ปุ่นไหม ミーペーンパップパーサーイープンマイ Do you have a Japanese brochure?

荷物を預かって もらえますか?	รับฝากของไหม ラップファークコーンマイ Could you keep my luggage?

ここはどんなものを 展示していますか?	ที่นี่มีอะไรบ้าง ティーニーミーアライバーン What do you show here?

有名な作品は ありますか?	มีผลงานที่ขึ้นชื่อไหม ミーポンガーンティークンチューマイ Is there a famous piece?

館内ツアーは 何時からですか?	การเที่ยวชมภายในเริ่มตั้งแต่กี่โมง カーンティーアウチョムパーイナイルームタンテーキーモーン What time does the guided tour start?

あの建物はなんという名前ですか?	อาคารนั้นมีชื่อเรียกว่าอะไร アーカーンナンミーチューリーアクウーアライ What is the name of that building?
内部は見学できますか?	เข้าไปดูด้านในได้ไหม カウパイドゥーターンナイダイマイ Can I see inside?
入ってもいいですか?	เข้าไปได้ไหม カウパイダイマイ Can I go in?
出口[入口/非常口]はどこですか?	ทางออก [ทางเข้า/ทางหนีไฟ] อยู่ตรงไหน ターンオーク[ターンカウ/ターンニーファイ]ユートロンナイ Where is the exit [entrance / emergency exit]?
一番近いトイレはどこですか?	ห้องน้ำที่ใกล้ที่สุดอยู่ที่ไหน ホンナムティークライティースットユーティーナイ Where is the nearest restroom?
写真を撮ってもらえますか?	ถ่ายรูปให้หน่อยได้ไหม ターイループハイノイダイマイ Could you take our picture?
(シャッターボタンを指して) ここを押してください。	กดตรงนี้ ゴットロンニー Press this, please.
写真[ビデオ]を撮ってもいいですか?	ถ่ายรูป [วิดีโอ] ได้ไหม ターイループ[ウィディオー]ダイマイ Can I take a picture[video]?
フラッシュをたいてもいいですか?	เปิดแฟลชได้ไหม プートフラッシュダイマイ Can I use flash?
何時ごろからライトアップされますか?	จะเปิดไฟประมาณกี่โมง チャプートファイプラマーンキーモーン What time does the illumination go on?

お役立ち単語集 WORD

開館[閉館]時間　เวลาเปิด [ปิด]　ウェーラープート[ピット]

撮影禁止	ห้ามถ่ายรูป ハームターイループ
フラッシュ禁止	ห้ามใช้แฟลช ハームチャイフラッシュ
スケッチ禁止	ห้ามวาดภาพ ハームウートパープ

立ち入り禁止	ห้ามผ่าน ハーンパーン
関係者以外立ち入り禁止	ห้ามเข้านอกจากผู้เกี่ยวข้อง ハームカウノークチャークプーキーアウコン
資料室	ห้องเก็บเอกสาร ホンケップエーカサーン

街歩き＆観光もかかせません

観光案内所を利用しましょう

観光案内所は どこですか?	ศูนย์ข้อมูลการท่องเที่ยวอยู่ที่ไหน スーンコームンカーントンティーアウユーティーナイ Where is the tourist information center?
無料の地図は ありますか?	มีแผนที่แจกฟรีไหม ミーペーンティーチェークフリーマイ Do you have a free map?
観光パンフレットを ください。	กรุณาแผ่นพับการท่องเที่ยว カルナーペーンパップカーントンティーアオ Could I have a sightseeing brochure?
日本語版は ありますか?	มีฉบับภาษาญี่ปุ่นไหม ミーチャバップパーサーイープンマイ Do you have one in Japanese?
この街の見どころを 教えてください。	ช่วยแนะนำสถานที่น่าสนใจหน่อยได้ไหม チュアイネナムサターンティーナーソンチャイノイダイマイ Could you recommend some interesting places?
日帰りで行けるところ を教えてください。	ช่วยแนะนำสถานที่ที่ไปเช้าเย็นกลับได้ไหม チュアイネナムサターンティーティーパイチャウイェンクラップダイマイ Are there any places for a day trip?
景色がきれいな ところはどこですか?	ที่ไหนทิวทัศน์สวยบ้าง ティーナイティウタットスーアイバーン Which place has nice view?
そこは今日 開いていますか?	ที่ตรงนั้นวันนี้เปิดไหม ティートロンナンワンニープートマイ Is it open today?
休みの日は いつですか?	หยุดวันไหน ユットワンナイ When do they close?
火曜日です。／ 無休です。	วันอังคาร／ไม่มีวันหยุด ワンアンカーン／マイミーワンユット Tuesday.／They are open every day.
タイ舞踊を見たいの ですが。	ฉันอยากดูรำไทย チャンヤークドゥーラムタイ I'd like to see Thai dance.

曜日 ➡ P.151

92

歩いてそこまで行けますか？	ที่นั่นเดินไปได้ไหม
	ティーナンドゥーンバイダイマイ
	Can I go there on foot?

ここから遠いですか？	ไกลจากที่นี่ไหม
	クライチャークティーニーマイ
	Is it far from here?

近いです。／バスで10分です。	ใกล้／ขึ้นรถบัสไป 10 นาที
	クライ／クンロットバスバイシップナーティー
	It is near from here.／It is ten minutes by bus. 数字◎P.150

ここから歩いて何分かかりますか？	ถ้าเดินไปจากที่นี่ใช้เวลากี่นาที
	タードゥーンバイチャークティーニーチャイウェーラーキーナーティー
	How long will it take to walk from here?

行き方を教えてください。	ช่วยบอกวิธีไปหน่อยได้ไหม
	チュアイボークウィティーパイノイダイマイ
	Could you tell me how to get there?

地下鉄で行けますか？	ไปโดยรถไฟใต้ดินได้ไหม
	パイドーイロットファイタイディンダイマイ
	Can I get there by subway?

この地図で教えてください。	ช่วยอธิบายแผนที่นี้หน่อยได้ไหม
	チュアイアティバーイベーンティーニーノイダイマイ
	Could you tell me on this map?

何か目印はありますか？	มีสัญลักษณ์อะไรไหม
	ミーサンヤラックアライマイ
	Are there any signs?

この近くに案内所[交番]はありますか？	มีศูนย์ข้อมูล [ป้อมตำรวจ] อยู่ใกล้ที่นี่ไหม
	ミースーンコームーン [ポムタムルアド] ユークライティーニーマイ
	Is there an information center[police station] near here?

（聞き取れなかったとき）もう一度お願いします。	พูดอีกครั้งได้ไหม
	プードイーククランダイマイ
	Could you repeat it again?

略図を書いていただけますか？	เขียนแผนที่ให้ได้ไหม
	キーアンベーンティーハイダイマイ
	Could you draw me a map?

この近くに公衆電話はありませんか？	มีโทรศัพท์สาธารณะอยู่ใกล้ที่นี่ไหม
	ミートーラサップサーターラナユークライティーニーマイ
	Is there a pay phone near here?

街歩き&観光もかかせません

現地ツアーで…

ツアーに申し込みたいのですが。	ฉันอยากซื้อทัวร์ チャンヤークスーツアー I'd like to take a sightseeing tour.
ツアーのパンフレットはありますか?	มีแผ่นพับทัวร์ไหม ミーペンパップツアーマイ Do you have a tour brochure?
おすすめのツアーを教えてください。	ช่วยแนะนำทัวร์ให้หน่อยได้ไหม チュアイネナムツアーハイノイダイマイ Please recommend me some popular tours.
日本語のツアーはありますか?	มีทัวร์ที่มีไกด์พูดภาษาญี่ปุ่นได้ไหม ミーツアーティーミーガイトプードパーサーイープンダイマイ Do you have a tour with a Japanese guide?
<u>水上マーケット</u>に行くツアーはありますか?	มีทัวร์ที่ไปตลาดน้ำไหม ミーツアーティーバイタラートナームマイ Is there a tour that visits the floating market? 観光 ● P.96
ツアーは何時間かかりますか?	ทัวร์ใช้เวลานานเท่าไหร่ ツアーチャイウェーラーナーンタウライ How long is the tour?
出発は何時ですか?	ออกเดินทางกี่โมง オークドゥーンターンキーモーン What time does it start?
何時に戻りますか?	กลับกี่โมง クラップキーモーン What time do we come back?
どこから出発しますか?	ออกจากที่ไหน オークチャークティーナイ Where do we leave from?
食事は付いていますか?	มีอาหารเตรียมให้ไหม ミーアーハーントリーアムハイマイ Are meals included?
料金はいくらですか?	ค่าบริการเท่าไหร่ カーボリカーンタウライ How much is it?

これに申し込みます。	เลือกอันนี้ ルーアクアンニー I'll join this.	
何人で申し込みますか?	สำหรับกี่คน サムラップキーコン For how many people?	
大人2人です。	ผู้ใหญ่ 2 คน プーヤイソーンコン Two adults.	数字⊙P.150
4000バーツになります。	4000 บาท シーパンバート It's 4000 Baht.	数字⊙P.150
アユタヤに行きたいのですが何時間かかりますか?	ฉันอยากไปอยุธยาใช้เวลานานเท่าไหร่ チャンヤークパイアユタヤーチャイウェーラーナーンタウライ How long will it take to get to Ayutthaya?	観光⊙P.96
何時にここに戻ってくればいいですか?	จะกลับมาที่นี่กี่โมง チャクラップマーティーニーキーモーン By what time should I be back here?	
あとどのくらいで着きますか?	จะถึงกี่โมง チャトゥンキーモーン How long does it take to get there?	
ガイド[ドライバー]は日本語ができますか?	ไกด์ [คนขับรถ] พูดภาษาญี่ปุ่นได้ไหม ガイド[コンカップロット]プードバーサーイープンダイマイ Does the guide[driver] speak Japanese?	
ホテルまでの送迎はありますか?	มีรถรับส่งที่โรงแรมไหม ミーロットラップソンティーローンレーンマイ Do you have a courtesy bus to the hotel?	
待ち合わせ場所と時間を教えてください。	ช่วยบอกสถานที่นัดพบและเวลาหน่อย チュアイボークサターンティーナットポップレウェーラーノイ Please tell me where and when should we meet.	
時間の延長はできますか?	ยืดเวลาได้ไหม ユートウェーラーダイマイ Can I extend?	
5人乗車できる車でお願いします。	ช่วยเตรียมรถสำหรับ 5 คนให้หน่อย チュアイトリーアムロットサムラップハーコンハイノイ Could you arrange a car for five passengers?	

95

LOOK

ฉันอยากไป [＿＿＿＿＿] に行きたいのですが。

ฉันอยากไป [＿＿＿＿＿]
チャンヤークパイ
I'd like to go to [＿＿＿＿＿] .

บางกอก
バンコク
กรุงเทพ
クルンテープ

วัดพระแก้ว
ワット・プラケーオ

♪【ワット・プラケーオ】

อุโบสถ
ウボーソット

♪【ウボーソット(本堂)】

พระแก้วมรกต
プラケーウ
モーラゴット

♪【エメラルド仏】

พระสุวรรณเจดีย์
プラスワンナ
チェーディー

♪【プラ・スワンナ・チェディ】

ปราสาทพระเทพบิดร
プラーサート
プラテープ
ビドーン

♪【プラサート・プラテープ・ビドーン】

พระศรีรัตนเจดีย์
プラシーラッタナ
チェーディー

♪【プラ・シー・ラッタナー・チェディ】

พระวิหารยอด
プラウィハーン
ヨード

♪【プラ・ウィハーン・ヨード】

พระราชวัง
プララーチャワン

♪【王宮】

วัดโพธิ์
ウットポー

♪【ワット・ポー】

พระนอน
プラノーン

♪【大寝釈迦仏】

เจดีย์มมร
チェーディー
アモーン

♪【四天王の仏塔】

ร้านนวด
ラーンヌーアト

♪【マッサージ場】

วัดอรุณ
ウットアルン

♪【ワット・アルン】

วัดสมานรัตนาราม
ウットサマーンラッタナーラーム

♪【ワット・サマーン・ラッタナーラム】

วัดปากน้ำ ภาษีเจริญ
ウットパークナムパーシーチャルーン

♪【ワット・パクナーム】

พิพิธภัณฑ์ช้างเอราวัณ
ピピッタパンチャーンエラワン

♪【エラワン・ミュージアム】

วัดสุทัศน์
ウットスタット

♪【ワット・スタット】

บ้านจิมทอมป์สัน
バーンジムトムサン

♪【ジム・トンプソンの家】

เซ็นทรัลเอ็มบาสซี
センタンエンバーシー

♪【セントラル・エンバシー】

สยามดิสคัฟเวอรี่เซ็นเตอร์
サヤーム
ディスカワーリー
センター

♪【サヤーム・ディスカバリー・センター】

สยามเซ็นเตอร์
サヤームセンター

♪【サイアム・センター】

สยามพารากอน
サヤームパラゴン

❶【サイヤム・パラゴン】

เซ็นทรัลเวิลด์พลาซ่า
セントンワールドプラザー

❶【セントラル・ワールド・プラザ】

ห้างมาบุญครอง
ハーンマーブンクローン

❶【マーブンクロン・センター】

สยามสแควร์
サヤームサクウェー

❶【サヤーム・スクエア】

ห้างเกสร
ハーンケーソーン

❶【ゲイソン】

พระภูมิเจราวัณ
プラプームエーラーワン

❶【エラワン・プーム】

พระแม่ลักษมี
プレメー
ラックサミー

❶【プラ・メー・ラクシュミー】

พระตรีมูรติ
プラ
トリームーラティ

❶【プラ・トリムラーティ】

พระพิฆเนตร
プラ
ピッカネート

❶【プラ・ピッカネート】

ตลาดประตูน้ำ
タラートプラトゥーナム

❶【プラトゥーナーム市場】

วัดอินทรวิหาร
ウットインタラウィハーン

❶【ワット・イントラウィハーン】

พระบรมรูปทรงม้า
プラボロンマルーブソンマー

❶【ラーマ5世騎馬像】

พระที่นั่งอนันตสมาคม
プラティーナンアナンタサマーコム

❶【アナンタ・サマーコム宮殿】

วังวิมานเมฆ
ワンウィマーンメーク

❶【ウィマンメーク宮殿】

สวนสัตว์ดุสิต
スアンサットドゥシット

❶【ドゥシット動物園】

วัดเบญจมบพิตร
ウットベンチャマボービット

❶【ワット・ベンチャマボビット】

เทอร์มินอลทเวนตี้วัน
ターミナルタウェンティーワン

❶【ターミナル21】

พิพิธภัณฑ์บ้านคำเที่ยง
ピピッタパンバーンカムティエン

❶【カムティエン夫人の家】

สวนเบญจสิริ
スアンベンチャシリ

❶【ベンチャシリ公園】

เอ็มโพเรียม
エンポーリアム

❶【エンポリアム】

วัดหัวลำโพง
ウットフアランポーン

❶【ワット・フアランポーン】

ฟาร์มงู
ファームグー

❶【スネーク・ファーム】

สวนลุมพินี
スアンルンピニー

❶【ルンピニー公園】

ถนนคอนแวนต์
タノンコンウェン

❶【コンヴェント通り】

基本会話

グルメ

ショッピング

ビューティ

見どころ

エンタメ

ホテル

乗りもの

基本情報

単語集

LOOK

〔　　　　　〕 はどこですか?

〔　　〕 อยู่ที่ไหน
〔　〕 ユーティーナイ
Where is 〔　　〕 ?

ซอยละลายทรัพย์
ソーイララーイサップ

❶【ラライサップ市場】

สีลมวิลเลจ
シーロムウィレート

❶【シーロム・ビレッジ】

วัดยานนาวา
ウットヤーンナーワー

❶【ワット・ヤーンナーワー】

ตลาดบางรัก
タラートバーンラック

❶【バーンラック市場】

อาสนวิหารอัสสัมชัญ
アーサナウィハーンアッサムチャン

❶【アサンプション教会】

วัดไตรมิตร
ウットライミット

❶【ワット・トライミット】

เสาชิงช้า
サーウチンチャー

❶【サオ・チン・チャー】

สำเพ็ง
サムペン

❶【サンペン市場】

วัดราชบูรณะ
ウットラーチャブーラナ

❶【ワット・ラーチャブラナ】

チェンマイ

เชียงใหม่
チェンマイ

วัดพระสิงห์
ウットプラシン

❶【ワット・プラ・シン】

วัดเชียงใหม่
ウットチエンマイ

❶【ワット・チェン・マン】

ประตูท่าแพ
プラテゥーターペー

❶【ターペー門】

ไนท์บาร์ซาร์
ナイトバーサー

❶【ナイト・バザール】

ถนนจรูญราษฎร์
タノンチャルーンラート

❶【チャルンラート通り】

วัดสวนดอก
ウットスアンドーク

❶【ワット・スアン・ドーク】

วัดเจ็ดยอด
ウットチェットヨート

❶【ワット・チェット・ヨート】

ปางช้างแม่สา
バーンチャーンメーサー

❶【メーサー・エレファント・キャンプ】

หมู่บ้านชาวเขาเผ่ามัง
ムーバーンチャウカウパウモン

❶【モン・トライバル・ビレッジ】

ประตูสวนดอก
プラトゥースアンドーク
❶【スアン・ドーク門】

วัดพระธาตุดอยสุเทพ
ウットプラタートドイステープ
❶【ワット・プラ・タート・ドイ・ステープ】

水分補給を
忘れずに!

スコータイ

สุโขทัย
スコータイ

วัดมหาธาตุ
ウットマハータート

ⓘ【ワット・マハタート】

วัดตระพังทอง
ウットラパントーン

ⓘ【ワット・トラパン・トーン】

อนุสาวรีย์พ่อขุนรามคำแหง
アヌサワリーポークンラームカムヘーン

ⓘ【ラームカムヘン大王記念碑】

วัดสะพานหิน
ウットサパーンヒン

ⓘ【ワット・サバーン・ヒン】

วัดศรีชุม
ウットシーチュム

ⓘ【ワット・シー・チュム】

アユタヤ
อยุธยา
アユタヤー

พระราชวังบางปะอิน
プララーチャワンバーンパイン

ⓘ【バーン・パイン宮殿】

หมู่บ้านญี่ปุ่น
ムーバーンイープン

ⓘ【日本人町跡】

วัดใหญ่ชัยมงคล
ウットヤイチャイモンコン

ⓘ【ワット・ヤイ・チャイモンコン】

วัดมหาธาตุ
ウット
マハータート

ⓘ【ワット・マハタート】

วัดภูเขาทอง
ウットプーカウトーン

ⓘ【ワット・プー・カオ・トーン】

วัดโลกยสุธา
ウットローカヤスター

ⓘ【ワット・ロカヤスタ】

วัดพระศรีสรรเพชร
ウットプラシーサンペート

ⓘ【ワット・プラ・シー・サンベート】

ปางช้างอยุธยา
バーンチャーンアユタヤー

ⓘ【アユタヤー・エレファント・キャンプ】

街歩き
เดินถนน
デウーンタノン

สถานี
サターニー

ⓘ【駅】

ที่แลกเงิน
ティーレークグン

ⓘ【両替所】

เอทีเอ็ม
エーティーエム

ⓘ【ATM】

โทรศัพท์สาธารณะ
トーラサップサーターラナ

ⓘ【公衆電話】

ภัตตาคาร
パッターカーン

ⓘ【レストラン】

ศูนย์อาหาร
スーンアーハーン

ⓘ【フードセンター】

โรงแรม
ローンレーム
ⓘ【ホテル】

ซุปเปอร์มาร์เก็ต
スップパーマーケット
ⓘ【スーパー】

ร้านขายยา
ラーンカーイヤー
ⓘ【薬局】

สถานที่แนะนำการท่องเที่ยว
サターンティーネナムカーンソーンティーアウ
ⓘ【観光案内所】

ร้านสะดวกซื้อ
ラーンサドゥアクスー
ⓘ【コンビニ】

สุขา
スカー
ⓘ【トイレ】

基本会話
グルメ
ショッピング
ビューティ
見どころ
エンタメ
ホテル
乗りもの
基本情報
単語集

バンコクの３大寺院を訪れましょう

仏教国タイには、歴史的価値の高い寺院や仏教建築がいっぱい。
強いパワーの流れる神聖なスポットをめぐってみましょう。

ワットプラケーオ
วัดพระแก้ว／ウットプラケーオ

エメラルド色の翡翠でできた仏像、通称「エメラルド仏」を本尊に持つ、1785年に建立されたタイで最も格式高い寺院。境内全体が緻密な装飾で彩られ、まばゆい光が目を奪います。

プラ・シー・ラッタナー・チェディ
พระศรีรัตนเจดีย์
仏舎利が納められた仏塔。外壁には黄金のタイルがびっしりと貼られています。

プラ・ウィハーン・ヨート
พระวิหารยอด
ヒンドゥ教の神話にも登場する蛇神ナーク（ナーガ）を祀っています。

プラ・スワンナ・チェディ
พระสุวรรณเจดีย์
ラーマ1世が両親のために建立した仏塔を再建したもの。きらびやかな彫刻が見事です。

鐘楼
หอระฆัง
ラーマ1世の時代に、バンコクの別の寺院から運ばれた青銅製の鐘。

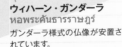

ウィハーン・ガンダーラ
หอพระคันธารราษฎร์
ガンダーラ様式の仏像が安置されています。

ウボーソット（本堂）
อุโบสถ
翡翠で作られた本尊（エメラルド仏）を安置。内部には壁画が飾られ、外部は金箔とモザイクで覆われています。

プラサート・プラテープ・ビドーン
ปราสาทพระเทพบิดร
ラーマ1世〜8世の国王像を安置。内部は非公開です。

参拝時のマナー

● 肌や体のラインを露出する服はNG／● 撮影禁止の場所ではカメラをしまう／● 女性は僧侶に触れてはいけない／● 本堂や仏堂に入るときは靴を脱ぐ／● 大きな声で騒がない

ワット・ポー
วัดโพธิ์／ウットポー

涅槃仏とタイ式マッサージの総本山として有名な寺院。
全長46mに及ぶ涅槃仏や244体の仏像が並ぶ迫力ある本堂は圧巻です。

大寝釈迦仏
พระนอน

全長46m、高さ15mの巨大涅槃像。レンガと漆喰で形作られ、金箔で覆われています。

本堂
อุโบสถ
入口の8枚扉の螺旋細工など華やかな装飾が見られます。

四天王の仏塔
เจดีย์อมร
ラーマ1世〜4世を祀る仏塔。

ワット・アルン
วัดอรุณ／ウットアルン

三島由紀夫の小説『暁の寺』で有名な寺院。
シンボルとなっているのは高さ81mの大仏塔で、ヒンドゥー教の聖地をイメージしています。

陶片の花
เศษแก้วลายดอกไม้
陶器で作られた花々。

インドラ神
พระอินทร์
エラワン像に乗ったインドラ神。

モック
ลิง
猿神。

ヤック
ยักษ์
塔を支える鬼。

本堂
อุโบสถ
本尊台座にラーマ2世の遺骨が納められています。

大仏塔
พระมหาเจดีย์
中国陶器の皿で覆い飾られ、塔頂にはシバ神の矛がそびえています。

チケットを買って公演を観に行きましょう

旅の楽しみの1つは、本場のエンターテインメントに触れることです。
さあ、チケットを予約して、劇場へ向かいましょう。

劇場窓口一会場

タイ舞踊が見たいの
ですが。

อยากดูรำไทย
ヤークドゥーラムタイ
I'd like to watch Classical Thai dance.

タイ舞踊はどこで
見られますか?

จะดูรำไทยได้ที่ไหน
チャドゥーラムタイダイティーナイ
Where can I watch Classical Thai dance?

予約は必要ですか?

ต้องจองไหม
トンチョーンマイ
Do I have to make a reservation?

ここでチケットの
予約はできますか?

จองตั๋วที่นี่ได้ไหม
チョーントゥアティーニーダイマイ
Can I reserve a ticket here?

まだチケットは
手に入りますか?

มีตั๋วแล้วหรือยัง
ミートゥアレーウルーヤン
Are the tickets still available?

何名様ですか?

กี่ท่าน
キーターン
For how many persons?

大人2名と
子ども1名です。

ผู้ใหญ่ 2 เด็ก 1
プーヤイソーンデックヌン
Two adults and a child.

数字 ◎ P.150

一番高い [安い] 席は
いくらですか?

ที่นั่งที่แพง [ถูก] ที่สุดเท่าไหร่
ティーナンティーペーン [トゥーク] ティースットタオライ
How much is the most expensive [cheapest] seat?

開演 [終演] は
何時ですか?

การแสดงเริ่ม [การแสดงจบ] กี่โมง
カーンサデーンルーム [カーンサデーンチョップ] キーモーン
What time does it start [end]?

(チケットを見せながら)
席に案内してください。

ช่วยพาไปที่นั่งหน่อย
チュアイパーパイティーナンノイ
Could you take me to the seat, please?

タイ舞踊を見てみましょう

タイ舞踊って?

伝統的衣装を身にまとった踊り子が華麗に舞うタイ舞踊。やさしく鳴り響く音楽や優雅な踊り、艶やかな衣装が見る者を魅了します。なかでも指先の繊細な動きがしなやかで美しく、「指先の芸術」とも表現されます。

タイ舞踊の代名詞とも言える演目が『ラーマキエン』。アユタヤ王国のラーマ王が、魔王トサカンに誘拐された妻のシーダを救い出す壮大な冒険物語で、きらびやかな衣装をまとった登場人物たちの戦いのシーンは必見です。

ここをCHECK!!

華麗な動き
ゆったりとしたリズムと動きが優雅な趣を感じさせる。特に女性の繊細な手の動きにはうっとり。

伝統楽器の音色
木琴「ラナート」や太鼓、笛などの伝統楽器が奏でる独特のリズムと旋律がやさしく響きわたる。

お役立ち単語集 WORD

コンサート	คอนเสิร์ต コンサート
スポーツ	กีฬา キーラー
演劇	โรงละคร ローンラコーン
タイ舞踊	รำไทย ラムタイ
スタジアム	สนามกีฬา サナームキーラー
劇場	โรงละคร ローンラコーン
客席	ที่นั่ง ティーナン
舞台	ละครเวที ラコーンウェティー
チケット売り場	ที่ขายตั๋ว ティーカイトゥア
前売り券	ตั๋วที่ขายล่วงหน้า トゥアティーカーイルアンナー
当日券	ตั๋ววันนี้ トゥアワンニー
指定席	ที่นั่งสำรอง ティーナンサムロン
自由席	ที่นั่งที่ไม่ต้องจอง ティーナンティーマイトンチョーン
パンフレット	ใบปลิว バイプリウ
売り切れ	สินค้าหมด シンカーモッド
キャンセル	ยกเลิก ヨックルーク

タイならではの夜を過ごしましょう

日が暮れると、街は昼間とは違う活気にあふれます。
旅の思い出に、タイならではの夜の楽しみを満喫しましょう。

さあ、出かけましょう

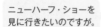

ニューハーフ・ショーを見に行きたいのですが。	อยากดูคาบาเร่ต์โชว์ ヤークドゥーカーバーレーチョー I'd like to see the transvestite shows.
ステージに近い席がいいです。	อยากได้ที่นั่งใกล้กับเวที ヤークダイティーナンクライカップウェーティー Seat near the stage, please.
ディナー付きのプランはありますか?	อยากได้แพลนที่รวมอาหารเย็น ヤークダイプレーンティールアムアーハーンイェン Do you have any plans that include dinner?
写真を撮ってもいいですか?	ถ่ายรูปได้ไหม ターイループダイマイ Can I take a picture?
ショーは何時に始まり[終わり]ますか?	โชว์เริ่ม [จบ] กี่โมง チョールーム [チョップ] キーモーン What time does the show start [end]?
送迎はついていますか?	บริการรับส่งไหม ボリカーンラップソンマイ Does it include a pickup service?
明日ムエタイの試合はありますか?	พรุ่งนี้มีแข่งมวยไทยไหม プルンニーミーケンムアイタイマイ Is there a Muay Thai match tomorrow?
リングサイドの席を予約したいのですが。	อยากจองที่นั่งติดขอบเวที ヤークチョーンティーナンティトコープウェーティー I'd like to reserve a seat at the ringside.
入場料はいくらですか?	ค่าผ่านประตูเท่าไหร่ カーパーンプラトゥータオライ How much is the admission?
予約をキャンセルしたいのですが。	อยากยกเลิกที่จองไว้ ヤークヨックルークティーチョーンウイ I'm sorry, but I'd like to cancel my reservation.

104

近くにバーはありますか?	ใกล้ๆนี้มีบาร์ไหม
	クライクライニーミーバーマイ
	Is there a bar nearby?

生演奏が聴けるお店はありますか?	มีร้านที่ร้องเพลงสดไหม
	ミーラーンティーローンプレーンソットマイ
	Is there a place with live music?

2名ですが席はありますか?	2 คนมีที่นั่งไหม
	ソーンコンミーティーナンマイ
	Can we get a table for two? 数字◎P.150

予約はしていません。	ไม่ได้จองไว้
	マイダイチョーンウイ
	I don't have a reservation.

テラス席がいいです。	อยากได้ที่นั่งตรงระเบียง
	ヤークダイティーナントロンラビアン
	I prefer an outside table.

メニューをください。	ขอเมนูด้วย
	コーメーヌードゥアイ
	Can I have a menu, please?

おすすめのドリンクは何ですか?	เครื่องดื่มแนะนำคืออะไร
	クルーアンドゥームネナムクーアライ
	Could you recommend some drink?

おかわりをください。	ขอเติมข้าวด้วย
	コートゥームカーウドゥアイ
	Can I have another one, please?

ソフトドリンクはありますか?	มีเครื่องดื่มไม่มีแอลกอฮอล์ไหม
	ミークルーアンドゥームマイミーエールコーホールマイ
	Do you have any soft drinks?

お役立ち単語集 WORD

ニューハーフ・ショー	โชว์คาบาเร่ต์ チョーカーバーレー
ムエタイ	มวยไทย ムアイタイ
ナイト・マーケット	ตลาดนัดกลางคืน タラートナットクラーンクーン

ライブハウス	ไลฟ์เฮ้าส์ ライフハウ
クラブ	คลับ クラブ
映画館	โรงภาพยนตร์ ローンパーパヨン
バー	บาร์ バー
入場料	ค่าผ่านประตู カーパーンプラトゥー

席料	ค่าเข้าชม カーカオチョム
ビール	เบียร์ ビア
ワイン	ไวน์ ワーイ
カクテル	เครื่องดื่มค็อกเทล クルーアンドゥームコークテル
ウィスキー	วิสกี้ ウィスキー

105

ビーチに行ったら思いきり楽しみたいですね

日本では体験できないようなアクティビティを楽しめるのも、旅の魅力。
ビギナー向けのツアーなら、初めてでも安心してトライできますね。

ツアーの内容を確認しましょう

アクティビティの申し込みをしたいのですが。
อยากได้โปรแกรมกิจกรรม
ヤークダイプロークレムキィチャカム
I'd like to apply for an activity.

どんなアクティビティがありますか?
มีกิจกรรมแบบไหนบ้าง
ミーキィチャカムベープナイバーン
What kind of activities do you have?

それは危険ですか?
นั่นอันตรายไหม
ナンアンタラーイマイ
Is it dangerous?

アクティビティのパンフレットをください。
ขอใบปลิวรายการกิจกรรมด้วย
コーバイプリウラーイカーンキィチャカムドゥアイ
Can I have a brochure of the activity?

シュノーケリングがしたいのですが。
อยากดำน้ำตื้น
ヤークダムナムトゥーン
I'd like to do schnorkeling.

何時から[まで]ですか?
เริ่ม [จบ] กี่โมง
ルーム [チョップ] キーモーン
What time does it start [end]?

日本語ができるスタッフはいますか?
มีสต๊าฟที่พูดภาษาญี่ปุ่นได้ไหม
ミースターフティープードパーサーイープンダイマイ
Is there anyone who speaks Japanese?

器具は貸してもらえますか?
มีอุปกรณ์ให้ยืมไหม
ミーウッパコーンハイユームマイ
Could you lend me the equipment?

器具のレンタル料はいくらですか?
ค่าเช่าอุปกรณ์เท่าไหร่
カーチャウウッパコーンタオライ
How much is it to rent the equipment?

このアクティビティに申し込みます。
อยากร่วมกิจกรรมนี้
ヤークルアムキィチャカムニー
I'd like to join this activity.

LOOK

☐ に行きたいのですが。

ฉันอยากไป ☐
チャンヤークパイ ☐
I'd like to go to ☐

ビーチ
ชายหาด
チャーイハート

เกาะสมุย
コサムーイ

ⓙ【サムイ島】

พัทยา
パッタヤー

ⓙ【パタヤー】

ภูเก็ต
プーケット
ⓙ【プーケット】

เกาะพีพี
コピーピー

ⓙ【ピピ島】

เกาะราชาใหญ่
コラーチャーヤイ

ⓙ【ラチャ・ヤイ島】

LOOK

☐ をしたいです。

อยากจะทำ ☐
ヤークチャタム ☐
I'd like to do ☐

マリンスポーツ
กีฬาทางน้ำ
ギーラーターンナム

พาราเซลลิ่ง
パーラーセーリン

ⓙ【パラセイリング】

เจ็ตสกี
チェットスキー

ⓙ【ジェットスキー】

ซีวอคเกอร์
シーウォーカー

ⓙ【シーウォーカー】

บานาน่าโบ๊ท
バーナーナーボート

ⓙ【バナナボート】

ดำน้ำตื้น
ダムナムトゥーン

ⓙ【シュノーケリング】

ดำน้ำ
ダムナム

ⓙ【スキューバダイビング】

ล่องเรือแคนู
ローンルアケーヌー
ⓙ【シーカヌー】

เล่นเซิร์ฟ
レンセーブ
ⓙ【サーフィン】

ตกปลา
トックプラー
ⓙ【フィッシング】

ล่องเรือคายัค
ローンルアカーヤック
ⓙ【シーカヤック】

107

タイのディープな夜を楽しみましょう

ムエタイとニューハーフ・ショーは、タイの夜の2大エンターテインメント。
ディープな夜を体験すれば、忘れられない旅の思い出になります。

ムエタイ

มวยไทย
ムアイタイ

アユタヤー王朝時代、素手で敵を倒すための武芸として誕生したのがムエタイの原型。その技術が受け継がれ、現在の格闘技となりました。試合は1ラウンド3分の5ラウンド制で、一日数試合行われています。

試合前に「ワイクルー」という舞を踊り、戦いの神に無事と勝利を祈ります。

地元の人と一緒に盛り上がる
ルンピニー・スタジアム
สนามมวยลุมพินี
（バンコク北部）

地元市民にも人気の庶民派スタジアム。場内は熱気にあふれ、リングサイドは盛り上がる。火・金・土曜開催。

格式の高い大規模スタジアム
ラチャダムヌーン・スタジアム
สนามมวยราชดำเนิน
（王宮周辺）

創立1945年と歴史が古く、タイで最も格式が高いスタジアム。約1万人収容できる。月・水・木・日曜開催。

ムエタイ観戦 Q & A

Q チケットはどこで買うの?

A 上の2つのスタジアムではほぼ毎日試合が行われています。チケットはスタジアムの窓口で直接購入できるほか、ツアー会社やホテルでも手配してもらえます。

Q 座席の種類は?

A リングサイド、2階席、3階席があります。2・3階席は地元の人が多く賭けも横行しているので、観戦はリングサイドがおすすめ。

すごい熱気です…!!

えいやっ!

ダンサーとの記念撮影にはチップが必要です

ニューハーフショー

いっしょに写真を撮ってください
กรุณาถ่ายรูปด้วยกัน
カルナーターイルーブドゥアイカン

โชว์คาบาเร่ต์
チョウカーバーレー

今やタイを代表する一大娯楽となったニューハーフ・ショー。美しさとユーモアあふれるショーが、毎夜各地で行われています。華やかな美と笑いの競演を堪能しましょう。

フィナーレは華々しく。にぎやかなミュージカル形式のショーも必見です。

老舗の専用シアター
マンボー
แมมโบ้

バンコク南部

広い劇場にテーブル付の席を用意。ミュージカル・ショーや物まねなど、豪華なショーが展開される。

華やかなショーを間近で
カリプソ・キャバレー
คาลิปโซ่/คาบาเร่ต์

バンコク南部

客席とステージの距離が近く、ダンサーと観客が一体となったショーが楽しめる。

タイのニューハーフ文化 Q & A

Q なぜニューハーフが多いの?

A ゲイやニューハーフという第三の性にタイが寛容な理由は諸説ありますが、明確な答えはまだわかっていません。現生の姿に固執しない宗教観が背景にあるともいわれています。
なお、タイでは「ニューハーフ」ではなく「レディボーイ」と呼ばれています。

Q ニューハーフ専用トイレがあるって本当?

A 全部ではありませんが、学校などには男性用・女性用のほか、レディボーイ専用トイレがあります。

このマークがレディボーイ用トイレなんだよ

ホテルでは快適に過ごしたいですね

楽しい旅行には快適な宿泊も大切ですよね。
ホテル滞在中に、よく使われるフレーズを集めました。

ホテル到着が遅れそう!

到着が遅くなりますが、
予約はキープしてください!

ฉันจะไปถึงช้ากรุณารักษาสถานะการจองให้ด้วย!
チャンチャパイトゥンチャーカルナーラックサーサターナカーンチョーンハイドゥアイ
I'll be arriving late, but please hold the reservation!

チェックインします

チェックインを お願いします。	ขอเช็คอิน コーチェックイン Check in, please.
インターネットで予約 してあります。	ฉันจองไว้แล้วทางอินเตอร์เน็ต チャンチョーンウイレーオターンインテアーネット I made a reservation on the Internet.
眺めのいい部屋を お願いします。	ขอห้องที่ทิวทัศน์ดี コーホンティーティウタットディー I'd like a room that has a nice view.
朝食は含まれて いますか?	รวมอาหารเช้าด้วยไหม ルアムアーハーンチャウドゥアイマイ Does that include breakfast?
ツイン (ベッドが2つ) ですよね?	ห้องทวินใช่ไหม ホンタウィンチャイマイ It's twin room, right?
禁煙 [喫煙] の部屋に してください。	ขอห้องปลอดบุหรี่ [สูบบุหรี่] コーホンプロートブリー [スーブリー] I'd like a non-smoking[smoking] room.
貴重品を預かって ください。	กรุณารับฝากของมีค่า カルナーラップファークコーンミーカー Could you store my valuables?
日本語を話せる人は いますか?	มีคนพูดภาษาญี่ปุ่นได้ไหม ミーコンプートパーサーイープンダイマイ Is there anyone who speaks Japanese?

基本会話

グルメ

ショッピング

ビューティ

見どころ

エンタメ

ホテル

乗りもの

基本情報

単語集

朝食は何時から	**อาหารเช้าเริ่มตั้งแต่กี่โมง**
ですか?	アーハーンチャウルームタンテーキーモーン
	What time can I have breakfast?

チェックアウトは	**เช็คเอาท์กี่โมง**
何時ですか?	チェックアウトキーモーン
	When is the check-out time?

ホテルは
こんなふうに
なっています

ルームサービス
รูมเซอร์วิส
ルームサーウィス
客室から電話で注文を受け、料理や飲み物を提供するサービス。

ロビー
ล็อบบี้
ロッビー
玄関やフロントの近くにあり、待ち合わせや休憩など、客が自由に利用できるスペース。

コンシェルジュ
พนักงานต้อนรับ
パナックガーントーンラップ
宿泊客の応対係。街の情報に精通し、客の要望や相談に応じる。

ポーター
พนักงานยกกระเป๋า
パナックガーンヨックラバウ
ホテルに到着した車から、宿泊客の荷物をフロントまで運ぶ。

フロント
พนักงานต้อนรับด้านหน้า
パナックガーントーンラップダーンナー
チェックイン・チェックアウトや精算、両替、メッセージ等の受け渡し、貴重品保管などを行う。

ベルボーイ
พนักงานยกกระเป๋า
パナックガーンヨックラバウ
宿泊客の荷物の運搬や客室への案内を行う。ホテルによってはポーターの業務も兼ねる。

クローク
ห้องฝากกระเป๋า
ホンファークラバウ
宿泊客の荷物を預かる。チェックイン前やチェックアウト後でも利用できる。

お部屋にご案内します。
ฉันจะพาไปที่ห้อง
チャンチャパーバイティーホン

お荷物をお運びします。
ฉันจะขนของให้
チャンチャコンコーンハイ

エレベーターはこちらです。
ลิฟท์อยู่ทางนี้
リフトユーターンニー

こんにちは。
สวัสดี
サウッディー

111

ホテルで快適に過ごしたいですね

部屋での会話

シャワーの出し方を教えてくれませんか?	ช่วยสอนวิธีเปิดฝักบัวหน่อยได้ไหม チュアイソーンウィティープードファクブアノイダイマイ Could you tell me how to use the shower?
<u>サトウ</u>さま、入ってもよろしいですか?	คุณซาโต๊ะ ให้ฉันเข้าไปได้ไหม クンサトウ ハイチャンカウパイダイマイ Mr. Sato, may I come in?
入ってください。／ちょっと待ってください。	เข้ามาเลย／กรุณารอสักครู่ カウマーレーイ／カルナーローサッククルー Please come in. ／ One moment, please.
<u>415</u>号室です。	ห้อง 415 ホンシーヌンハー This is room 415.　　　　数字 ⇨ P.150
明日の朝<u>6</u>時にモーニングコールをお願いします。	พรุ่งนี้ 6 โมงเช้าช่วยโทรปลุกฉันด้วย プルンニーホックモーンチャウチュアイトープルックチャンドゥアイ Please wake me up at six tomorrow morning.　時刻 ⇨ P.152
かしこまりました。	ทราบแล้ว サープレーオ All right.
新しい<u>バスタオル</u>を持ってきてください。	ขอผ้าเช็ดตัวผืนใหม่หน่อย コーパーチェットトゥアプーンマイノイ Please bring me a new bath towel.
できるだけ早くお願いします。	ขอเร็วที่สุดเท่าที่จะเร็วได้ コーレウティースットタウティーチャレウダイ As soon as possible, please.
この目覚まし時計 [セイフティ・ボックス] の使い方を教えてください。	ช่วยสอนวิธีใช้นาฬิกาปลุก [กล่องเซฟตี้] หน่อย チュアイソーンウィティーチャイナーリカープルック [クロンセフティー] ノイ Could you tell me how this alarm clock[safety box] works?
コンセントが見つからないのですが。	ฉันหาที่เสียบปลั๊กไม่เจอ チャンハーティーシーアプブラックマイチョー I can't find the outlet.
<u>ドライヤー</u>を貸してくれませんか?	ฉันขอยืมไดร์เป่าผมหน่อยได้ไหม チャンコーユームドライパウポムノイダイマイ Could I borrow a dryer?

ホテルマナーを知っておきましょう

1 部屋の外は公共の場
パジャマなどで部屋の外へは出ないこと。エレベーターホールでは他人同士でもあいさつを交わすのが礼儀。

2 部屋の中でもマナーを
大きな音をたてたり他の宿泊客に迷惑がかかる行為は厳禁。また洗濯物はバスルームなどに干しましょう。

3 チップについて
タイにはチップの習慣があります。ベッドメイキングやベルボーイには20B程度渡しましょう。

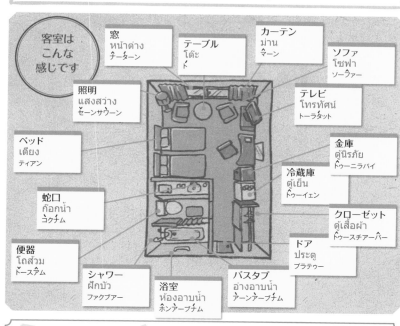

客室はこんな感じです

窓 หน้าต่าง チャーターン
テーブル โต๊ะ ト
カーテン ม่าน マーン
ソファ โซฟา ソーファー
照明 แสงสว่าง セーンサウーン
テレビ โทรทัศน์ トーラタット
ベッド เตียง ティアン
金庫 ตู้นิรภัย トゥーニラバイ
冷蔵庫 ตู้เย็น トゥーイェン
蛇口 ก๊อกน้ำ コクナム
クローゼット ตู้เสื้อผ้า トゥースアチアーパー
便器 โถส้วม トースアム
ドア ประตู プラトゥー
シャワー ฝักบัว ファクブアー
浴室 ห้องอาบน้ำ ホンアーブナム
バスタブ อ่างอาบน้ำ アーンアーブナム

すぐに使えるトラブルフレーズ

シャワーが壊れています。 ฝักบัวเสีย ファクブアシーア

部屋を変えてください。 กรุณาเปลี่ยนห้อง カルナープリーンホン

お湯が出ません。 น้ำร้อนไม่ไหล ナムローンマイライ

トイレが流れません。 ชักโครกไม่ทำงาน チャククロークマイタムガーン

電気がつきません。 ไฟไม่ติด ファイマイティット

隣の部屋がうるさいです。 ข้างห้องเสียงดัง カーンホンシアンダン

締め出されてしまいました。 เงียบไปแล้ว ギィーアプパイレーオ

113

ホテルでは快適に過ごしたいですね

サービスを受けます

ルームサービスを お願いします。	ขอรูมเซอร์วิส コールームサーヴィス Room service, please.
ご注文をどうぞ。	ต้องการสั่งอะไร トンカーンサンアライ What would you like to have?
ピザとコーヒーを お願いします。	ขอพิซซ่ากับกาแฟ コーピッサーカップカーフェー I'd like a pizza and coffee.
氷と水を持って きてください。	ขอน้ำแข็งกับน้ำหน่อย コーナムケンカップナムノイ Please bring me some ice cubes and water.
毛布を持ってきて ください。	ขอผ้าห่มหน่อย コーパーホムノイ Please bring me a blanket.
部屋の掃除を お願いします。	ช่วยทำความสะอาดห้องให้หน่อย チュアイタムクアームサアートホンハイノイ The room isn't cleaned.
医者を呼んで ください。	ช่วยเรียกหมอให้หน่อย チュアイリーアクモーハイノイ Please call a doctor.
駐車場を 使いたいのですが。	ฉันต้องการใช้ที่จอดรถ チャントンカーンチャイティーチョートロッド I'd like to use the parking lot.

お役立ち単語集 WORD

水	น้ำ ナム	シーツ	ผ้าปูที่นอน パープーティーノーン	バスタオル	ผ้าเช็ดตัว パーチェットゥアー
お湯	น้ำร้อน ナムローン	シャンプー	แชมพู チャンプー	グラス	แก้วน้ำ ケーオナム
		リンス	ครีมนวดผม クリームヌーアトポム	ドライヤー	ไดร์เป่าผม ドライバウポム
枕	หมอน モーン	石鹸	สบู่ก้อน サブーコーン	ポット	กาน้ำ カーナム
		フェイス タオル	ผ้าเช็ดตัว パーチェットトゥアー	灰皿	ที่เขี่ยบุหรี่ ティーキアブリー

114

基本会話

グルメ

ショッピング

ビューティ

見どころ

エンタメ

ホテル

乗りもの

基本情報

単語集

両替をしたいの ですが。	ฉันต้องการแลกเงิน チャントンカーンレークグン I'd like to exchange money.

ダイニングルームは どこですか?	ห้องอาหารอยู่ที่ไหน ホンアーハーンユーティーナイ Where is the dining room?

何時まで [から] やっていますか?	เปิดถึง [ตั้งแต่] กี่โมง プートトゥン [タンテー] キーモーン What time does it close[open]?

10 時まで [から] です。	ถึง [ตั้งแต่] 10 โมง トゥン [タンテー] シップモーン It's until[from] ten o'clock. 数字 ◎ P.150

予約は必要ですか?	จำเป็นต้องจองไหม チャンペントンチョーンマイ Do I need a reservation?

朝食がとれるカフェ テリアはありますか?	มีห้องอาหารสำหรับอาหารเช้าไหม ミーホンアーハーンサムラップアーハーンチャウマイ Is there a cafeteria for breakfast?

部屋で朝食は 取れますか?	ทานอาหารเช้าในห้องได้ไหม ターンアーハーンチャウナイホンダイマイ Can we eat breakfast in the room?

朝8時に持ってきてく ださい。	ช่วยถือมาให้พรุ่งนี้ตอน 8 โมงหน่อย チュアイトゥーマーハイプルンニートーンペートモーンノイ Please bring it at eight in the morning. 数字 ◎ P.150

この荷物をしばらく預 かってもらえますか?	ขอฝากของสักครู่ได้ไหม コーファークコーンサックルーダイマイ Could you store this baggage for a while?

わかりました。ここに お名前を書いてください。	ได้ กรุณาเขียนชื่อตรงนี้ ダイ カルナーキーアンチュートロンニー Certainly. Please sign here.

この手紙を航空便で お願いします。	ช่วยส่งจดหมายนี้ทางอากาศให้หน่อย チュアイソンチョットマーイニーターンアーカートハイノイ Please send this letter by air.

40 バーツ いただきます。	40 บาท シーシッバート It will be 40 Baht. 数字 ◎ P.150

115

ホテルでは快適に過ごしたいですね

日本にファックス [メール] を送りたいのですが。	ฉันต้องการส่งแฟกซ์ [เมลล์] ไปที่ญี่ปุ่น チャントンカーンソンファクス [メール] パイティーイープン I'd like to send a fax[an e-mail] to Japan.
近くにおいしいレストランはありますか？	มีภัตตาคารอร่อยๆอยู่ใกล้แถวนี้ไหม ミーパッターカーンアロイアロイユークライテーオニーマイ Do you know any good restaurants near here?
タクシーを呼んでください。	ช่วยเรียกแท็กซี่หน่อย チュアイリーアクテ็กチーノイ Please get me a taxi.
このホテルの住所がわかるカードが欲しいのですが。	ฉันต้องการการ์ดที่มีที่อยู่ของโรงแรมนี้ チャントンカーンカートティーミーティーユーゴーンローンレームニー Could I have a card with the hotel's address?
私あてにメッセージが届いていませんか？	มีข้อความถึงฉันไหม ミーコークアームトゥンチャンマイ Are there any messages for me?
インターネットは利用できますか？	ใช้อินเตอร์เน็ตได้ไหม チャイインターネットダイマイ Can I use the Internet?
滞在を<u>1日</u>延ばしたいのですが。	ฉันต้องการอยู่ต่ออีก 1 วัน チャントンカーンユートーイークヌンワン I'd like to stay one more day.

トラブル発生

部屋の鍵をなくしました。	ฉันทำกุญแจห้องหาย チャンタムクンチェーホンハーイ I lost the room key.
緊急事態です。／すぐだれかをよこしてください。	เหตุด่วน／ใครก็ได้มาด่วน ヘートドゥアン／クライゴーダイマードゥアン It's an emergency. ／ Could you send someone up now?
部屋を空けている間にパスポートがなくなりました。	พาสปอร์ตหายตอนที่เปิดห้องไว้ パスポートハーイトーンティーブードホンウイ My passport was stolen from my room while I was out.

116

基本会話

グルメ

ショッピング

ビューティ

見どころ

エンタメ

ホテル

乗りもの

基本情報

単語集

チェックアウトします

**チェックアウトを
お願いします。**
ฉันต้องการเช็คเอาท์
チャントンカーンチェックアウト
I'd like to check out, please.

415号室の
サトウです。
ซาโต้อยู่ห้อง 415
サトウユーホンシーヌンハー
It's Sato in room 415.

数字 ➡ P.150

計算が間違って
いるようです。
เหมือนว่าจะคิดเงินผิด
ムアンウーチャキットグンピット
I think this is incorrect.

ルームサービス[ミニバ
ー]は使っていません。
ฉันไม่ได้ใช้รูมเซอร์วิส [มินิบาร์]
チャンマイダイチャイルームサーヴィス [ミニバー]
I didn't order the room service[use the mini bar].

長距離電話は
かけていません。
ฉันไม่ได้ใช้โทรศัพท์ทางไกล
チャンマイダイチャイトーラサップターンクライ
I didn't make any long distance calls.

預かってもらった貴重
品をお願いします。
ขอของที่ฝากไว้คืนด้วย
コーコーンティーファークウイクーンドゥアイ
I'd like my valuables back, please.

部屋に忘れ物を
しました。
ฉันลืมของไว้ในห้อง
チャンルームコーンウイナイホン
I left something in my room.

クレジットカードで
支払いたいのですが。
ฉันต้องการใช้บัตรเครดิต
チャントンカーンチャイバットクレディット
I'd like to pay by a credit card.

このクレジットカード
は使えますか?
บัตรเครดิตนี้ใช้ได้ไหม
バットクレディットニーチャイダイマイ
Do you accept this credit card?

現金で支払います。
ฉันจะจ่ายด้วยเงินสด
チャンチャチャーイドゥアイグンソット
I'd like to pay by cash.

ありがとう。とても
楽しく過ごせました。
ขอบคุณ ฉันสนุกมาก
コープクン チャンサヌックマーク
Thank you. I really enjoyed my stay.

入国審査に必要な会話はこんな感じです 空港 สนามบิน サナームビン

現地の空港に到着したら、まずは入国審査へ進みます。
パスポートなど、必要なものを準備しましょう。

入国審査では？
外国人用のブース
でパスポートや搭
乗券を提出。顔写
真の撮影や指紋の
登録をします。

入国審査で提出す
るものはこちらで
す。
●パスポート
●搭乗券
●帰りの航空券
（求められたら提出）

税関はこちら。
●パスポート
●税関申告書
（申告が必要な場合）

> パスポートを見せてください。
>
> ขอดูพาสปอร์ตหน่อย
> コードゥーパスポートノイ
> May I see your passport, please?

> 旅行の目的は何ですか？
>
> จุดประสงค์ในการมาคืออะไร
> チュットプラソンナイカーンマークーアライ
> What is the purpose of your visit?

> 観光です。 ／ 仕事です。
>
> ท่องเที่ยว／ทำงาน
> トンティーアウ／タムガーン
> Sightseeing. ／ Business.

> 何日間滞在しますか？
>
> คุณจะอยู่กี่วัน
> クンチャユーキーワン
> How long are you going to stay?

> 3日ほどです。
>
> ประมาณ 3 วัน
> プラマーンサームワン
> About three days.
>
> 数字 ● P.150

> どこに滞在しますか？
>
> พักที่ไหน
> パクティーナイ
> Where are you staying?

入国審査では、
滞在目的や日数
などを質問され
ることもありま
す。

> オリエントホテルです。 ／友だちの家です。
>
> โรงแรมโอเรียนท์／บ้านเพื่อน
> ローンレームオーリエン／バーンプーアン
> Orient Hotel. ／ My friend's house.

入国手続きの流れ

1 到着
空港に到着。
案内に従い入
国審査へ進む。

2 入国審査
外国人カウンタ
ーの列に並び、入
国審査を受ける。

3 荷物の受け取り
航空会社、便名を確
認し、機内に預けた
荷物を受け取る。

4 税関
荷物を持って税関へ。申告す
るものがなければ緑色のサイ
ン、申告が必要な場合は赤い
サインへ進み、手続きをする。

5 到着ロビー
税関を抜けてゲ
ートをくぐると到
着ロビーに。

乗り継ぎの場合は

プーケット行きの搭乗ゲートはどこですか?

ทางเข้าเกทขึ้นเครื่องไป ภูเก็ต อยู่ที่ไหน

ターンカウゲートクンクルーアンハイプーケットユーティーナイ

Where is the boarding gate for Phuket?

荷物が見つからないときは?

預けた荷物が出てこなかった
ら、航空券とクレームタグをも
って、航空会社のスタッフや
「Lost & Found」カウンターに
相談しましょう。すぐに見つか
らない場合は、荷物の特徴や
連絡先を伝えて手続きをしま
す。荷物の受け取り方法や、補
償についても確認しておくと
安心です。

私のスーツケースがまだ出てきません。

กระเป๋าเดินทางของฉันยังไม่ออกมา

クラバウドゥーンターンコーンチャンヤンマイオークユー

My suitcase hasn't arrived yet.

見つかりしだい、ホテルに届けてください。

ถ้าเจอแล้วช่วยส่งไปที่โรงแรมให้หน่อย

ターチョーレーオチュアイソンパイティーローンレームハイノイ

Please deliver it to my hotel as soon as you've located it.

荷物受け取り時の注意

ターンテーブルから荷物を引
き取ったら、状態をよく確認し
ましょう。破損していたら、すぐ
に係員に申し出ます。

スーツケースが破損しています。

กระเป๋าเดินทางเสียหาย

クラバウドゥーンターンシアハーイ

My suitcase is damaged.

税関で荷物について聞かれることも

友人へのプレゼントです。／ 私の身の回り品です。

ของขวัญให้เพื่อน／ของฉัน

コーンクアンハイプーアン／コーンチャン

A present for my friend. ／ My personal belongings.

お役立ち単語集 WORD

到着／出発	เดินทางมาถึง／ออกเดินทาง ドゥーンターンマーツン／オークドゥーンターン	荷物受け取り	รับสัมภาระ ラップサンパーラ
入国審査	ตรวจคนเข้าเมือง トゥルーアドコンカウムアン	税関	ศุลกากร スンラカーコーン
		到着ロビー	ล็อบบี้ขาเข้า ロッビーカーカウ
		手荷物引換証	ใบรับของ バイラップコーン
検疫	กักกันโรค カックカンローク
免税／課税	ปลอดภาษี／เสียภาษี プロートパーシー／シアパーシー
税関申告書	ประกาศศุลกากร プラカートスンラカーコーン

119

機内でより快適に過ごすために

機内
ภายในเครื่อง
バーイナイクラン

飛行機に乗り込んだら、もう海外旅行は始まっています。
旅先の会話に備えて、機内から外国人の乗務員さんに話しかけてみましょう。

機内では？

困ったことがあれば乗務員さんにたずねましょう。座席を倒すときは、後ろの人に声をかけるとスマート。食事や離着陸時は元に戻します。シートベルト着用サイン点灯中は、席を立たないように。

機内に持っていくと便利なもの

- ・スリッパ
- ・マスク
- ・上着
- ・耳栓
- ・アイマスク
- ・首枕
- ・常備薬
- ・コンタクト
  洗浄液＆保
  存液
- ・目薬＆眼鏡
- ・のどあめ
- ・ウェットティッシュ
- ・化粧水
- ・歯ブラシ
- ・ガイドブック＆会話帖
- ・むくみ防止ソックス

液体類は持込制限があるので、持ち込む際は事前に確認しよう。

（間違えて座っている人に）私の席に座っているようですが。

นี่ที่นั่งของฉัน
ニーティーナンコーンチャン
I think you are in my seat.

ブーケットへ乗り継ぎの予定です。

ฉันจะต่อเครื่องไป ภูเก็ต
チャンチャトークルーアンパイプーケット
I'll connect with another flight to Phuket.

気分が悪いのですが。

ฉันรู้สึกไม่สบาย
チャンルースックマイサバーイ
I feel sick.

モニターが壊れています。

หน้าจอไม่ทำงาน
ナーチョーマイタムガーン
The monitor is not working.

荷物をここに置いてもいいですか？

วางสัมภาระตรงนี้ได้ไหม
ワーンサンパーラトロンニーダイマイ
Can I put my baggage here?

座席を倒してもいいですか？

ฉันเอนที่นั่งได้ไหม
チャンエーンティーナンダイマイ
Can I recline my seat?

トイレはどこですか？

สุขาอยู่ที่ไหน
スカーユーティーナイ
Where is the restroom?

機内アナウンスがわかります！

シートベルトを着用してください。
กรุณาคาดเข็มขัดนิรภัย
カルナーカートケムカットニラバイ
Please fasten your seat belts.

座席に戻ってください。
กรุณากลับไปที่นั่ง
カルナークラップパイティーナン
Please get back to your seat.

座席を元の位置に戻してください。
กรุณาปรับที่นั่งให้เหมือนเดิม
カルナープラップティーナンハイムアンドーム
Please put your seat back to its original position.

テーブルを元の位置に戻してください。
กรุณาเก็บโต๊ะเข้าที่เดิม
カルナーケッブカウティードーム
Please put your table back to its original positon.

何か頼みたいときは？

座席にある呼び出しボタンを使えば、周りの人に迷惑をかけずに乗務員さんを呼ぶことができます。

枕とブランケットをください。
ขอหมอนกับผ้าห่มหน่อย
コーモーンカップパーホムノイ
Could I have a pillow and a blanket?

寒い [暑い] です。
หนาว [ร้อน]
ナーウ [ローン]
I'm cold[hot].

機内でアルコールを飲むと、地上にいる時よりも酔いやすくなります。くれぐれも飲み過ぎには注意しましょう。

オレンジジュース [ビール] をください。
ขอน้ำส้มคั้น [เบียร์]
コーナムソムカン [ビアー]
Orange juice[Beer], please.

食事になっても起こさないでください。
ไม่ต้องปลุกฉันช่วงรับประทานอาหารนะ
マイトンブルックチャンチュアンラップラターンアーハーンナ
Don't wake me up for the meal service.

(トレイ、コップを) 下げてもらえますか？
ช่วยเก็บให้หน่อยได้ไหม
チュアイケップハイノイダイマイ
Could you take this away?

お役立ち単語集 WORD

使用中	กำลังใช้งาน カムランチャイガーン	窓側席	ที่นั่งข้างหน้าต่าง ティーナンカーンナーターン	時差	เวลาต่าง ウェーラーターン
空き	ว่าง ワーン	通路側席	ที่นั่งติดทางเดิน ティーナンティットーンドゥーン	吐き気	คลื่นไส้ クルンサイ
		座席番号	หมายเลขที่นั่ง マーイレークティーナン	非常口	ทางฉุกเฉิน ターンチュクチューン
		現地時間	เวลาท้องถิ่น ウェーラートーンティン	酔い止め	ยาแก้เมา ヤーケーマウ

121

いよいよ帰国です

空港 สนามบิน
サナームビン

出発の2〜3時間前からチェックインができます。
混んでいたり、欠航のトラブルも想定されるので余裕をもって空港に向かいましょう。

リコンファーム

最近はリコンファーム(予約の再確認)を必要としない航空会社がほとんどですが、念のため事前に確認しておきましょう。

飛行機の予約を再確認したいのですが。

ฉันต้องการยืนยันการจองเที่ยวบิน
チャントンカーンユーンヤンカーンチョーンティーアウビン
I'd like to reconfirm my flight.

空港へは早めに到着を

時間によっては、出国手続きで長時間待つこともありますので、余裕をもって空港に向かいましょう。空港へ向かう際は、バスやタクシーの場合、道路渋滞などで時間通りに到着しないことがありますので注意しましょう。

タイ国際航空のカウンターはどこですか?

เคาน์เตอร์ การบินไทย อยู่ที่ไหน
カーウンターカーンビンタイユーティーナイ
Where is the Thai Airways International counter?

名前はタナカミカです。

ชื่อ ทานากะ มิกะ
チュー タナカ ミカ
My name is Tanaka Mika.

TG660便、羽田行きです。

เที่ยวบินTG660นไปฮาเนดะ
ティーアウビンティーチーホクホクスーンパイハネダ
My flight number is TG 660 for Haneda.

数字 ➡ P.150

チェックイン

利用する航空会社のカウンターや自動チェックイン機で搭乗手続きをします。フライトによってはオンライン手続きも可能です。

チェックインをお願いします。

ขอเช็คอิน
コーチェックイン
Check in, please.

窓側 [通路側] の席にしてください。

ขอที่นั่งข้างหน้าต่าง [ติดทางเดิน]
コーティーナンカーンナーターン [ティットターンドゥーン]
Window[Aisle] seat, please.

急いでいるときには…

申し訳ありません。出発まで時間がありません。

ขอโทษด้วย เครื่องจะออกแล้ว
コートートドゥアイ クルーアンチャオークレーオ
I'm sorry. My flight is leaving shortly.

出国手続きの流れはこんな感じです

1 税関
旅行中の買い物のVAT払い戻しを申請する場合は、空港の税関窓口で手続きをする。

2 チェックイン
航空会社のカウンターや自動チェックイン機で搭乗手続きをして、大きな荷物を預ける。

3 セキュリティチェック
手荷物検査とボディチェックを受ける。液体類や刃物などの持ち込みは制限されている。

4 出国審査
審査ブースでパスポートと搭乗券を提示して、指紋のスキャンと顔写真の撮影を受ける。

5 出発ロビー
VAT還付を申請する場合は、出国審査後に払い戻しカウンターで手続きをする。

空港では常に時間を気にしておきましょう。わからないことがあったら、すぐに空港スタッフに聞きましょう。

ほかの便に振り替えできますか？
เปลี่ยนเป็นเที่ยวบินอื่นได้ไหม
プリーアンペンティーアウビンウーンダイマイ
Can I change the flight?

10番の搭乗ゲートはどこですか？
เกทหมายเลข 10 อยู่ที่ไหน
ゲートマーイレークシップユーティーナイ
Where is the gate 10?
数字 ◉ P.150

この便は定刻に出発しますか？
เที่ยวบินนี้จะออกตามกำหนดการไหม
ティーアウビンニーチャオークタームカムノットカーンマイ
Will this flight leave on schedule?

どれくらい遅れますか？
ช้าแค่ไหน
チャーケーナイ
How long will it be delayed?

荷物に割れ物が入っている場合は係員に伝えましょう。

荷物を預ける
日本出国時と同じように、液体類や刃物などの持ち込みは制限されているので、預ける荷物に入れましょう。コスメなども対象です。モバイルバッテリーやライターなど、預けられないものもあるので確認を。

割れ物が入っています。
มีของแตกง่าย
ミーコーンテークガーイ
I have a fragile item.

これは機内に持ち込む手荷物です。
ฉันจะถือสิ่งนี้ขึ้นเครื่อง
チャンチャトゥーシンニークンクルーアン
This is carry-on luggage.

荷物を出しても良いですか？
ฉันเอาสัมภาระนี้ออกได้ไหม
チャンアウサンパーラニーオークダイマイ
Can I take out my luggage?

123

空港～市内へ移動　電車 รถไฟ ロットファイ　タクシー แท็กซี่ テクシー　バス รถเมล์ ロットメー

到着後は移動方法にとまどうこともありますが、分からなければ勇気を出して聞いてみましょう。
できるだけスムーズに移動できれば旅の疲れも軽減できます。

市内へ向かいましょう

ここではスワンナブーム国際空港からバンコク市内へのアクセス方法をご紹介します。

高級ホテルなら送迎が付く場合もあるので、予約時に確認しておいて。

エアポート・レイル・リンク

スワンナブーム空港駅と市内中心部を約30分で結ぶ高速鉄道。パヤ・タイ駅やマッカサン駅でBTSやMRTに乗り換えれば、市内各所にアクセスできます。

時間帯によっては通勤客で混みあう。

観光案内所はどこですか？

สถานที่แนะนำการท่องเที่ยวอยู่ที่ไหน
スターンティーネナムカーントーンティーアウユーティーナイ
Where is the tourist information center?

バンコク市内の地図をください。

ขอแผนที่ในกรุงเทพ
コーベーンティーナイクルンテープ
Could I have the city map of Bangkok?

エアポート・レイル・リンクの乗り場はどこですか？

ขึ้นแอร์พอร์ตลิงค์ได้ที่ไหน
クンエーポートリンクダイティーナイ
Where is the Airport Rail Link station?

チケット売り場はどこですか？

ที่ขายตั๋วอยู่ที่ไหน
ティーカーイトゥアユーティーナイ
Where is the ticket counter?

パヤータイ駅行きの特急乗車券を1枚ください。

ขอตั๋วไปพญาไท 1 ใบ
コートゥアパバイパヤータイヌンバイ
One express ticket to the Phaya Thai, please.

数字 ● P.150

乗り場はどこですか？

ที่ขึ้นอยู่ที่ไหน
ティークンユーティーナイ
Where is the platform?

これは特急列車ですか？

นี่ใช่รถไฟสายด่วนไหม
ニーチャイロットファイサーイドゥアンマイ
Is this the express train?

124

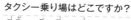

エアポート・レイル・リンクの乗り方は？

1 自動券売機を利用
自動券売機の画面で目的の駅名をタッチ。「English」を選択すれば英語表示になる。

2 チケット購入
人数を選択して、表示金額を入れるとトークンが出てくる。窓口でも購入できる。

3 改札を通る
改札機のマークがある場所にトークンをタッチ。出るときは挿入口にトークンを入れる

メータータクシー

1階のタクシー乗り場にある発券機で整理券をとり、整理券と同じ番号のレーンから乗ります。メーター料金のほかに、空港使用料などがかかります。

高速料金は料金所で払う場合と到着時に払う場合がある。

タクシー乗り場はどこですか？

ที่ขึ้นแท็กซี่อยู่ที่ไหน
ティークンテクシーユーティーナイ
Where is the taxi stand?

このホテルまでいくらかかりますか？

ไปถึงโรงแรมนี้ประมาณเท่าไหร่
バイトゥンローンレームニープラマーンタウライ
How much will it be to go it to this hotel?

このホテルまでどのくらい時間がかかりますか？

ไปถึงโรงแรมนี้ใช้เวลากี่ชั่วโมง
バイトゥンローンレームニーチャイウェーラーキーチュアモーン
How long does it take to get to this hotel?

この住所までお願いします。

ไปตามที่อยู่นี้
バイタームティーユーニー
To this address, please.

バス

空港と市内を結ぶシャトルバスや、BMTA（バンコク大量輸送公社）の路線バスなどが利用できます。

ターミナルビルから路線バスの乗り場へは無料シャトルバスが出ている。

このバスはサヤームに行きますか？

รถเมล์สายนี้ไปสยามไหม
ロットメーサーイニーバイサヤームマイ
Does this bus go to Siam?

次のバスは何分後ですか？

รถเมล์สายถัดไปออกกี่โมง
ロットメーサーイタットバイオークキーモーン
What time does the next bus leave?

サヤームに着いたら教えてください。

ถ้าถึงสยามกรุณาบอกด้วย
タートゥンサヤームカルナーボークドゥアイ
Please tell me when we arrive at Siam.

乗りものに乗って移動を

BTS BTS
(スカイトレイン) ビーティーエス

MRT MRT
(地下鉄) エムアーティ

BTSとMRTを使えば、バンコク市内の観光がぐっと便利に。
基本を押さえて上手に利用しましょう。

BTS(スカイトレイン)

バンコク市内の観光に最も使える交通機関。渋滞を気にせず移動できます。運行時間はだいたい5 〜 24時、運転間隔は2 〜 8分です。

駅入り口の目印。

切符を買う

1回券を買う場合は券売機で。コインや少額紙幣しか使えないこともあるので、あらかじめ用意しておきましょう。なお、1回券以外は窓口で購入します。

改札を通る

自動改札機の上部のマークがある場所に、カードをタッチして入ります。

改札機のゲートは開閉が早いので、素早く通りましょう

乗車〜降車

車内やホームでは飲食禁止なので注意。目的駅で降車したら、自動改札にカードをタッチして外へ出ます。1回券は改札機に挿入します。

路線図をください。

ขอแผนที่การเดินทาง
コーベーンティーカーンドゥーンターン
Can I have a railway map?

切符が券売機から出てきません。

ตั๋วไม่ออกมาจากเครื่อง
ドゥアマイオークマーチャーククルーアン
The ticket isn't coming out from the machine.

両替をお願いします。

แลกเงินด้วย
レークグンドゥアイ
Can I exchange my money?

1日券を1枚ください。

ขอตั๋ววัน 1 ใบ
コートゥアワンヌンバイ
An one-day ticket, please.

数字 ◉ P.150

(路線図を指して)ここに行くには何線に乗ればよいですか?

จะไปที่นี่ควรนั่งสายอะไร
チャパイティーニークアンナンサーイアライ
Which line should I take to get here?

この列車はシーロムへ行きますか?

รถไฟนี้ไปสีลมไหม
ロットファイニーパイシーロムマイ
Does this train go to Silom?

次の駅はサヤームですか?

สถานีต่อไปสยามใช่ไหม
サターニトーパイサヤームチャイマイ
Is the next stop Siam?

基本会話

グルメ

ショッピング

ビューティ

見どころ

エンタメ

ホテル

乗りもの

基本情報

単語集

BTS&MRT利用時の注意点
1. 駅構内にトイレがないことが多い。
2. 駅構内・車内での飲食、喫煙は厳禁。
3. 仏僧はもちろん、子供や老人にも席を譲るのがマナー。

MRT（地下鉄）

BTSとともにバンコク市民の足として活躍中。運行時間はだいたい6〜24時。5〜10分間隔で運行しています。

駅入り口の目印。

切符を買う

自動券売機はタッチパネル式で、英語表示に切り替え可能。

改札を通る

トークンやカードを読み取り部にタッチ。ゲートが開いている時間は短いので、すばやく通過しましょう。

乗車〜降車

車内ではタイ語と英語でアナウンスがあります。下車したら改札を通って外へ。

ここから一番近い地下鉄の駅はどこですか？

จากที่นี่สถานีรถไฟใต้ดินไหนใกล้สุด
チャークティーニーサーターニーロットファイタイディンナイクライスット
Where is the nearest MRT station?

窓口はどこですか？

ติดต่อได้ที่ไหน
ティットトーダイティーナイ
Where is the ticket counter?

チャイナタウンへ行くにはどこで降りればいいですか？

ถ้าจะไปไชน่าทาวน์ควรลงที่ไหน
ターチャバイチャイナーターウクアンロンティーナイ
Where should I get off to get to Chinatown?

始発［終電］は何時ですか？

ขบวนแรก [ขบวนสุดท้าย] ออกกี่โมง
カブアンレーク [カブアンスッターイ] オークキーモーン
What time does the first [last] train leave?

ここからスクンヴィットまで何分くらいかかりますか？

จากนี่ถึงสุขุมวิทใช้เวลาเท่าไหร่
チャークニートゥンスクンヴィットチャイウェーラータオライ
How long does it take to get to Sukhumvit?

		窓口	ที่ติดต่อ ティーティットトー	出口	ทางออก ターンオーク
		改札	ตรวจตั๋ว トルウーアットドゥア	運賃	ค่าโดยสาร カードーイサーン
駅	สถานี サターニー	プラットホーム	ชานชาลา チャーンチャラー	切符	ตั๋ว ドゥア
券売機	เครื่องขายตั๋ว クルーアンカーイトゥア	入口	ทางเข้า ターンカオ	乗り換え	เปลี่ยนสายรถ プリアンサーイロット

乗りものに乗って移動を

タクシー
แท็กซี่
テクシー

荷物が多いときに便利なのがタクシー。
乗車時に行先や料金を確認して、安全に利用しましょう。

タイのタクシー

料金メーター付タクシーと価格交渉が必要なタクシーの2種ありますが、観光客はメーター式の方が安心です。

屋根に「TAXI-METER」と表示がある。

タクシーを拾う

道を走っているタクシーを拾うのが簡単。腕を斜め下に出して手のひらをヒラヒラさせると空車のタクシーが停まります。配車アプリも便利。

扉は自動ではないので自分で開けます。

乗車する

行き先とメーターを使ってくれるか確認してから乗り込みます。まずはメーターが稼働しているか確認。動いていないのを指摘しても無視したり、無理に交渉に持ち込もうとしたら、その場で車を降りましょう。

走り出す前にメーターを作動させたかどうか確認を。作動していない場合はドライバーに伝えましょう。

タクシーを呼んでください。

กรุณาเรียกแท็กซี่
カルナーリークアクテクシー
Please get me a taxi.

このホテルまでタクシー代はいくらくらいですか?

ไปถึงโรงแรมนี้ ค่าแท็กซี่ประมาณเท่าไหร่
バイトゥンローンレームニーカーテクシープラマーンタウライ
How much will it be to go to this hotel?

時間はどのくらいかかりますか?

ใช้เวลาประมาณเท่าไหร่
チャイウェーラープラマーンタウライ
How long will it take?

この住所 [ここ] へ行ってください。

ช่วยพาไปที่อยู่นี้ [ที่นี่]
チュアイパーバイティーユーニー [ティーニー]
Take me to this address [here], please.

荷物をトランクに入れてください。

กรุณาเก็บสัมภาระไว้ในที่เก็บ
カルナーケップサンバーラウナイティーケップ
Please put my luggage in the trunk.

急いでください!

เร็วๆ!
レウレウ
Please hurry!

メーターが動いていません。

มิเตอร์ไม่ขยับ
ミターマイカヤップ
The meter isn't working.

トゥクトゥクって?

客席付きのオートバイで、料金は交渉制。極端に
安い料金の場合、勝手にみやげ物店などに連れて
行かれることも。また、タクシー同様、夜間に女性
1人で乗るのはやめましょう。

目的地を通り過
ぎそうになった
り、渋滞に巻き込
まれたりして降車し
たいときは、ド
ライバーに声を
かけましょう。

ここで停めてください。

กรุณาจอดที่นี่
カルナーチョートティーニー
Can you stop here?

ここでちょっと待っていてください。

รอที่นี่แปบนึง
ローティーニーベップヌン
Can you wait here for a while?

降車する

目的地に着いたらメーターの料
金を支払って降ります。チップ
は不要ですが、10B以下のつり
銭は勝手にチップにされること
も。

いくらですか?

เท่าไหร่
タウライ
How much is it?

自分で扉を開けて降車。

領収書 [おつり] をください。

ขอใบเสร็จ [รับเงิน] ด้วย
コーバイセット [ラップグン] ドゥアイ
Could I have a receipt[change], please?

料金がメーターと違います。

ราคาต่างกับที่มิเตอร์
ラーカーターンカップティーミター
The fare is different from the meter.

タクシー利用時の注意点

1.深夜に女性一人で乗車するのは避
ける。

2.トラブルがあった場合は、タクシー
の登録ナンバーを控えておく。

3.中には道を知らないドライバーも。
乗車中も道が間違っていないか
確認する。

4.運転手はつり銭を持っていないこ
とが多いので、500Bや1000Bなど
の高額紙幣での支払いは避ける。

乗りものに乗って移動を

バス

รถเมล์
ロットメー

市民の足・路線バスは、観光客には少し乗り方が難しいかも。
でも賢く利用すれば、安い料金で縦横無尽に移動できます。

路線と運行時間

路線の数はバンコク市内だけでも200にも及びます。運行時間は路線によって異なり、限られた時間のみ運行する路線、24時間運行の路線、ラッシュ時に快速運転する路線などさまざま。

おもなバスの種類

乗車距離によって料金が異なるエアコンバスと、料金が一律のノン・エアコンバスがあります。

エアコンバスの一例。

乗る前に

路線バスのルートを検索できるアプリなどを活用して、目的地へ行くバスの番号やバス停を確認しましょう。

乗車する

バス停で乗りたいバスがきたら運転手に合図。乗車したら係員に目的地を伝えて、運賃を支払います。タイ語のメモを見せるのもスムーズ。

バスの路線図をください。

ขอแผนที่การเดินรถของรถเมล์
コーベーンティーカーンドゥーンロットコーンロットメー
Can I have a bus route map?

日本語版の路線図はありますか?

มีแผนที่การเดินทางภาษาญี่ปุ่นไหม
ミーベーンティーカーンドゥーンターンパーサーイープンマイ
Do you have a route map in Japanese?

プラトゥーナーム市場へ行くには何番のバスに乗ればよいですか?

ไปตลาดประตูน้ำขึ้นรถเมล์สายอะไร
バイタラートプラトゥーナムクンロットメーサーイアライ
Which line should I take to get Talat Pratunam?

ワット・プラケーオ行きのバス停はどこですか?

ป้ายรถเมล์ที่จะไปวัดพระแก้วอยู่ที่ไหน
バーイロットメーティーチャバイワットプラケーオユーティーナイ
Where is the bus stop for Wat Phrakaeo?

このバスはチャイナタウンに行きますか?

รถเมล์สายนี้ไปไชน่าทาวน์ไหม
ロットメーサーイニーバイチャイナータウンマイ
Does this bus go to Chinatown?

運賃はいくらですか?

ค่าโดยสารราคาเท่าไหร่
カードーイサーンラーカータウライ
How much is the fare?

王宮へ行くにはどこで降りればよいですか?

ไปพระบรมมหาราชวังขึ้นรถที่ไหน
バイプラボロムマハーラーチャワンクンロットティーナイ
Where should I get off to get to Grand Palace?

基本会話

グルメ

ショッピング

ビューティ

見どころ

エンタメ

ホテル

乗りもの

基本情報

単語集

バス利用時の注意点
1. 混んだ車内ではスリに注意。
2. ラッシュ時や大雨の時には交通渋滞に巻き込まれ、通常の2〜3倍の時間がかかることも。

降車する
降りる場所が近づいたら、天井や壁のブザーを押して知らせます。

スクンヴィットに着いたら教えてください。

ถึงสุขุมวิทแล้วกรุณาบอกด้วย
トゥンスクンヴィットレーウカルナーボークドゥアイ
Please tell me when we arrive at Sukhumvit.

違うバスに乗ってしまいました。

ขึ้นรถเมล์ผิดสายเสียแล้ว
クンロットメービッドサーイシアレーウ
I took the wrong bus.

降ろしてほしいのですが。

อยากจะลงรถ
ヤークチャロンロット
Would you let me off?

ここ[次]で降ります。

จะลงที่นี่ [ถัดไป]
チャロンティーニー [タットパイ]
I'll get off here [next].

帰りのバス停はどこですか?

ป้ายรถเมล์ขากลับอยู่ที่ไหน
バーイロットメーカークラップユーティーナイ
Where is the bus stop for going back?

お役立ち単語集 WORD

		エアコンバス	รถเมล์ปรับอากาศ ロットメープラップアーカート	座席	ที่นั่ง ティーナン
		ノンエアコンバス	รถเมล์ธรรมดา ロットメータマダー	運賃	ค่าโดยสาร カードーイサーン
路線図	แผนที่การเดินทาง ペーンティーカーンドゥーンターン	バス停	ป้ายรถเมล์ バーイロットメー	降車ブザー	กริ่งกดลงรถ クリンゴットロンロット
路線番号	หมายเลขเส้นทาง マーイレークセンターン	運転手	คนขับรถ コンカップロット	渋滞	รถติด ロットティット

131

両替はこうしましょう

通貨と両替

อัตรา การแลกเปลี่ยน
アットラー カーンレークプリーアン

旅先で大事なお金のこと。市場などではカードが使えないお店が多いので現金は持っておきましょう。
入国したら、まずは空港を出てホテルの客室に落ち着くまでに必要なお金の準備をしましょう。

通貨

タイの通貨は「バーツ(B)」。その下の単位は「サタン(S)」で、1B=100S。よく使われる紙幣は1000B、500B、100B、50B、20Bの5種類、硬貨は10B、5B、2B、1B、50S、25Sの6種類です。

紙幣はデザインが似ているので、支払いの際は間違えないように注意しよう。

1000B　500B
100B　50B　20B
10B　5B　2B　1B　50S　25S

両替のときは?

銀行や両替所、ホテルのフロントなどで両替できますが、パスポートの提示が必要です。両替後は窓口を離れず、その場で金額をよく確認しましょう。少額紙幣を多めに混ぜてもらうと使いやすいです。

日本円を10000バーツ分両替したいのですが。

ต้องการแลกเงินเยนเป็น 10000 บาท
トンカーンレークグンイェーンペンヌムーンバート
I'd like to buy 10000 Baht with yen.

数字⊕ P.150

どのようにしましょうか?

ทำอย่างไร
タムヤーンライ
How would you like it?

500バーツ札を10枚と100バーツ札を50枚にしてください。

ขอธนบัตร 500 บาท 10 ใบและธนบัตร 100 บาท 50 ใบ
コータナバットハーローイバートシップバイレタナバットヌンローイバートハーシップバイ
I'd like ten 500 Baht bills and fifty 100 Baht bills.

数字⊕ P.150

これをバーツに替えてください。

ฉันต้องการแลกเป็นเงินบาท
チャントンカーンレークペングンバート
Can you change this into Baht?

基本会話

グルメ

ショッピング

ビューティ

見どころ

エンタメ

ホテル

乗りもの

基本情報

単語集

この紙幣をコインに替えてください。

กรุณาแลกธนบัตรนี้เป็นเหรียญ
カルナーレークタナバットニーペンリーアン
Please change this bill into coins.

一般に、街中の両替所、銀行、空港、ホテルの順に換金率が悪くなります。

計算が間違っていると思います。

ฉันคิดว่าคำนวณผิด
チャンキットウーカムヌアンピット
I think this is incorrect.

領収書をください。

ขอใบเสร็จหน่อย
コーバイセットノイ
Could I have the receipt?

500バーツ札 (を10枚) ください。

ขอธนบัตร 500 บาท(10ใบ)
コータナバッドハーローイバート (シップバイ)
(Ten) 500 B, please.

数字 ➲ P.150

小銭も混ぜてください。

ขอเหรียญด้วย
コーリーアンドゥアイ
Could I have some coins?

海外の ATM 利用法

VISAやMasterCardなど、国際ブランドのクレジットカードやデビットカードがあれば、提携ATMで現地通貨を引き出せます。出発前に海外利用の可否、限度額、手数料、暗証番号などを確認しておきましょう。

夜間の利用は避けよう。路上よりも空港や銀行にあるATMのほうが安全

1. カードを挿入し、言語を選択する。

2.「暗証番号を入力してください」

4桁の暗証番号 (PIN) を入力。

3.「取引内容を選択してください」

お金を引き出すときは「WITHDRAWAL」を選択。

4.「取引口座と金額を選択してください」

クレジットカードは「CREDIT」、デビットカードは「SAVINGS」を選択。引き出す額は、表示金額から選ぶか入力します。

手紙や小包を出してみましょう

郵便と配送 ไปรษณีย์ การส่งมอบ
プライサニー カーンソンモブ

海外から、手紙で旅の報告をしましょう。
買い込んだおみやげを送ってしまえば、身軽に旅を続けられます。

手紙やはがきを出す
ホテルのフロントに頼むか、郵便局または郵便サービスを扱う代理店へ。代理店はBTSの駅やショッピングセンターなどにあります。

切手はどこで買えますか？

ซื้อแสตมป์ได้ที่ไหน
スースタンプダイティーナイ
Where can I buy some stamps?

郵便局 [ポスト] はどこですか？

ที่ทำการไปรษณีย์ [ตู้จดหมาย] อยู่ที่ไหน
ティータムカーンプライサニー [トゥージョッドマイ] ユーティーナイ
Where is the post office[mailbox]?

タイの郵便事情
ハガキや封書をエアメールで送る場合、所要日数は1週間前後。ただし、タイは郵便事情が悪く、たまに未着になることも。

これを日本に送りたいのですが。

ฉันอยากส่งสิ่งนี้ไปที่ญี่ปุ่น
チャンヤークソンシンニーパイティーイープン
I'd like to send this to Japan.

何日ぐらいで届きますか？

ใช้เวลาประมาณกี่วัน
チャイウェーラープラマーンギーワン
How long does it take to get there?

タイのポスト

差出口は左が市外、右が市内宛て。集荷の頻度が少ないこともあるので注意。

速達にしてください。

กรุณาส่งแบบEMS
ガルナーソンベーブ EMS
Can you send it by express?

日本までいくらかかりますか？

ค่าส่งไปที่ญี่ปุ่นเท่าไหร่
カーソンパイティーイープンタウライ
How much is the postage to Japan?

航空便だと350バーツ、船便だと150バーツです。

ทางอากาศ 350 บาท ทางเรือ 150 บาท
ターンアーガートサームロイハーシップバート　タンルーアヌンロイハーシップバート
350 Baht for air, and 150 Baht for ship.

数字 ◉ P.150

基本会話

グルメ

ショッピング

ビューティ

見どころ

エンタメ

ホテル

乗りもの

基本情報

単語集

小包を出す

航空便、船便、EMS（国際スピード郵便）は30kgまで配送できます。航空便や船便は到着まで時間がかかるため、料金はやや高めですがEMSがおすすめ。早ければ数日で日本に着くほか、伝票番号で郵送状況を確認できます。

国際宅配便

料金は高めですが、電話やオンライン申し込みで荷物を取りに来てくれます。DHLやFedEXなどの大手のほか、ヤマト運輸や佐川急便など日系の運輸会社も利用可能。

日本に荷物を送りたいのですが。

อยากจะส่งของไปที่ญี่ปุ่น
ヤークチャソンコーンバイティーイープン
I'd like to send a package to Japan.

ダンボール箱とテープをもらえますか?

ขอกล่องกับเทปได้ไหม
コークロンカップテープダイマイ
Could I have a box and a tape?

伝票の書き方を教えてください。

กรุณาบอกวิธีเขียนใบส่งของ
カルナーボークウィティーキーアンバイソンコーン
Could you tell me how to write an invoice?

割れ物が入っています。

มีของแตกง่ายอยู่
ミーコーンテークガーイユー
There is a fragile item in here.

宛先の書き方

●はがきや封書の場合

送付元：
日本語でもOK。
日本の住所を書いてもよい

POST CARD
TAKUMI NAKAMURA
Orient Hotel
Bangkok, Thailand

東京都中央区中央1-1-1
織田雅子様
JAPAN

切手（郵便局やホテルで買える）

送付先：宛名は日本語でOK

国名：朱字で書く

航空便：
朱字で書く AIR MAIL

お役立ち単語集 WORD					
はがき	ไปรษณียบัตร プライサニーヤバット	切手	แสตมป์ スタンプ	割れ物注意	ระวังแตก ラワンテーク
		封書	จดหมายปิดผนึก ジョットマーイビットパーヌック	取り扱い注意	ข้อระวังในการใช้งาน コーラワンナイカーンチャイガーン
		印刷物	สิ่งพิมพ์ シンピム	小包	พัสดุ パッサドゥ

135

電話をかけてみましょう

電話 โทรศัพท์
トーラサップ

レストランやエステなどの予約はもちろん、緊急時に電話が使えると便利で心強いです。
宿泊しているホテルや日本大使館の番号を控えておくとより安心です。

電話をかける方法は？
公衆電話は少ないので、海外利用OKな携帯電話や、ホテル客室の電話を使うほうが便利。国際電話もかけられます。

> **公衆電話はどこにありますか？**
> โทรศัพท์สาธารณะอยู่ที่ไหน
> トーラサップサーターラナユーティーナイ
> Where is the pay phone?

電話をかけましょう
※国際電話
○ダイヤル直通電話

・一般電話
(例)東京03-1234-5678
へかける
ホテルからかけるときは、ホテルの外線番号
　　　↓　　日本の国番号
● -001-81-3-1234-5678
国際電話　市外局番の
識別番号　最初の0はとる

・携帯電話
(例)日本090-1234-5678
へかける
ホテルからかけるときは、ホテルの外線番号
　　　↓　　日本の国番号
● -001-81-90-1234-5678
国際電話　識別番号の
識別番号　最初の0はとる

○コレクトコール(料金受信人払い)でかける
KDDIジャパンダイレクトのアクセス番号1800-0-081-10にかけて、日本語オペレーターに相手の電話番号と名前を伝えると、コレクトコールで繋いでくれます。

※国内電話
市外通話でも市内通話でも、0から始まるすべての番号を押します。

> **もしもし、シェラトンホテルですか？**
> ฮัลโหล โรงแรมเชอราตันหรือเปล่า
> ハンロー　ローンレームシェーラートンルーブラーウ
> Hello. Is this the Sheraton Hotel?

> **1102号室のミヤケアキコさんをお願いします。**
> รบกวนขอสายคุณมิยะเกะอะกิโกะห้อง 1102
> ロップクアンコーサーイクンミヤケアキコホンヌンヌンスーンゾーン
> May I speak to Ms. Miyake Akiko in room 1102 ?　　数字 ☞ P.150

> **少々お待ちください。**
> กรุณารอสักครู่
> カルナーローサックルー
> Just a moment, please.

> **伝言をお願いできますか？**
> ฝากข้อความไว้ได้ไหม
> ファークコークアームウィダイマイ
> Can I leave a message?

> **また後でかけ直します。**
> แล้วจะโทรมาใหม่
> レーオチャトーマーマイ
> I'll call again later.

> **ナカムラから電話があったと伝えてください。**
> กรุณาบอกว่านะคามุระโทรมา
> ガルナーボークワーナカムラトーマー
> Please tell her that Nakamura called.

基本会話

グルメ

ショッピング

ビューティ

見どころ

エンタメ

ホテル

乗りもの

基本情報

単語集

国際電話会社の識別番号

マイライン/マイラインプラスの「国際通話」未登録の固定電話からかける場合は、最初に国際電話会社の番号をダイヤルします。
ソフトバンク:0061
※2024年1月以降は原則不要になる予定

電話をするときは，手元にメモを用意しておくとよいですよ。

タイへの国際電話のかけ方は？

(例)日本からタイの02-123-4567へかける場合。

● -010-66-2123-4567

国際電話会社の識別番号
タイの国番号
国際電話識別番号
最初の0をとった相手の電話番号

もっとゆっくり話してもらえますか？

กรุณาพูดช้าลงหน่อย
カルナーブードチャーロンノイ
Could you speak more slowly?

ごめんなさい、間違えました。

ขอโทษ โทรผิดเบอร์
コートートトービットブー
I'm sorry. I have the wrong number.

携帯電話の利用について

日本の携帯やスマホを海外で使う場合は、高額請求を避けるため、事前に料金や設定を確認しておきましょう。SIMフリーの機種なら、現地で利用できるプリペイドSIMを購入する方法もあります。

携帯電話をレンタルしたいのですが。

อยากจะขอยืมโทรศัพท์มือถือ
ヤークチャコーユームトーラサップムートゥー
I'd like to rent a cell phone.

通話アプリの注意点

LINEやFaceTimeなどのアプリを使うと無料で通話できますが、データ通信料はかかります。フリー WiFiや海外パケット定額などを利用しましょう。データローミングなどの設定も確認を。

コレクトコールで日本に電話をかけたいのですが。

อยากจะโทรแบบเก็บเงินปลายทางไปที่ญี่ปุ่น
ヤークチャトーベープゲップグンブラーイターンバイティーイープン
I'd like to make a collect call to Japan.

この電話からかけられますか？

ขอใช้โทรศัพท์เครื่องนี้ได้ไหม
コーチャイトーラサップクルーアンニーダイマイ
Can I make a call from this phone?

日本語を話せる人はいますか？

มีคนพูดภาษาญี่ปุ่นได้ไหม
ミーコンブードパーサーイープンダイマイ
Is there anyone who speaks Japanese?

ネットを活用しましょう

インターネット

อินเทอร์เน็ต
インターネット

現地での情報収集はもちろん、通信手段としても、
旅行先でのインターネット利用は欠かせませんね。

ネットを利用するには?

●WiFiスポットを活用
空港やホテル、カフェやレストランなど、多くの場所で無料WiFiが利用できます。速度はまちまちで、時間制限があることも。パスワードが不明ならスタッフに聞きましょう。

●海外パケット定額を利用
携帯電話会社の海外パケット定額サービスは、1時間や1日など、好きなタイミングで使えて便利。日本の契約プランのデータ量を使えるものも。申し込みや設定が必要で、格安SIMは対象外のこともあります。

●WiFiルーターを借りる
空港などでもレンタルできる海外用WiFiルーターは、複数台を同時に接続できて便利。ルーターの持ち歩きと充電、受取・返却が必要です。

●プリペイドSIMカード購入
データ通信量や期間などが決まっている前払い式の海外用SIMカード。SIMフリー機種が必要です。SIMカードの入れ替えが不要なeSIMが便利。

ホテルに無料の Wi-Fi はありますか?

ในโรงแรม มี Wi-Fi ฟรีไหม?
ナイ ローンレーム ミー ワイファイ フリー マイ?
Do you have a free Wi-Fi?

Wi-Fi のパスワードを教えてもらえますか?

ช่วยบอกพาสเวิร์ด Wi-Fi ได้ไหม?
チュアイ ボーク パスワード ワイファイ ダイマイ?
Can I have the Wi-Fi password?

部屋でインターネットを使うことはできますか?

ใช้อินเทอร์เน็ตในห้องได้ไหม?
チャイ インターネット ナイホン ダイマイ?
Can I use the internet in my room?

近くで Wi-Fi を使えるところはありますか?

มีบริเวณใช้ Wi-Fi ใกล้ ๆ ไหม?
ミー ボーリウェーン チャイ ワイファイ グライグライ マイ?
Where can I find free Wi-Fi around here?

ポケット Wi-Fi の貸出はありますか?

มีพ็อกเก็ต Wi-Fi ให้เช่ายืมไหม?
ミー ポケットワイファイ ハイ チャオユーム マイ?
Can I borrow a pocket Wi-Fi?

無料WiFiはセキュリティに問題があることも。提供元がわからないWiFiへのアクセス、IDやパスワードなど個人情報の入力は避けましょう。

基本会話

グルメ

ショッピング

ビューティ

見どころ

エンタメ

ホテル

乗りもの

基本情報

単語集

タイのインターネットカフェ
バンコクにはネットカフェやコワーキングスペースがたくさんありますが、備え付けパソコンはなく、高速WiFiと電源だけ使える店が一般的です。

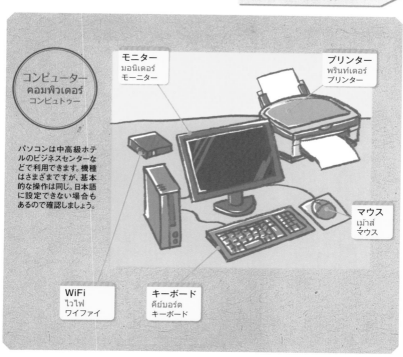

コンピューター
คอมพิวเตอร์
コンピュトゥー

モニター
มอนิเตอร์
モーニター

プリンター
พริ้นท์เตอร์
プリンター

パソコンは中高級ホテルのビジネスセンターなどで利用できます。機種はさまざまですが、基本的な操作は同じ。日本語に設定できない場合もあるので確認しましょう。

マウス
เม้าส์
マウス

WiFi
ไวไฟ
ワイファイ

キーボード
คีย์บอร์ด
キーボード

すぐに使えるトラブルフレーズ

LAN[WiFi]の接続がうまくいきません。見てもらえませんか？
แลน [ไวไฟ] ไม่ค่อยดี รบกวนดูให้หน่อยได้ไหม
レーン [ワイファイ] マイコイディーロップグゥアンドゥーハイノイダイマイ

マウスの調子が悪いです。
อาการของเม้าส์ ไม่ดี
アーガーンコーンマウスマイディー

フリーズしました。
ค้างไปแล้ว
カーンパイレーウ

139

もしものために 緊急・トラブルに備えましょう

旅先では何が起こるかわかりません。
重大な事態を回避するためにも、ここで紹介するフレーズを覚えましょう。

助けを呼ぶ

助けて！
ช่วยด้วย!
チュアイドゥアイ
Help me!

やめて！
หยุดนะ!
ユットナ
Stop it!

一緒に来て！
มาด้วยกันหน่อย!
マードゥアイガンノイ
Come with me!

聞いて！
ฟังสิ!
ファンシ
Listen!

警察を呼んで！
เรียกตำรวจ!
リーアクタムルアト
Call the police!

泥棒！
ขโมย!
カモイ
Thief!

その男[女]をつかまえて！
จับผู้ชาย [ผู้หญิง] คนนั้นเลย!
チャッププーチャーイ[プーイン]コンナンルーイ
Catch that man[woman]!

だれか！
ใครก็ได้!
クライコーダイ
Somebody!

お金のもちあわせはありません。
ไม่มีเงินติดตัวเลย
マイミーグンティットゥアルーイ
I don't have any money.

これで全部です。
มีอยู่เท่านี้
ミーユータウニー
That's all.

殺さないで！
อย่าฆ่าฉันนะ!
ヤーカーチャンナ
Don't kill me!

出ていけ！
ออกไป!
オークパイ
Get out!

医者を呼んでください。
กรุณาเรียกหมอ
ガルナーリーアクモー
Call a doctor.

140

基本会話

グルメ

ショッピング

ビューティ

見どころ

エンタメ

ホテル

乗りもの

基本情報

単語集

脅迫のことば

動くな!
อย่าขยับนะ!
ヤーカヤップナ
Don't move!

止まれ!
หยุด!
ユット
Stop!

金を出せ!
ส่งเงินมา!
ソングンマー
Give me the money!

静かにしろ!
เงียบซะ!
ギーアプサ
Be quiet!

手をあげろ!
ยกมือขึ้น!
ヨックムークン
Hands up!

隠れろ!
ซ่อนตัวซะ!
ソーントゥアサ
Hide!

荷物を渡せ!
ส่งสัมภาระมา!
ソンサムパーラマー
Give me the luggage!

紛失・盗難

パスポートをなくしました。
ฉันทำพาสปอร์ตหาย
チャンタムパスポートハーイ
I lost my passport.

ここに電話してください。
กรุณาโทรมาที่นี่
ガルナートーマーティーニー
Call here.

バッグ [財布] を盗まれました。
กระเป๋า [กระเป๋าเงิน] ถูกขโมยไป
グラパオ [グラパオグン] トゥークカモーイパイ
I had my bag[wallet] stolen.

日本語を話せる人はいますか?
มีคนพูดภาษาญี่ปุ่นได้ไหม
ミーコンプートパーサーイープンダイマイ
Is there anyone who speaks Japanese?

日本大使館はどこですか?
สถานทูตญี่ปุ่นอยู่ที่ไหน
サターントゥートイープンユーティーナイ
Where is the Japanese embassy?

141

緊急・トラブルに備えましょう

トラブルに対処するために

警察に届けたいのですが。

อยากจะแจ้งตำรวจ
ヤークチャチェーンタムルアト
I'd like to report it to the police.

盗難証明書を作ってください。

กรุณาเขียนใบแจ้งความ
カルナーキーアンバイチェーンクラーム
Could you make out a report of the theft?

私の荷物が見つかりません。

หาสัมภาระไม่เจอ
ハーサムパーラマイチュー
I can't find my baggage.

どこに置き忘れたかわかりません。

จำไม่ได้ว่าวางลืมไว้ที่ไหน
チャムマイダイウーワーンルームウイティーナイ
I'm not sure where I lost it.

どこに届け出ればいいですか?

ไปแจ้งได้ที่ไหน
バイチェーンダイティーナイ
Where should I report to?

あそこの遺失物係へ届け出てください。

กรุณาแจ้งที่จุดรับแจ้งของหาย
ガルナーチェーンティージュットラップチェーンコーンハーイ
Please report to lost-and-found over there.

基本会話

グルメ

ショッピング

ビューティー

見どころ

エンタメ

ホテル

乗りもの

基本情報

単語集

見つかりしだい、ホテルに連絡してください。

กรุณาแจ้งไปที่โรงแรมของฉันทันทีที่หาเจอ
ガルナーチェーンパイティーロンレームゴーンチャンタンティーティーハーチュー
Please call my hotel as soon as you find it.

タクシーにバッグを置き忘れました。

ลืมกระเป๋าไว้ในรถแท็กซี่
ルームグラパオウイナイロットタクシー
I left my bag in the taxi.

ここに置いたカメラがなくなりました。

กล้องที่วางไว้ตรงนี้หายไป
クロングティーワーンウイトロンニーハーイパイ
I left my camera here and now it's gone.

お役立ち単語集 WORD				
	電話	โทรศัพท์ トーラサップ	日本大使館	สถานทูตญี่ปุ่น サターントゥートイーブン
	お金	เงิน グン	パスポート	พาสปอร์ต パースポート
警察 ตำรวจ タムルアト	住所	ที่อยู่ ティーユー	スリ	นักล้วงกระเป๋า ナックルアングラパウ
救急車 รถพยาบาล ロットパヤーバーン	トラベラーズ チェック	เช็คเดินทาง チェックドゥーンターン	盗難	ขโมย カモイ
紛失 การทำหาย ガーンタムハーイ	クレジット カード	บัตรเครดิต バットクレーディット	免許証	ใบขับขี่ バイカッフキー

memo
クレジットカード紛失時連絡先

航空会社

ホテル

海外旅行保険

日本語 OK の医療機関

memo

143

緊急・トラブルに備えましょう

病気・ケガ

気分が悪いです。
รู้สึกไม่ค่อยดี
ルースックマイコイディー
I feel sick.

頭痛がします。
ปวดหัว
プアトフゥア
I have a headache.

めまいがします。
รู้สึกเวียนหัว
ルースックウィアンフゥア
I feel dizzy.

吐き気がします。
รู้สึกคลื่นไส้
ルースッククルーンサイ
I feel nauseous.

熱があるようです。
รู้สึกเหมือนจะเป็นไข้
ルースックムーアンチャベンカイ
I think I have a fever.

お腹が痛いです。
ปวดท้อง
プアトーン
I have a stomachache.

血液型はB型です。
ฉันหมู่เลือดB
チャンムールーアトビー
My blood type is B.

血液型の読み方は・・・

A型	หมู่เลือดA	O型	หมู่เลือดO
	ムールーアトエー		ムールーアトオー
B型	หมู่เลือดB	AB型	หมู่เลือดAB
	ムールーアトビー		ムールーアトエービー

診断書をお願いします。
ขอใบรับรองแพทย์ด้วย
コーパイラップローンペートドゥアイ
Can I have a medical certificate?

歯が痛みます。
ปวดฟัน
プアドファン
I have a toothache.

足首をねんざしました。
ข้อเท้าเคล็ด
コーターウクレット
I sprained my ankle.

腕の骨を折ったようです。
ดูเหมือนว่าแขนจะหัก
ドゥームーアンウーケーンチャハック
I think I broke my arm.

手をやけどしました。
ไฟลวกมือ
ファイルーアクムー
I burned my hand.

ナイフで指を切りました。
ฉันทำมีดบาดนิ้ว
チャンタムミートバードニュウ
I cut my finger with a knife.

144

頭	หัว	ฮั่วะ
こめかみ	ขมับ	คามั้บ
額	หน้าผาก	น่า-ปาร์ค
頬	แก้ม	เก๋ม
目	ตา	ตาร์
耳	หู	ฮู้
鼻	จมูก	จามู้ก
歯	ฟัน	ฟาน

あご	คาง	คาน
首	คอ	คอ
のど	คอ	คอ

が痛い。
_____ เจ็บ／ปวด
_____ チェップ／プアド

肩	ไหล่	ไล่
胸	อก	อ็อก
腹	ท้อง	โต๊ง
腕	แขน	แค่น
肘	ข้อศอก	โก้-ซอร์ก
手	มือ	มือ
手首	ข้อมือ	โก้-มือ
指	นิ้ว	นิ่ว
爪	เล็บ	เล็พ
背中	หลัง	ลั่ง
わきの下	รักแร้	รักแล่
肌	ผิว	ปิ่ว
下腹	ท้องน้อย	โต๊ง-น่อย
みぞおち	ลิ้นปี่	ลิ่นปี่
へそ	สะดือ	สะดือ
腰	สะโพก	สะโป๊ก
お尻	ก้น	ก้น
陰部	อวัยวะเพศ	อะวายวะเปต

足	ขา	คาร์
太もも	ต้นขา	ต้นคาร์
ひざ	หัวเข่า	ฟัว-เค่า
すね	หน้าแข้ง	น่า-แค้ง
ふくらはぎ	น่อง	น่อง
足首	ข้อเท้า	โก้-เท้าะ
爪先	นิ้วเท้า	นิ่ว-เท้าะ
かかと	ส้นเท้า	ซน-เท้าะ

		時差ボケ	เจ็ดแล็ก	ジェットレック
		風邪	หวัด	ウット
下痢	ท้องร่วง トーンルân	骨折	กระดูกหัก	クラドゥークハック
寝不足	นอนไม่พอ ノーンマイポー	かゆみ	คัน	カン

出血	เลือดออก	ルーアドオーク		
寒気	อากาศหนาว	アーカートナーウ		
切り傷	แผลถูกมีดบาด	べーントゥークミートバート		
薬	ยา	ヤー		

お役立ち単語集 WORD

基本会話
グルメ
ショッピング
ビューティ
見どころ
エンタメ
ホテル
乗りもの
基本情報
単語集

日本を紹介しましょう

旅先で親しくなった外国の人々に、その国の言葉で日本を紹介しましょう。

| | は日本でとても人気がある料理です。

| | เป็นอาหารที่ได้รับความนิยมมากในญี่ปุ่น

| | ペンアーバーンティーダイラップクワームニヨムマークナイイーブン

 Point タイに行ったら、日本のことについて聞かれるかもしれません。
そんなとき、少しでも紹介できるとうれしいですよね。まずは食べ物からです。

寿司　ซูชิ スーシ　寿司は酢で味を付けた飯に魚介類の刺身をのせたものです。

ซูชิคืออาหารที่เอาปลาทะเลดิบวางไว้บนข้าวปรุงรสด้วยน้ำส้มสายชู
スーシクーアーバーンティーアウプラータレーディッフワーンウイボンカーウティーブルンロットドゥアイチームソムサーイシュウ

てんぷら　เท็มปุระ テンプラ　野菜や魚介類などに、小麦粉を水で溶いて作ったころもをつけて、油で揚げたものです。

เป็นอาหารที่เอาผักหรืออาหารทะเลมาชุบแป้งสาลีละลายน้ำแล้วทอดด้วยน้ำมัน
ペンアーバーンティーアウバックルーアーバーンタレーマーチュップベーンサーリーララーイナムレーウトートドゥアイナムマン

すきやき　สุกี้ยากี้ スキーヤーキー　牛肉の薄切りを豆腐や野菜とともに醤油ベースのタレで煮るものです。

เป็นอาหารที่เอาเนื้อวัวหั่นบางกับเต้าหู้และผักไปต้มด้วยกันในน้ำซุปที่ทำมาจากซอสถั่วเหลือง
ペンアーバーンティーアウヌアウアハンバーンガップタオウーレバックバイトムドゥアイガンナイナムスップタームマーチャークソーストゥアルーアン

おでん　โอเด้ง オーデーン　練り物や野菜などのさまざまな具を、だし汁で煮込んだものです。

เป็นอาหารที่เอาเครื่องพวกลูกชิ้นหรือผักมาต้มรวมกันในน้ำซุป
ペンアーバーンティーアウクルーアンプーアクルークチンルーバックマートムルアムガンナイナムスプ

焼き鳥　ไก่ย่าง カイヤーン　鶏肉などを串に刺して、タレや塩をまぶしてあぶったものです。

เป็นอาหารที่เอาเนื้อไก่เสียบไม้แล้วทาด้วยซอสหรือเกลือแล้วย่างไฟ
ペンアーバーンティーアウヌアカイシーアブマイレーオタードゥアイソースルーグルーアレーオヤーンファイ

▢ は日本でとても人気がある観光地です。

▢ ก็เป็นสถานที่ท่องเที่ยวที่ได้รับความนิยมในญี่ปุ่นเหมือนกัน

▢ ...โค-เบ็นซะต่านที่-โต้-นที-อาวูที-ดั้ยลัปควะ-มนิโยมในยี่-ปุ่นมู-อันกัน

Point 日本の地名や観光地は、ほとんど日本語と同じ発音で OK なので紹介しやすいですね。まずは、そこがどんな場所なのかをわかってもらいましょう。

富士山　ภูเขาฟูจิ　ブーカウフージ　日本で最も高い山で、海抜3776メートルあります。5合目まで車で行くことができます。

เป็นภูเขาที่สูงที่สุดในญี่ปุ่น มีความสูง 3776 เมตรเหนือระดับน้ำทะเล สามารถนั่งรถไปได้ถึงชั้นที่ 5
เพ็นภูเคาอที่-ส่งที่-สุ-ดในยี่-ปุ่น　มี-ควา-มส่งสา-มพันเจ็ดร้อยเจ็ดสิบหกเมตรเหนือระดับน้ำทะเล　สา-มา-ตนั่งรถปั๊ยได้ถึงชั้นที่ฮ่า-

---

京都　เกียวโต　キョウトー　多くの文化遺産、伝統産業を今に伝える日本の歴史的な都市です。

มีมรดกทางวัฒนธรรมเป็นจำนวนมาก
มี-โมระดกทา-งวัดทะนะตัมเป็นจำนวนมา-ก
เป็นเมืองใหญ่ที่สืบทอดอาชีพพื้นบ้านทางประวัติศาสตร์ของญี่ปุ่น
เพ็นเมืองใหญ่ที่-ส่-บทอ-ดอา-ชี-พพื้นบ้านทา-งประวัดติศา-ตของยี่-ปุ่น

秋葉原　อะกิฮาบาระ　アキハーバーラ　周辺に電気製品やアニメグッズが揃い、多くの外国人観光客も訪れる東京の街です。

เป็นย่านรวมร้านขายเครื่องใช้ไฟฟ้าและสินค้าจากอนิเมะและเป็นเมืองที่เป็นสถานที่ท่องเที่ยวสำหรับผู้ที่มาโตเกียว
เพ็นย่า-นรวมร้า-นขา-ยเคร่องใช้ไฟฟ้า-และสินค้า-จา-กอนิเมะเพ็นเมืองอันที-เพ็นซะต่าน-
ที่-โต้นที-อาวสัมรัปผู้-ที-มา-ตทุเกียว

大阪　โอซาก้า　オオサカー　西日本の経済・文化の中心で、豊かな食文化が魅力です。

เป็นศูนย์กลางของเศรษฐกิจและวัฒนธรรมของญี่ปุ่นตะวันตก มีเสน่ห์ทางวัฒนธรรมอาหารมากมาย
เพ็นสู-นกลา-งคอ-งเศ-ตา-กิดเล้วัดทะนะตัมคอ-งยี่-ปุ่นตะวันตก　มี-สะเน่ตา-งวัดทะนะตัมอา-ฮา-นมา-กมา-ย

知床　ชิเระโตะโกะ　シレトコ　北海道の東端にある半島一帯で、2005年に世界自然遺産に登録されました。

มีพื้นที่ครอบคลุมคาบสมุทรทางด้านตะวันออกของฮอกไกโด
มี-พื้นที-ครอ-บคลุมคา-บสมุดตา-งตะวันออ-กคอ-งฮอกไกโด
ได้รับการขึ้นทะเบียนเป็นมรดกโลกทางธรรมชาติในปี2005
ดั้ยลัปกา-นขึ้นทะเบียนเพ็นมอ-ระดกโล-กตา-งตัมมะชา-ตในปี-ซอ-งพันฮ่า-

147

日本を紹介しましょう

は日本の伝統文化です。

เป็นวัฒนธรรมพื้นบ้านของญี่ปุ่น

ᐟᐟᐟᐟᐟᐟᐟᐟᐟᐟᐟᐟᐟ ベンウ̂ッタナタムプ̂ーンバ̂ーンコ̂ーンイ̂ープン

Point 「伝統文化」を紹介するのはちょっと苦労するかもしれません。ジェスチャー
もまじえて相手に伝えてみるのもいいでしょう。

歌舞伎　คาบูกิ カブキ 江戸時代から続く、日本の伝統芸能です。男性役も女性役も男優が演じるのが特徴です。

เป็นศิลปะการแสดงโบราณของญี่ปุ่นที่มีมาตั้งแต่สมัยเอโดะ
ベンシンラパカーンサデーンボーラーンコ̂ーンイ̂ープンティーミーマ̂ーン̂ターテ̂ーサマイエード
มีลักษณะเด่นที่ผู้ชายจะรับบทแสดงเป็นตัวละครทั้งชายและหญิง
ミーラ̂ックサナ̂デンティーブ̂ーチャーイチャラッボッドサデーンベントゥアラコーンタ̂นチャーイレイン

相撲　ซูโม่ スーモ̂ー 土俵上で2人の力士が競い合う、日本の伝統的なスポーツです。

เป็นกีฬาพื้นบ้านของญี่ปุ่นโดยมีนักซูโม่ 2 คนต่อสู้กันบนเวทีซูโม่
ベンキーラープ̂ーンバ̂ーンコンイ̂ープンドーイミーナ̂ックスーモ̂ーソ̂ーンコントース̂ーカンボンウェーティースーモー

茶道　พิธีชงชา ピティーチョンチャー 伝統的な様式にのっとり、抹茶を振る舞う行為のことです。

เป็นการชงชาอย่างมีแบบแผนซึ่งเป็นรูปแบบทางวัฒนธรรม
ベンカーンチョンチャーヤ̂ーンミーベ̂ープ̂ペ̂ーン̂スンペ̂นル̂ープ̂ペ̂ープターンウ̂ッタナタム

俳句　กลอนไฮกุ クローンハイク 五・七・五の三句十七音から成る日本独自の詩で、季節を表す「季語」を使い心情を表現します。

เป็นกลอนที่มี 3 วรรค 17 พยางค์แบ่งเป็น 5・7・5 ซึ่งเป็นโคลงกลอนที่เป็นเอกลักษณ์ของญี่ปุ่น
ベンクローンティーミーサ̂ームウ̂ックシップジェットパヤーンベーンベン̂ハ̂ージェットハーベンクローンクローンティーベンエカーラックコーンイ̂ープン
และใช้คำบอกฤดูกาลเพื่อบอกอารมณ์ความรู้สึก
レ チャイカムボークルドゥーカーンプ̂アボークアーロムクワームル̂ースック

落語　การเล่าเรื่องตลก カーンラーウルーアンタロック 「寄席」と呼ばれる演芸場などで行われる、日常を滑稽な話として語る伝統的な話芸です。

ถูกจัดขึ้นที่โรงละครที่ถูกเรียกว่า"โยเสะ" เป็นศิลปะการพูดแบบพื้นบ้านที่เล่าเรื่องประจำวันในแบบขำขัน
トゥークチャッドクン̂ティーローンラコーンティートゥークリ̂ーアクウ̂ー「ヨセ」ベンシンラパカーンプ̂ードベ̂ープ̂プ̂ーンบ̂ーン
ティーラ̂ーウル̂ーアンプラチャムワンナイベ̂ープカムカ̂ン

148

基本会話

グルメ

ショッピング

ビューティ

見どころ

エンタメ

ホテル

乗りもの

基本情報

単語集

日本の人口は約1億2千万人です。	ประชากรของญี่ปุ่นมีประมาณ 120 ล้านคน
	プラチャーコーンコーンイーブンミープラマーンヌンロイイーシップラーンコン
	The population of Japan is about 120 million. 数字 ⊚P.150

日本の首都は東京です。	เมืองหลวงของญี่ปุ่นคือโตเกียว
	ムアンルアンゴーンイーブンクートウキョウ
	The capital of Japan is Tokyo.

夏になると台風が増えます。	ในฤดูร้อนจะมีได้ฝนบ่อย
	ナイルデゥーローンチャミータイフンボイ
	There are many storms in summer.

日本の夏は蒸し暑いです。	ฤดูร้อนของญี่ปุ่นร้อนอบอ้าว
	ルデゥーローンゴーンイーブンオップアーウ
	It is humid in summer in Japan.

日本は地震が多いです。	ที่ญี่ปุ่นมีแผ่นดินไหวบ่อย
	ティーイーブンミーベーンディンウィボイ
	We have many earthquakes in Japan.

日本は少子化が進んでいます。	อัตราการเกิดในญี่ปุ่นน้อยลง
	アットラガーンコードナイイーブンノイオン
	Birthrate is dropping in Japan.

トム・ヤン・クンは日本でも有名です。	ต้มยำกุ้งก็ได้รับความนิยมในญี่ปุ่น
	トムヤムクンコータイラップクアームニヨムナイイーブン
	Tom yam kung is very popular in Japan.

渡辺謙は日本の有名な俳優です。	วะตะนะเบะ เคน เป็นนักแสดงที่มีชื่อเสียงของญี่ปุ่น
	ワタナベケンペンナックサデーンティーミーシューシアングコーンイーブン
	Ken Watanabe is a famous Japanese acter.

綾瀬はるかは日本の有名な女優です。	อะยะเสะ ฮะรุกะเป็นนักแสดงหญิงที่มีชื่อเสียงของญี่ปุ่น
	アヤセハルカペンナックサデーンインティーミーシューシアングコーンイーブン
	Haruka Ayase is a famous Japanese actress.

日本では女子サッカーが人気です。	ฟุตบอลหญิงได้รับความนิยมที่ญี่ปุ่น
	フットボールインタイラップクアームニヨムティーイーブン
	Woman's soccer is very popular in Japan.

日本にはたくさんの温泉があります。	ที่ญี่ปุ่นมีบ่อน้ำพุร้อนมากมาย
	ティーイーブンミーボーナムプローンマークマーイ
	There are many hot springs in Japan.

東京スカイツリー®は東京で人気のある観光地です。	โตเกียวสกายทรีเป็นสถานที่ท่องเที่ยวที่ได้รับความนิยมในโตเกียว
	トウキョウスカイツリーペンサターンティートーンテゥウティータイラップクアームニヨムナイトウキョウ
	Tokyo Skytree is the popular place to visit in Tokyo.

基本単語を使いこなしましょう

数字、月、曜日や時間は、どんなときでも必要な基本的な単語です。
事前に覚えておくと旅行先でとても便利ですよ。

数字

0	1	2	3	4
ศูนย์	หนึ่ง	สอง	สาม	สี่
スーン	ヌン	ソーン	サーム	シー
5	6	7	8	9
ห้า	หก	เจ็ด	แปด	เก้า
ハー	ホック	ジェット	ペート	ガオ
10	11	12	13	14
สิบ	สิบเอ็ด	สิบสอง	สิบสาม	สิบสี่
シップ	シップエット	シップソーン	シップサーム	シップシー
15	16	17	18	19
สิบห้า	สิบหก	สิบเจ็ด	สิบแปด	สิบเก้า
シップハー	シップホック	シップジェット	シップペート	シップガオ
20	21	22	30	40
ยี่สิบ	ยี่สิบเอ็ด	ยี่สิบสอง	สามสิบ	สี่สิบ
イーシップ	イーシップエット	イーシップソーン	サームシップ	シーシップ
50	60	70	80	90
ห้าสิบ	หกสิบ	เจ็ดสิบ	แปดสิบ	เก้าสิบ
ハーシップ	ホックシップ	ジェットシップ	ペートシップ	ガオシップ
100	1000	10000	10万	100万
หนึ่งร้อย	หนึ่งพัน	หนึ่งหมื่น	หนึ่งแสน	หนึ่งล้าน
ヌンローイ	ヌンパーン	ヌンムーン	ヌンセーン	ヌンラーン
億	0.1	1/4	2倍	3倍
ร้อยล้าน	ศูนย์จุดหนึ่ง	หนึ่งส่วนสี่	สองเท่า	สามเท่า
ローイラーン	スーンジュットヌン	ヌンスアンシー	ソーンタウ	サームタウ
1番目の	2番目の	3番目の		
อันดับ1ของ	อันดับ2ของ	อันดับ3ของ		
アンダップヌンコーン	アンダップソーンコーン	アンダップサームコーン		

150

基本会話

クルメ

ショッピング

ビューティ

見どころ

エンタメ

ホテル

乗りもの

基本情報

単語集

タイ語　数字のきほん

◆日本語と同じように、11 ～ 19は「10と1」「10と2」のように読み、
　20 ～ 90は「2と10」「3と10」のように読みます。
◆「11」「21」などの末尾の「1」は、「ヌン」ではなく「エット」となります。
◆「20」の読みは「イースィップ」となります（×「ソーンスィップ」）。

月・季節

1月	2月	3月	4月
เดือนมกราคม	เดือนกุมภาพันธ์	เดือนมีนาคม	เดือนเมษายน
ドゥアンマカラーコム	ドゥアンクムパーバン	ドゥアンミーナーコム	ドゥアンメーサーヨン

5月	6月	7月	8月
เดือนพฤษภาคม	เดือนมิถุนายน	เดือนกรกฎาคม	เดือนสิงหาคม
ドゥアンプルッサパーコム	ドゥアンミィトゥナーヨン	ドゥアンカラカダーコム	ドゥアンスンハーコム

9月	10月	11月	12月
เดือนกันยายน	เดือนตุลาคม	เดือนพฤศจิกายน	เดือนธันวาคม
ドゥアンガンヤーヨン	ドゥアントゥラーコム	ドゥアンプルッサチガーヨン	ドゥアンタンワーコム

春	夏	秋	冬
ฤดูใบไม้ผลิ	ฤดูร้อน	ฤดูใบไม้ร่วง	ฤดูหนาว
ルドゥーバイマイパリ	ルドゥーローン	ルドゥーバイマイルアン	ルドゥーナーウ

乾季	夏季	雨季
ฤดูแล้ง	ฤดูร้อน	ฤดูฝน
ルドゥーレーン	ルドゥーローン	ルドゥーフォン

日本には2月9日に帰ります。

จะกลับญี่ปุ่นวันที่ 9 เดือนกุมภาพันธ์
チャクラップイーブンワンティーガオドゥアンクムパーバン
I'm going back to Japan on February 9 th.

曜日

日曜	月曜	火曜	水曜	木曜	金曜	土曜
วันอาทิตย์	วันจันทร์	วันอังคาร	วันพุธ	วันพฤหัส	วันศุกร์	วันเสาร์
ワンアーティット	ワンチャン	ワンアンカーン	ワンプット	ワンパルハット	ワンスック	ワンサオ

平日	休日	祝日
วันธรรมดา	วันหยุด	วันหยุดนักขัตฤกษ์
ワンタンマダー	ワンユット	ワンユットナックカッタルック

今日［明日／昨日］は何曜日ですか？

วันนี้ [พรุ่งนี้／เมื่อวาน] วันอะไร
ワンニー［プルンニー／ムアワーン］ワンアライ
What day is today [is tomorrow / was yesterday]?

基本単語を使いこなしましょう

時

朝	昼	夕	夜	午前
เช้า	กลางวัน	เย็น	กลางคืน	เช้า
チャオ	クラーンワン	イェン	クラーンクーン	チャオ
午後	昨日	今日	明日	あさって
บ่าย	เมื่อวาน	วันนี้	พรุ่งนี้	มะรืนนี้
バーイ	ㇺアワーン	ワンニー	プルンニー	マルーンニー

1日前	2日後	1時間	30分間
1วันที่แล้ว	อีก2วัน	1ชั่วโมง	30นาที
ㇴンワンティーレーオ	イークソーンワン	ㇴンチュアーモーン	サームシップナーティー

時刻

時	分	時半	分前［後］
ชั่วโมง	นาที	ครึ่งชั่วโมง	~นาทีที่แล้ว[ให้หลัง]
チュアーモーン	ナティー	クルンチュアーモーン	…ナーティーティーレーオ[ハイラン]

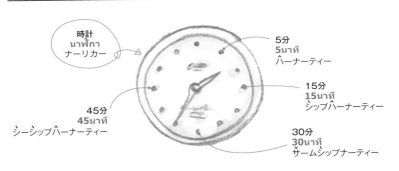

時計
นาฬิกา
ナーリカー

5分
5นาที
ハーナーティー

15分
15นาที
シップハーナーティー

45分
45นาที
シーシップハーナーティー

30分
30นาที
サームシップナーティー

今何時ですか?	ตอนนี้กี่โมง トーンニーキーモーン What time is it now?
何時から始まりますか?	จะเริ่มตอนกี่โมง チャルームトーンキーモーン What time does it start?

基本会話

クルメ

ショッピング

ビューティ

見どころ

エンタメ

ホテル

乗りもの

基本情報

単語集

8時20分	8 โมง 20 นาที ペードモーンイーシップナーティ eight twenty	昨日の11時	11 โมงของเมื่อวาน シップエットモーンコーンムアワーン at eleven yesterday
9時半	9 โมงครึ่ง カオモーンクルン nine thirty	10時5分前	อีก 5 นาที 10 โมง イークハーナーティーシップモーン five to ten
午前11時	11 โมงเช้า シップエットモーンチャオ 11 a.m.	15分後	15 นาทีให้หลัง シップハーナーティーハイラン fifteen minutes later

計量の単位のちがい

●長さ

メートル	インチ	フィート	ヤード	マイル
1	39.37	3.28	1.094	0.00062
0.025	1	0.083	0.028	0.0000158
0.305	12	1	0.333	0.000189
0.914	36	3	1	0.00057
1609.3	63360	5280	1760	1

●重さ

グラム	キログラム	オンス	ポンド
1	0.001	0.035	0.002
1000	1	35.274	2.205
28.3495	0.028	1	0.0625
453.59	0.453	16	1

●体積

cc	リットル	クオート	米ガロン
1	0.001	0.0011	0.00026
1000	1	1.056	0.264
946.36	0.946	1	0.25
3785.4	3.785	4	1

●速さ

キロ	マイル	ノット	キロ	マイル	ノット
10	6.2	5.4	60	37.3	32.4
20	12.4	10.8	70	43.5	37.8
30	18.6	16.2	80	49.7	43.2
40	24.9	21.6	90	55.9	48.6
50	31.1	27.0	100	62.1	54.0

さくっと タイ語講座

タイ語は「子音」と「母音」、「声調」によって構成されています。左から右に読み書きしますが、母音が子音の右や左、上や下に置かれるので、初心者の方は単語の判別に最初はとまどうかもしれません。まずは表を見て、タイ語の文字に慣れましょう。

Lesson 1 タイ語表

タイ語の子音は42文字あります。音節の最初にくる場合と、最後にくる場合では、発音の仕方が異なります。また、発音はほとんど日本語と同じですが、息をもらさないように発音する「無気音」と息をもらしながら発音する「有気音」はなかなか区別するのが難しいです。何度も聞いて慣れるようにしましょう。

タイ文字	発音[音節の最初／最後]	読み方
ก	[k-／-k]	カ・キ・ク・ケ・コ／ク
ข	[kh-／-k]	カ・キ・ク・ケ・コ／ク
ค	[kh-／-k]	カ・キ・ク・ケ・コ／ク
ฆ	[kh-／-k]	カ・キ・ク・ケ・コ／ク
ง	[ŋ-／-ŋ]	ガ・ギ・グ・ゲ・ゴ／ン
จ	[c-／-t]	チャ・チ・チュ・チェ・チョ／ト
ฉ	[ch-／-]	チャ・チ・チュ・チェ・チョ／-
ช	[ch-／-t]	チャ・チ・チュ・チェ・チョ／ト
ซ	[s-／-t]	サ・スィ・ス・セ・ソ／ト
ฌ	[ch-／-t]	チャ・チ・チュ・チェ・チョ／ト
ญ	[y-／-n]	ヤ・イ・ユ・イェ・ヨ／ン
ฎ	[d-／-t]	ダ・ディ・ドゥ・デ・ド／ト
ฏ	[t-／-t]	タ・ティ・トゥ・テ・ト／ト
ฐ	[th-／-t]	タ・ティ・トゥ・テ・ト／ト

タイ文字	発音[音節の最初／最後]	読み方
ฑ	[th-／-t]	タ・ティ・トゥ・テ・ト／ト
ฒ	[th-／-t]	タ・ティ・トゥ・テ・ト／ト
ณ	[n-／-n]	ナ・ニ・ヌ・ネ・ノ／ン
ด	[d-／-t]	ダ・ディ・ドゥ・デ・ド／ト
ต	[t-／-t]	タ・ティ・トゥ・テ・ト／ト
ถ	[th-／-t]	タ・ティ・トゥ・テ・ト／ト
ท	[th-／-t]	タ・ティ・トゥ・テ・ト／ト
ธ	[th-／-t]	タ・ティ・トゥ・テ・ト／ト
น	[n-／-n]	ナ・ニ・ヌ・ネ・ノ／ン
บ	[b-／-p]	バ・ビ・ブ・ベ・ボ／プ
ป	[p-／-p]	バ・ビ・ブ・ベ・ボ／プ
ผ	[ph-／-]	バ・ビ・ブ・ベ・ボ／-
ฝ	[f-／-]	ファ・フィ・フ・フェ・フォ／-

タイ文字	発音[音節の最初／最後]	読み方
พ	[ph-／-p]	バ・ビ・ブ・ベ・ボ／プ
ฟ	[f-／-p]	ファ・フィ・フ・フェ・フォ／プ
ภ	[ph-／-p]	バ・ビ・ブ・ベ・ボ／プ
ม	[m-／-m]	マ・ミ・ム・メ・モ／ム・ン
ย	[y-／-i]	ヤ・イ・ユ・イェ・ヨ／イ
ร	[r-／-n]	ラ・リ・ル・レ・ロ／ン
ล	[l-／-n]	ラ・リ・ル・レ・ロ／ン
ว	[w-／-u]	ワ・ウィ・ウ・ウェ・ウォ／ウ
ศ	[s-／-t]	サ・スィ・ス・セ・ソ／ト
ษ	[s-／-t]	サ・スィ・ス・セ・ソ／ト
ส	[s-／-t]	サ・スィ・ス・セ・ソ／ト
ห	[h-／-]	ハ・ヒ・フ・ヘ・ホ／-
ฬ	[l-／-n]	ラ・リ・ル・レ・ロ／ン
อ	[-／-ɔ]	-／オー
ฮ	[h-／-]	ハ・ヒ・フ・ヘ・ホ／-

タイ語の母音には、短母音、長母音、複合母音があります。

※表中の「-」または「อ」は、子音字の位置を表しています。

短母音	読み方
- ะ	ア
อิ	イ
อึ	ウ
อุ	ウ
เ - ะ	エ
แ - ะ	エ
โ - ะ	オ
เ - าะ	オ
เ - อะ	ア
เอียะ	イア
เอือะ	ウア
อัวะ	ウア
ไ -	アイ
ใ -	アイ
เ - า	アウ
-ำ	アム

長母音	読み方
- า	アー
อี	イー
อื	ウー
อู	ウー
เ -	エー
แ -	エー
โ -	オー
- อ	オー
เ - อ	アー
เอีย	イーア
เอือ	ウーア
อัว	ウーア

複合母音	読み方
- าย	アーイ
- อย	ウイ
เ - ย	オーイ
โ - ย	オーイ
- อย	オーイ
- วย	ウアイ
เอือย	ウーアイ
- าว	アーウ
- อิว	イウ
เ - ว	エーウ
แ - ว	エーウ
เอียว	イーアウ

声調記号によって発音される声調（P.156参照）に違いがあります。

ก่า	第一声調記号
กัน	第二声調記号
ก๊า	第三声調記号

ก๋า	第四声調記号
กณ์	黙音記号
ๆ	反復記号

155

タイ語は、その文字を見慣れていないせいで、難しいと感じている日本人が多くいます。しかし、格変化や動詞の活用などがなく、語順さえ覚えてしまえば意外に簡単です。

発声や聞き取りはなかなか身につかないものですが、相手に自分の意思を伝えようとする気持ちと、ちょっとした度胸で乗り切りましょう。

1. 声調について

タイ語には5種類の声調（音の高低や抑揚）があります。

平声・・・普通の声の高さで平らに発音します。

低声（ `）・・・平声より低く平らに発音します。

下声（ ^）・・・平声より高いところから下がりながら発音します。

高声（ ´）・・・下声のはじめの高さから上がって発音します。

上声（ ˇ）・・・低声の高さからゆっくり引き上げるように発音します。

※ローマ字やカタカナ表記が同じでも、声調が異なると違う意味になります。
  例）マー（犬）／マー（馬）

2. タイ文字

タイ文字は、母音字と子音字の組み合わせと声調記号などで構成されています。母音字は子音字の右、上、下、左に置かれたり、左右と上から子音字を囲むように置かれたりします。(P.154、155参照)

ม [m-] ＋ า [a] ＝ มา [maa]　マー（来る）

ร [r-] ＋ เ-ย [-ia-] ＋ น ＝ เรียน [rian]　リアン（学ぶ）

3. まずは便利な「疑問詞」です。

誰かに何かをたずねたいときに便利な疑問詞を覚えましょう。

何	อะไร アライ	こうやって使います	これは何ですか？ 例 อันนี้คืออะไร アンニークーアライ
だれ	ใคร クライ		あの人はだれですか？ 例 คนนั้นใคร コンナンクライ
なぜ	ทำไม タンマイ		なぜ閉まっているのですか？ 例 ทำไมปิดล่ะ タンマイピットラ
どこ	ที่ไหน ティーナイ		トイレはどこですか？ 例 ห้องน้ำอยู่ที่ไหน ホンナームユーティーナイ

どのように	ยังไง ヤンガイ	……>	例	そこまでどうやって行くのですか？
				จะไปที่นั่นได้ยังไง チャパイティーナンダイヤンガイ

いつ	เมื่อไหร่ ムアライ	……>	例	いつ開きますか？
				เปิดเมื่อไหร่ プートムアライ

4. 3つの基本の文を覚えましょう

肯定文、疑問文、否定文の基本の文をマスターすれば、基本的な会話をすることができます。

1. ～です

語順は英語と同じです。
「主語เขา（彼は）+be動詞เป็น（～です）+補語คนญี่ปุ่น（日本人）」

例 เขาเป็นคนญี่ปุ่น（彼は日本人です。）
カオペンコンジープン

ฉันจะไป（私は行きます。）
チャンチャパイ

2. ～ですか

หรือเปล่า［ルプラーオ］を文末に置きます。

例 คุณเป็นคนญี่ปุ่นหรือเปล่า
（あなたは日本人ですか？）
クンペンコンジープンルプラーオ

ไปเมืองไทยหรือเปล่า
（タイへ行きますか？）
パイムアンタイルプラーオ

3. ～では ありません

否定文はไม่ใช่［マイチャイ］ไม่［マイ］を否定したい単語の直前に置きます。

例 ไม่ใช่คนไทย（タイ人ではありません。）
マイチャイコンタイ

ไม่ไป（タイへ行きません。）
マイパイ

5. アレンジして話してみましょう

伝えたい内容のニュアンスを表現したり、意味を付け加えたりして、会話にアクセントをつけてみましょう。

ได้ไหม ダイマイ	～してもいいですか？	:	อยากได้ ヤークダイ	～が欲しいのですが。

例 นั่งตรงนี้ได้ไหม（ここに座ってもいいですか？）
ナントロンニーダイマイ

: 例 อยากได้อันนี้ค่ะ（これが欲しいのですが。）
ヤークダイアンニーカ

ワンポイント 丁寧な表現／男性形と女性形

日本語の「～です」「～ます」にあたる丁寧な表現は、タイ語では「ครับ（クラップ）」、「ค่ะ（カ）」で表します。「ครับ（クラップ）」は男性、「ค่ะ（カ）」は女性が使います。これらを単独で使った場合は、「はい」という肯定の意味になります。タイ語には、一人称にも男性形と女性形があり、男性は「ผม（ポム）」、女性は「ดิฉัน（ディシャン）」で表します。

単語集（和泰）

あ		
アーケード	ตู้เกมส์ ドゥーケーム	
アーモンド	อัลมอนด์ アンモン	
愛	ความรัก クアームラック	
合鍵	กุญแจสำรอง クンチェーサムローン	
あいさつ	การทักทาย カーンタックターイ	
アイスクリーム	ไอศกรีม アイサクリーム	
合図する	ให้สัญญาณ ハイサンヤーン	
(〜を) 愛する	รัก ラック	
相手	ฝ่ายตรงข้าม ファーイトロンカーム	
アイディア	ความคิด クアームキッド	
空いている	ว่าง ウーン	
あいにく	น่าเสียดาย ナーシアダーイ	
相部屋	แชร์รูม シェアルーム	
合間	ช่องว่าง チョンウーン	
アイロン	เตารีด タオリート	
アイロンをかける	รีด リート	

会う	พบเจอ ポップチュー
合う	เหมาะสม モソム
アウトレット	เอาท์เล็ท アウレット
青い	ฟ้า ファー
青信号	ไฟเขียว ファイキーアウ
赤い	สีแดง シーデーン
明かり	แสงสว่าง セーンサウーン
明るい	ร่าเริง ラールーン
赤ん坊	เด็กทารก デックターロック
空き	ว่าง ウーン
秋	ฤดูใบไม้ร่วง ルドゥーバイマイルアン
空き部屋	ห้องว่าง ホンウーン
握手	การเชคแฮนด์ カーンシェークハンド
握手する	เชคแฮนด์ シェークハンド
アクセサリー	เครื่องประดับ クルーアンプラダップ
アクセル	คันเร่ง カンレン
あくび	การหาว カーンハーオ

揚げた	เงยหน้า グーイナー
開ける	เปิด プード
あご	ขากรรไกร カーカンクライ
朝	เช้า チャオ
麻	เส้นป่าน センパーン
明後日	วันมะรืน ワンマルーン
足	เท้า ターウ
味	รสชาติ ロットチャート
足首	ข้อเท้า コーターウ
アシスタント	ผู้ช่วย プーチュアイ
明日	พรุ่งนี้ プルンニー
明日の午後	บ่ายวันพรุ่งนี้ バーイワンプルンニー
明日の晩 (夕方)	เย็นวันพรุ่งนี้ イェンワンプルンニー
足元灯	ไฟนำทาง ファイナムターン
味をつけた	ปรุงรส プルンロット
預かる	รับฝาก ラップファーク
預け入れ手荷物引換証	ใบฝากของ バイファークコーン

基本会話

グルメ

ショッピング

ビューティ

見どころ

エンタメ

ホテル

乗りもの

基本情報

単語集

預け入れ荷物	ของที่ฝากไว้ ゴーンティーファークウィ
アスピリン	ยาแก้ปวด ヤーケーブァート
汗	เหงื่อ グーア
遊ぶ	เล่น レン
暖かい	อุ่น ウン
アダプター	อแดปเตอร์ アダプター
頭	หัว ブゥア
頭金	เงินดาวน์ グンダーウ
新しい	ใหม่ マイ
あちら (向こう)側	ฝั่งโน้น(ฝั่งตรงข้าม) ファンノーン (ファントロンカーム)
熱い	ร้อน ローン
暑い	(อากาศ)ร้อน (アーカート)ローン
扱う	จัดการ チャットカーン
宛先	ที่อยู่ผู้รับ ティーユーブーラップ
穴	รู ルー
アナウンサー	ผู้ประกาศ ブーブラカート
アナウンス	ประกาศ ブラカート
アニメ	การ์ตูน カートゥーン
アパート	อพาร์ทเมนท์ アパートメント
アヒル	เป็ด ペット

アフターサービス	บริการหลังการขาย ボーリカーンランカーンカーイ
油	น้ำมัน ナンマン
油絵	ภาพวาดสีน้ำมัน パープウートシーナンマン
あぶり焼きにした	รมควัน ロムクアン
甘い	หวาน ウーン
あまり (それほど)	ไม่ค่อย(ขนาดนั้น) マイコイ(カナートチン)
あまり高くない	ไม่ค่อยแพง／ ไม่ค่อยสูง マイコイペーン／ マイコイスーン
網	ตาข่าย ダーカーイ
編物	เครื่องสาน クルーアンサーン
飴	ลูกอม ルークオム
雨	ฝน フォン
怪しい	น่าสงสัย ナーソンサイ
洗う	ซักล้าง サックラーン
嵐	ลม ロム
争う	แข่งขัน ケンカン
歩く	เดิน ドゥーン
アルコール	แอลกอฮอล์ アルコーホール
アルコール類	ประเภทแอลกอฮอล์ ブラペートアルコーホール

アルバイト	งานพิเศษ ガーンビセート
アルバム	อัลบั้ม アルバム
アレルギー	ภูมิแพ้ ブームペー
アレルギーの	แพ้... ペー
アロマオイル	น้ำมันหอมระเหย ナンマンホームラブーイ
安全	ปลอดภัย プロードパイ
安全な	～ที่ปลอดภัย ～ティーブロードパイ
安全ピン	ปลอก プローク
安全ベルト	เข็มขัดนิรภัย ケムカッドニラバイ
アンティーク	เก่าแก่ ガオゲー
案内	แนะนำ ネナム
案内所	สถานที่แนะนำ スターンティーネナム
案内人	ผู้แนะนำ ブーネナム

い

胃	กระเพาะอาหาร クラポアーハーン
言い訳	ข้ออ้าง コーアーン
言う	พูด ブート
家	บ้าน バーン
イカ	ปลาหมึก ブラームック
医学	แพทยศาสตร์ ペータヤサート

159

息	ลมหายใจ ロムハーイチャイ	委託する	มอบหมาย モープマーイ	一対	โดยรวม ドイルアム
~行き	ไป~ バイ~	痛み	ความเจ็บปวด クアームチェップーアット	いつでも	ไม่ว่าเมื่อไหร่ マイウーㇺマライ
行き先	ปลายทาง プライターン	痛む	เจ็บปวด チェップーアット	1杯	หนึ่งแก้ว ヌンケーオ
行き止まり	สิ้นสุดปลายทาง シンスットプラーイターン	位置	ตำแหน่ง タムネン	一般的な	โดยทั่วไป ドイトゥアパイ
生き物	สิ่งมีชีวิต シンミーチーウィット	一時預かり所	สถานที่รับฝากชั่วคราว サーターンティーラップファ ークチュアクラーウ	一品料理	อาหารจานเดียว アーハーンチャーンディ ーアウ
息を吸う	สูดลมหายใจ スートロムハーイチャイ	一時停止	หยุดชั่วคราว ユットチュアクラーウ	一方通行	เดินรถทางเดียว ドゥーンロットターンディ ーアウ
池	บ่อน้ำ ホーナム	1日	หนึ่งวัน ヌンワン	いつも	บ่อย ホーイ
胃けいれん	ปวดกระเพาะ プーアトクラポ	1日券	ตั๋วหนึ่งวัน トゥアヌンワン	糸	ด้าย ダーイ
意見	ความคิดเห็น クアームキットヘン	1日の	~หนึ่งวัน ~ヌンワン	いとこ	ญาติ ヤート
居酒屋	ร้านเหล้า ラーンラオ	市場	ตลาด タラート	田舎	ต่างจังหวัด ターンチャンウット
意識が無い	ไม่มีสติ マイミーサティ	1枚	หนึ่งใบ／หนึ่งแผ่น ヌンバイ／ヌンペン	犬	หมา マー
遺失物取扱所	สถานที่เก็บทรัพย์สินสูญหาย スターンティーケップサッ プシンスーンハーイ	いつ	เมื่อไหร่ ムアライ	命	ชีวิต チーウィット
医者	หมอ モー	胃痛	ปวดกระเพาะ プーアドクラポ	今	ตอนนี้ トーンニー
衣装	เสื้อผ้า スーアパー	1階	หนึ่งชั้น／ชั้นหนึ่ง ヌンチャン／チャンヌン	イヤホン	หูฟัง フーファン
異常な	~ที่ผิดปกติ ~ティーピットポカティ	(劇場の) 1階席	ที่นั่งแถวที่หนึ่ง ティーナンテーウティーヌ ン	イヤリング	ต่างหู ターンフー
いす	เก้าอี้ カオイー	1個	หนึ่งชิ้น ヌンチン	入口	ทางเข้า ターンカオ
遺跡	ซากปรักหักพัง サークプラックハックパン	一式	หนึ่งชุด ヌンチュット	衣料品	เสื้อผ้า スーアパー
忙しい	ยุ่ง ユン	一緒に	ด้วยกัน ドゥアイカン	衣料品店	ร้านขายเสื้อผ้า ラーンカーイスアパー
急ぐ	รีบ リープ	炒った	อบ オップ	色	สี シー
板	กระดาน クラダーン				

岩	โขดหิน コートヒン	受付	ประชาสัมพันธ์ プラチャーサンパン	海	ทะเล タレー
インク	หมึก ムック	受取人	ผู้รับ プーラップ	海側の	～ฝั่งทะเล ～ファンタレー
印刷物	สิ่งพิมพ์ シンピム	受け取る	ได้รับ ダイラップ	売り切れ	สินค้าหมด シンカーモット
飲酒	ดื่มเหล้า ドゥームラオ	ウサギ	กระต่าย クラターイ	うるさい	หนวกหู ヌアクフー
印象	ความประทับใจ ワームプラタップチャイ	失う	สูญเสีย スーンシア	うれしい	ดีใจ ディーチャイ
飲食代	ค่าอาหารและเครื่องดื่ม カーアーハーンレクルーアンドゥーム	後ろ	ข้างหลัง カーンラン	上着	เสื้อคลุม スアクルム
インスタント食品	อาหารสำเร็จรูป アーハーンサムレットループ	薄い	บาง／จืด／อ่อน バーン／チュート／オーン	運河	แม่น้ำ メーナム
インターネット	อินเตอร์เน็ต インターネット	薄い色	สีอ่อน シーオーン	運賃	ค่าเดินทาง カードゥーンターン
インフルエンザ	ไข้หวัด カイウット	薄切りにした	หั่นบางๆ ハンバーンバーン	運転手	คนขับรถ コンカップロット
		右折	เลี้ยวขวา リーアウクアー	運転免許証	ใบอนุญาตขับขี่ バイアヌヤートカップキー
う		うそ	การโกหก／การหลอกลวง カーンコーホック／カーンローククルーアン	運動	ออกกำลังกาย オークカムランカーイ
ウイスキー	วิสกี้ ウイスキー	歌	เพลง プレーン	運動靴	รองเท้ากีฬา ローンターウキーラー
ウインカー	ไฟสัญญาณ ファイサンヤーン	歌う	ร้องเพลง ローンプレーン	**え**	
ウール	ผ้าขนสัตว์ パーコンサット	宇宙	อวกาศ アワカート	絵	ภาพ パープ
上	บน ボン	宇宙ステーション	สถานีอวกาศ サターニーアワカート	エアコン	แอร์ エア
ウエスト	เอว エウ	宇宙飛行士	นักบินอวกาศ ナクビンアワカート	エアコン付き	มีแอร์ ミーエア
上の	～ข้างบน ～カーンボン	美しい	สวยงาม スワイガーム	エアメール	จดหมายทางอากาศ チョットマーイターンアーカート
上の階	ชั้นข้างบน チャンカーンボン	腕時計	นาฬิกาข้อมือ ナリカーコームー	映画	ภาพยนตร์ パープヨン
ウォッカ	วอดก้า ウォッドカー	馬	ม้า マー	映画館	โรงภาพยนตร์ ローンパープヨン
受け入れる	รับมา ラップマー			営業時間	เวลาทำการ ウェーラータムカーン

営業中	ระหว่างทำการ ラウァンタムカーン	
英語	ภาษาอังกฤษ パーサーアングリット	
衛星	ดาวเทียม ダーウティアム	
映像	ฉายภาพ チャーイバープ	
衛兵	ผู้เฝ้ายาม プーファウヤーム	
栄養	โภชนาการ ポーチャナーカーン	
描く	วาด ウート	
駅	สถานี サターニー	
駅員	นายสถานี ナーイサターニー	
エキストラ ベッド	เตียงเสริม ティアンスーム	
駅で	ที่สถานี ティーサターニー	
エコノミー クラス	ชั้นประหยัด チャンプラヤット	
エコノミー クラスの席	ที่นั่งชั้นประหยัด ティーナンチャンプラヤット	
エスカレー ター	บันไดเลื่อน バンダイルアン	
エステ	ผู้ให้บริการด้านความงาม プーハイボリカーンダーンクアームガーム	
絵はがき	โปสการ์ด ポーストカート	
エビ	กุ้ง クン	
絵本	หนังสือภาพ ナンスーパープ	
選ぶ	เลือก ルーアク	

えり	คอเสื้อ コースアー	
エレベーター	ลิฟท์ リフト	
炎症	ติดไฟ ティッドファイ	
エンジン	พลังงาน パランガーン	
演奏会	คอนเสิร์ต コンサート	
延長	ยืดเยื้อ ユートユーア	
エンドース メント／乗 機変更承 認	การอนุมัติ／ให้ เปลี่ยนเครื่อง カーンアヌマット／ハイプ リアンクルーアン	
煙突	ปล่องควัน プロンクワン	
鉛筆	ดินสอ ディンソー	

お

甥	หลานชาย ラーンチャーイ	
おいしい	อร่อย アロイ	
置いていく	วางไว้ ワーンウイ	
オイル	น้ำมัน ナンマン	
応急処置	หน่วยปฐมพยาบาล ヌアイパトムパヤバーン	
横断歩道	ทางม้าลาย ターンマーライ	
嘔吐	อาเจียน アーチアン	
嘔吐袋	ถุงอาเจียร トゥンアーチアン	
往復	ไป-กลับ パイ-クラップ	

往復切符	ตั๋วไป-กลับ トゥアパイ-グラフ	
大型車	รถโดยสารขนาดใหญ่ ロッドイサーンカナードヤイ	
大きい	ใหญ่ ヤイ	
大きさ	ความใหญ่ クアームヤイ	
オーケストラ	ออเคสตร้า オーケストラー	
大道具	เครื่องมือขนาดใหญ่ クルーアンムーカナードヤイ	
大通り	ถนนใหญ่ タノンヤイ	
オート マティック車	รถอัตโนมัติ ロットアッタノーマット	
オートロック	ล็อคอัตโนมัติ ロックアッタノーマット	
丘	เนิน ヌーン	
お金	เงิน グン	
お粥	ข้าวต้ม カーウトム	
置き時計	นาฬิกาตั้งโต๊ะ ナリカータント	
起きる	ตื่น ドゥーン	
奥	มุม／ซอก ムム／ソーク	
屋上	ดาดฟ้า ダートファー	
送り迎え	การไปรับไปส่ง カーンパイラップパイソン	
贈り物	ของขวัญ ゴーンクワン	
送る	ส่ง ソン	

遅れる	สาย サーイ
怒った	โกรธ グロート
おじいさん	คุณตา クンター
おじさん	คุณลุง クンルン
押す	กด コット
お宅	บ้าน バーン
夫	สามี サーミー
おつり	เงินทอน グントーン
音	เสียง シーアン
男	ผู้ชาย プーチャーイ
男の子	เด็กผู้ชาย デックプーチャーイ
落とす	ทำหล่น タムロン
おととい	เมื่อวานซืน ムアワーンスーン
大人	ผู้ใหญ่ プーヤイ
踊り	เต้นรำ テンラム
驚く	ตกใจ トックチャイ
同じ	เหมือนกัน ムーアンカン
おばあさん	คุณยาย クンヤーイ
おばさん	คุณป้า クンパー
覚えている	จำได้ チャムダイ

覚える	จำ チャム
おみやげ	ของฝาก コーンファーク
おみやげ店	ร้านขายของฝาก ラーンカーイコーンファーク
重い	หนัก ナック
思い出	ความทรงจำ クアームソンチャム
重さ	ความหนัก クアームナック
おもちゃ	ของเล่น コーンレン
親	พ่อแม่ ポーメー
親指	นิ้วหัวแม่มือ ニュウフゥアメームー
お湯	น้ำร้อน ナムローン
泳ぐ	ว่ายน้ำ ワーイナム
折り返し	หันกลับ ハンクラップ
降りる	ลง ロン
オリンピック	โอลิมปิก オーリンピック
オルガン	ออร์แกน オーガン
オルゴール	กล่องดนตรี クロンドンテリー
オレンジ	ส้ม ソム
終わる	จบ チョップ
音楽	ดนตรี ドンテリー
音楽祭	เทศกาลดนตรี テーサカーンドントリー

温泉	น้ำพุร้อน ナムプローン
温度	อุณหภูมิ ウンハブーム
温度計	ปรอทวัดอุณหภูมิ プロートウットウンハブーム
女	ผู้หญิง プーイン
女の子	เด็กผู้หญิง デックプーイン

か

蚊	ยุง ユン
ガーゼ	ผ้าพันแผล パーバンプレー
カーテン	ผ้าม่าน パーマーン
カート	รถเข็น ロットケン
カーペット	พรม プロム
貝	หอย ホーイ
会員証	บัตรสมาชิก バットサマーチック
絵画	รูปภาพ ループパープ
外貨	เงินตราต่างประเทศ グンタラターンプラテート
海外旅行	ท่องเที่ยวต่างประเทศ トーンティーアウターンプラテート
海岸	ชายหาด チャイハート
開館時間	เวลาเปิดอาคาร ウェーラープートアーカーン
会議	การประชุม カーンプラチュム

海峡	ช่องแคบ ช่องแคบ	カエル	กบ ก๊บ	学生証	บัตรนักเรียน บั๊ดนั๊กเรียน
会計	การทำบัญชี คานทัมบัญชี	帰る	กลับ กลั๊บ	拡大する	ขยาย คยาย
外国人	ชาวต่างชาติ ชาวต๊างชาท	変える	เปลี่ยน เปลี๊ยน	カクテル	เครื่องดื่มค็อกเทล ครื๊องดื๊มคอกเทล
改札口	เครื่องตอกบัตร/ทางเข้า ครื๊องตอกบั๊ด/ ทางคาว	顔	ใบหน้า ไบน๊า		
会社員	พนักงานบริษัท พนั๊กงานบอริสั๊ด	顔のお手入れ	การดูแลผิวหน้า คานดูแลพิ๊วน๊า	家具店	ร้านเครื่องเรือน ร๊านครื๊องเรือน
				確認	การตรวจสอบ คานตรู๊ดอั๊ดสอบ
海水浴	เล่นน้ำทะเล เล๊นน๊ำทะเล	香り	กลิ่นหอม กลิ๊นหอม	確認する	ตรวจสอบ ตรู๊ดอั๊ดสอบ
回数券	ชุดบัตรโดยสาร ชุ๊ดบั๊ดโดยสาน	画家	จิตรกร/นักวาด จิตตราคอน/นั๊กวา ด	過激な	ผาดโผน/เอ็กซ์ตรีม บาดโผน/เอ็กซ์ตรี ม
階段	บันได บันได	価格	ราคา ราคา	掛け金	กลอน คลอน
懐中電灯	ไฟฉาย ไฟฉาย	化学	เคมี เคมี	賭ける	ใช้/จ่าย(เงิน) ไช้/จ๊าย (งึน)
快適な	สะดวกสบาย สะดวกสบาย	科学	วิทยาศาสตร์ วิ๊ดทะยาสาด	かご	กล่อง คลอง
開店時間	เวลาทำการ เวลาทัมคาน	鏡	กระจกเงา กระจ๊อกเงา	傘	ร่ม ร๊ม
ガイド付き ツアー	ทัวร์ที่มีไกด์ ทัวที๊มีไกด์	係員	เจ้าหน้าที่ เจ๊าน๊าที๊	火山	ภูเขาไฟ พูคาวไฟ
ガイドブック	คู่มือนำเที่ยว คู๊มือนัมที๊ยว	かかる	ใช้/แขวน/เกี่ยวข้อง ไช้/ควูเอ็นของ/กี ๊ยวคอง	菓子	ขนม คนม
ガイド料	ค่านำเที่ยว ค๊านัมที๊ยว	鍵	กุญแจ กุนแจ	火事	ไฟไหม้ ไฟไม๊
買い物	ซื้อของ ซื๊อของ	書留	การจดบันทึก คานจ๊อดบันทึก	カジノ	คาสิโน คาสิโน
街路	ถนน ถนน	書きとめる	จด จ๊อด	カシミア	ผ้าแคชเมียร์ บ๊าแคชมิร
会話	การสนทนา/การพูดคุย คานสนทนา/คาน พู๊ดคุย	書く	เขียน คียน	歌手	นักร้อง นั๊กร๊อง
買う	ซื้อ ซื๊อ	家具	เครื่องเรือน ครื๊องเรือน	カジュアルな	ไม่เป็นทางการ ไม๊เบนทางคาน
カウンター	เคาน์เตอร์ คาวเตอ	学生	นักเรียน นั๊กเรียน	数	จำนวน จัมนวน

ガス	ก๊าซ カース	学校	โรงเรียน ローンリアン	紙タオル	กระดาษเช็ดมือ クラダートチェットムー
ガス欠	ก๊าซรั่ว カースルーア	家庭	ครอบครัว クロープクルア	雷	ฟ้าร้อง／ฟ้าผ่า ファーローン／ファーパー
風	ลม ロム	角	มุม ムム	紙袋	ถุงกระดาษ トゥングクラダート
風邪	หวัด ウット	悲しい	เสียใจ シアチャイ	亀	เต่า タウ
課税	ภาษี パーシー	金物店	ร้านขายเหล็ก ラーンカーイレック	仮面	หน้ากาก ナーカーク
風邪薬	ยาแก้หวัด ヤーケーウット	金(かね)	เงิน グン	ガム	หมากฝรั่ง マークファラン
河川	แม่น้ำ メーナム	可能性	ความสามารถ クアームサーマート	カメラ	กล้อง クロン
画像	หน้าจอ ナーチョー	カバー チャージ	ค่าเข้า カーカウ	カメラ店	ร้านขายกล้อง ラーンカーイクロン
家族	ครอบครัว クロープクルア	かばん	กระเป๋า クラパウ	かゆい	คัน カン
ガソリン	น้ำมันเครื่อง ナンマンクルーアン	花瓶	แจกันดอกไม้ チェーカンドークマーイ	カラー フィルム	ฟิล์มสี フィムシー
ガソリン スタンド	ปั๊มน้ำมัน パムナンマン	カフェ	ร้านกาแฟ ラーンカーフェー	辛い	เผ็ด ペット
固い	แน่น ネン	壁	ฝาผนัง ファーパナン	カラオケ	คาราโอเกะ カラオケ
形	รูปร่าง ループラーン	壁紙	วอลเปเปอร์ ウォールペーパー	ガラス	แก้ว ケーウ
片道	เที่ยวเดียว ティーアウディーアウ	カボチャ	ฟักทอง ファクトーン	体	ร่างกาย ラーンカーイ
片道切符	ตั๋วเที่ยวเดียว トゥアティーアウディーアウ	紙	กระดาษ クラダート	空の	ว่างเปล่า ウーンプラーウ
カタログ	แคตตาล็อค ケーターロック	神	พระเจ้า プラチャウ	借りる	ยืม ユーム
花壇	แปลงดอกไม้ プレーンドークマーイ	髪	ผม ポム	軽い	เบา バオ
楽器	เครื่องดนตรี クルーアンドントリー	紙おむつ	ผ้าอ้อมเด็ก パーオームデック	カレー	แกงกะหรี่ ケーンカリー
楽器店	ร้านขายเครื่องดนตรี ラーンカーイクルーアンドントリー	紙コップ	แก้วกระดาษ ケーウクラダート	カレンダー	ปฏิทิน パティティン
		かみそり	จัดทรงผม チャッドソンポム	過労	ทำงานมากเกินไป タムガーンマーククーンパイ

165

画廊	เฉลียง チャリアン
革	หนังสัตว์ ナンサット
川	แม่น้ำ メーナーム
かわいい	น่ารัก ナーラック
乾く	แห้ง ヘーン
為替レート	อัตราแลกเปลี่ยน アッタラーレークプリーン
革の ジャケット	เสื้อหนัง スーアナン
缶	กระป๋อง クラポン
眼科医	จักษุแพทย์ チャクスペート
環境	สิ่งแวดล้อม シンウェートローム
環境破壊	การทำลายสิ่งแวดล้อม カーンタムラーイシンウェートローム
缶切り	เปิดกระป๋อง プートクラポン
玩具店	ร้านขายของเล่น ラーンカーイコーンレン
観光	การท่องเที่ยว カーントーンティーアウ
観光案内所	สถานที่แนะนำการท่องเที่ยว スターンティーネナムカーントーンティーアウ
観光クルーズ	ท่องเที่ยวล่องเรือ トンティーアウロンルア
観光地	สถานที่ท่องเที่ยว サターンティートンティーアウ
観光ツアー	ทัวร์ トゥア
観光バス	รถบัสท่องเที่ยว ロットバストーンティーアウ

観光パンフレット	แผ่นพับท่องเที่ยว ペンパップトーンティーアウ
看護師	พยาบาล パヤバーン
患者	คนไข้ コンカイ
感謝する	ขอบคุณ コープクン
勘定	บัญชี バンシー
勘定書	สมุดบัญชี サムットバンチー
歓声	เสียงเชียร์ シアンチア
関税	ศุลกากร スンラカーコーン
乾燥肌	ผิวแห้ง ピウヘーン
簡単な	ง่าย ガーイ
缶詰食品	อาหารกระป๋อง アーハーンクラポン
乾電池	แบตเตอรี่ バッテリー
館内図	แผนที่ในอาคาร ペーンティーナイアーカーン
館内電話	โทรศัพท์ภายใน トーラサップバーイナイ
乾杯	ชนแก้ว チョンケーウ
看板	ป้ายกระดาน パーイクラダーン
漢方薬	ยาสมุนไพร ヤーサムンプライ
カンボジア	กัมพูชา／เขมร カンプーチャー／クメーン
管理	ควบคุม クウップクム

管理人	ผู้ควบคุม プークウップクム

き

キーホルダー	พวงกุญแจ プアンクンチェー
黄色	สีเหลือง シールーアン
気温	อุณหภูมิ ウンハプーム
機械	เครื่องจักร クルーアンチャック
着替える	เปลี่ยนแปลง プリーアンプレーン
期間	ช่วงเวลา チュアンウェーラー
気管支炎	หลอดลมอักเสบ ロートロムアクセープ
貴金属	โลหะมีค่า ローハミーカー
聞く	ฟัง／ถาม ファン／ターム
喜劇	ละครตลก ラコーンタロック
危険	อันตราย アンタラーイ
気候	อากาศ アーカート
記事	ข่าว カーウ
技師	เทคนิเชี่ยน テークニチーアン
技術	เทคโนโลยี テークノロイー
傷	รอยขีดข่วน ロイキートクアン
季節	ฤดู ルドゥー
規則	ข้อบังคับ コーバンカップ

北	เหนือ ヌーア		記念碑	อนุสาวรีย์ アヌサーワリー		救命胴衣	เสื้อชูชีพ スーアチューチーブ
ギター	กีตาร์ ギーター		記念日	วันครบรอบ ワンクロップローブ		給料	เงินเดือน グンドゥーアン
汚い	สกปรก ソカプロック		昨日	เมื่อวาน ムアワーン		今日	วันนี้ ワンニー
機長	นักบิน ナックビン		寄付	บริจาค ボーリチャーク		教育	การศึกษา カーンスックサー
貴重品	สิ่งของมีค่า シンコーンミーカー		決める	ตัดสิน タットシン		教会	โบสถ์ ボート
きつい	แน่น／คับ ネン／カップ		気持ちが 悪い	รู้สึกไม่ดี ルースックマイディー		教科書	หนังสือเรียน ナンスーリーアン
喫煙	สูบบุหรี่ スーブリー		客	ลูกค้า ルークカー		競技場	สนามกีฬา サナームキーラー
喫煙所	ที่สูบบุหรี่ ティースーブリー		客席	ที่นั่งผู้ชม ティーナンプーチョム		教師	อาจารย์ アーチャーン
喫煙席	ที่นั่งปลอดบุหรี่ ティナンプロートブリー		客船	เรือล่อง ルーアーローン		教室	ห้องเรียน ホンリアーン
喫茶店	ค็อฟฟี่ช็อป コッフィーショップ		キャバレー	คาบาเร่ต์ キャバレー		兄弟	พี่น้อง ピーノーン
キッチン	ครัว クルーア		キャンセル	ยกเลิก ヨックルーク		共同シャワー	ห้องอาบน้ำรวม ホンアープナムルアム
切手	แสตมป์ スタンプ		キャンセル 待ち	รอยกเลิก ローヨックルーク		共同トイレ	ห้องน้ำรวม ホンナムルアム
切手代	ค่าแสตมป์ カースタンプ		休暇	วันหยุด ワンユット		共同浴場	ห้องอาบน้ำสาธารณะ ホンアープナムサーターラナ
切符	ตั๋ว トゥア		救急車	รถพยาบาล ロットプヤーバーン		郷土料理	อาหารท้องถิ่น アーハーントーンティン
切符売場	ที่ขายตั๋ว ティーカーイトゥア		休憩室	ห้องรับรอง ホンラップローン		今日の午後	บ่ายวันนี้ バーイワンニー
切符自動 販売機	เครื่องขายตั๋วอัตโนมัติ クルーアンカーイトゥアアッタノーマット		急行料金	ค่าใช้จ่ายฉุกเฉิน カーチャイチャーイチュクチューン		今日の午前	เช้าวันนี้ チャウワンニー
機内食	อาหารในเที่ยวบิน アーハーンナイティーアウビン		旧跡	โบราณสถาน ボーラーナサターン		興味深い	น่าสนใจ ナーソンチャイ
機内持ち込み 手荷物	สัมภาระที่ถือขึ้นเครื่อง サンパーラティートゥークルーアン		宮殿	พระราชวัง プララーチャワン		許可	อนุญาต アヌヤート
			牛肉	เนื้อวัว ヌアウア		居住者	ผู้อยู่อาศัย プーユーアーサイ
記念切手	แสตมป์ที่ระลึก スタンプティーラルック		牛乳	นม ノム		去年	ปีที่แล้ว ピーティーレーウ

距離	ระยะทาง ラヤターン
嫌い	เกลียด クリーアット
霧	หมอก モーク
キリキリ痛む	ปวดจี๊ด プーアットチート
着る	สวมใส่ スアムサイ
きれい	สวย スーアイ
記録	บันทึก バントゥック
金(の)	ทอง トーン
銀(の)	เงิน グン
禁煙	ปลอดบุหรี่ プロートブリー
禁煙車	รถปลอดบุหรี่ ロットプロートブリー
禁煙席	ที่นั่งปลอดบุหรี่ ティーナンプロートブリー
金額	ราคารวม ラーカールアム
緊急	เร่งด่วน レンドゥアン
金庫	ตู้นิรภัย トゥーニラパイ
銀行	ธนาคาร タナーカーン
銀行員	พนักงานธนาคาร パナックガーンタナーカーン
禁止	ห้าม ハーム
筋肉	กล้ามเนื้อ クラームヌーア
勤務外	นอกเหนือจากงาน ノークヌアチャークガーン

く

空気	บรรยากาศ バンヤーカート
空港	สนามบิน サナームビン
空港税	ภาษีสนามบิน パーシーサナームビン
空室	ห้องว่าง ホンウーン
空席	ที่นั่งว่าง ティーナンウーン
偶然に	โดยบังเอิญ ドーイバンウーン
空腹である	หิว ヒウ
空腹な	ท้องว่าง トーンウーン
クーポン	คูปอง クーポン
区間	ช่วง／ระยะ チュアン／ラヤ
釘	เล็บ レップ
臭い	เหม็น メン
鎖	โซ่ตรวน ソートゥルアン
腐る	เน่า ナウ
くし	หวี ウィー
孔雀	นกยูง ノックユーン
くしゃみ	จาม チャーム
苦情	ร้องเรียน ローンリアン
クジラ	ปลาวาฬ プラーワーン

くずかご	ตะกร้าขยะ タクラーカヤ
薬	ยา ヤー
果物	ผลไม้ ポンラマイ
口当たり	ลิ้มรส リムロット
口当たりの良い	รสอร่อย ロットアロイ
口紅	ลิปสติก リップスティック
靴	รองเท้า ロンターウ
靴下	ถุงเท้า トゥンターウ
靴店	ร้านขายรองเท้า ラーンカーイローンターウ
靴ひも	เชือกผูกรองเท้า チューアックプークローンターウ
国	ประเทศ プラテート
首	คอ コー
区分	จัดหมวดหมู่ チャットムアトムー
雲	เมฆ メーク
曇り	มีดครึ้ม ムードクルム
悔しい	เสียใจ シアチャイ
暗い	มืด ムート
クラシック音楽	เพลงคลาสสิก プレーンクラシック
クラス	ชั้นเรียน チャンリアン

168

基本会話
グルメ
ショッピング
ビューティ
見どころ
エンタメ
ホテル
乗りもの
基本情報
単語集

グラス	กระจก クラチョック
クラブ	ชมรม チョムロム
グラム	กรัม グラム
クリーニング	ทำความสะอาด タムクアームサアート
クリーニング代	ค่าทำความสะอาด カータムクアームサアート
クリーム	ครีม クリーム
クリスマス	คริสต์มาส クリスマス
クリックする	คลิก クリック
クルーズ	ล่องเรือ ローンルアー
車	รถ ロット
車椅子	เก้าอี้รถเข็น カオイーロットケン
車椅子用トイレ	ห้องน้ำสำหรับรถเข็น ホンナムサムラップロットケン
クレジットカード	บัตรเครดิต バッドクレーディット
クレンジング	คลีนซิ่ง クリーンシン
黒い	ดำ ダム
クローク	เสื้อคลุม スーアクルム
クローゼット	ตู้เสื้อผ้า トゥースーアパー
燻製にした	รมควัน ロムクアン

け
計画	แผนการ ペーンカーン
経済	เศรษฐกิจ セータキット
警察	ตำรวจ タムルアト
警察署	สถานีตำรวจ サターニータムルアト
計算する	คำนวณ カムヌアン
掲示板	กระดานข่าว クラダーンカーウ
芸術家	ศิลปิน シンラピン
軽食	ขนมขบเคี้ยว カノムコップキーアウ
携帯電話	โทรศัพท์มือถือ トーラサップムートゥー
芸能人	ศิลปิน シンラピン
警備員	พนักงานรักษาความปลอดภัย パナックガーンラックサークアームプロートパイ
警報	สัญญาณเตือน サンヤーントゥーアン
契約	สัญญา サンヤー
契約書	หนังสือสัญญา ナンスーサンヤー
ケーキ	เค้ก ケーキ
ケーブルカー	เคเบิ้ลคาร์ ケーブルカー
毛織物	เครื่องหนัง クルーアンナン
けが	บาดเจ็บ バードチェップ
外科医	ศัลยแพทย์ サンラヤペート

毛皮	ขน コン
ケガをした	ได้รับบาดเจ็บ ダイラップバードチェップ
劇場	โรงละคร ロンラコーン
下剤	ยาระบาย ヤーラバーイ
消印	ตราประทับไปรษณีย์ トラープラタップライサニー
景色	ทิวทัศน์ ティウタット
消しゴム	ยางลบ ヤーンロップ
化粧水	โลชั่น ローション
化粧品	เครื่องสำอาง クルーアンサムアーン
化粧品会社	บริษัทเครื่องสำอาง ボーリサットクルーアンサムアーン
ケチャップ	ซอสมะเขือเทศ ソースマクアテート
血圧	ความดันโลหิต クアームダンローヒット
血液	เลือด ルーアト
血液型	หมู่เลือด ムールーアト
結婚	แต่งงาน テンガーン
月食	ราหู／จันทรคราส ラーフー／チャンタラクラート
解熱剤	ยาลดไข้ ヤーロットカイ
煙	ควัน クワン
下痢	ท้องเสีย／ท้องร่วง トーンシア／トーンルアン

下痢止め	ยาแก้ท้องเสีย ヤーゲートンシア	強引な	ก้าวร้าว カーウラーウ	航空会社	บริษัทสายการบิน ボーリサットサーイカーンビン
検疫	กักกันโรค カックカンローク	幸運な	โชคดี チョークディー	航空券	ตั๋วเครื่องบิน トゥアクルーアンビン
原価	ต้นทุน トンテウン	公園	สวนสาธารณะ スアンサーターラナ	航空便	เที่ยวบิน ティーアウビン
見学	ทัศนศึกษา タッサナスックサー	公演	การแสดง カーンサデーン	合計	ผลรวม ポンルアム
現金	เงินสด グンソット	公演中の	ขณะแสดง カナサデーン	高血圧	ความดันโลหิตสูง クアームダンローヒットスーン
言語	ภาษา パーサー	効果	ประสิทธิภาพ プラシッティパープ	高原	ที่ราบสูง ティーラープスーン
健康	สุขภาพ スッカパープ	硬貨 （コイン）	เงินเหรียญ グンリアン	高校生	นักเรียนมัธยมปลาย ナックリアンマッタヨムブラーイ
健康な	แข็งแรง ケンレーン	後悔	เสียใจภายหลัง シアチャイパーイラン	広告	โฆษณา コースナー
検査	สำรวจ／ตรวจสอบ サムルアト／トゥルーアトソープ	航海	การเดินเรือ カーンドゥーンルアー	口座	บัญชีธนาคาร バンチータナーカーン
研修	ฝึกงาน フックガーン	郊外	ชานเมือง チャーンムアン	考察	การพิจารณา カーンピチャーラナー
現像	พัฒนา パッタナー	公害	มลพิษ モンラピット	交差点	แยก イェーク
建築	สถาปัตยกรรม サターパタヤカム	硬貨投入口	ช่องใส่เหรียญสล็อต チョンサイリアンスロット	口座番号	เลขบัญชีธนาคาร レークバンチータナーカーン
建築家	สถาปนิก サターパニック	硬貨返却 レバー	คันโยกรับเหรียญ カンヨークラップリアン	講師 （大学の）	อาจารย์ผู้สอน アーチャーンプーソーン
現地時間	เวลาท้องถิ่น ウェーラートーンティン	交換	การแลกเปลี่ยน カーンレークプリーアン	工事	ก่อสร้าง ゴーサーン
見物	เที่ยวชม ティーアウチョム	交換手	แผงสวิตช์ ペーンスウィッチ	公衆電話	โทรศัพท์สาธารณะ トーラサップサーターラナ
	こ	講義	การประชุม カーンプラチュム	公衆トイレ	ห้องน้ำสาธารณะ ホンナムサーターラナ
濃い	เข้ม／จัด ケム／チャット	高級な	ระดับสูง ラダップスーン	工場	โรงงาน ローンガーン
コイン ロッカー	ตู้ล็อกเกอร์หยอดเหรียญ トゥーロックカーヨートリアン	公共の	สาธารณะ サーターラナ	交渉する	ต่อรอง トーローン
更衣室	ห้องแต่งตัว ホンテントゥア	公共料金	ค่าใช้จ่ายสาธารณูปโภค カーチャイチャーイサーターラヌパポーク	香辛料の よく効いた	ได้กลิ่นเครื่องเทศ ダイクリンクルーアンテート

香水	น้ำหอม ナムホーム
降雪	หิมะตก ヒマトック
香草	เครื่องเทศ クルーアンテート
高層ビル	ตึกสูง トゥックスーン
高速道路	ทางด่วน ターンドゥアン
紅茶	น้ำชา ナムチャー
交通事故	อุบัติเหตุทางจราจร ウバッティヘートターンチ ャラチョーン
交通渋滞	การจราจรติดขัด カーンチャラーチョーン ティットカット
強盗	โจรกรรม／ขโมย チョーラカム／カモイ
購入	ซื้อ スー
公認両替商	ร้านแลกเปลี่ยนเงิน ラーンレークプリーアン グン
交番	ป้อมตำรวจ ポムタムルアト
興奮する	ตื่นเต้น トゥーンテン
合流	บรรจบกัน バンチョップカン
声	เสียง シーアン
コース	คอร์ส コース
コート(服)	เสื้อโค้ท スーアコート
コーヒー	กาแฟ カーフェー
コーヒー ショップ	ร้านกาแฟ ラーンカーフェー

コーラ	โคล่า コーラー
凍らせた	แช่แข็ง シェーケン
氷	น้ำแข็ง ナムケン
凍る	แข็งแรง ケンレーン
コールボタン	ปุ่มเรียก プムリーアク
小型車	รถขนาดเล็ก ロットカナートレック
小切手	เช็คเงินสด チェックグンソット
故郷	บ้านเกิด バーングート
国際の	ระหว่างประเทศ ラウーンプラテート
国際運転 免許証	ใบอนุญาตขับรถระหว่างประเทศ バイアヌヤートカップロッ トラウーンプラテート
国際線	เส้นทางระหว่างประเทศ センターンラウーンプラ テート
国際電話	โทรศัพท์ระหว่างประเทศ トーラサップラウーンプラ テート
国産ビール	เบียร์ผลิตในประเทศ ピアパリットナイプラテー ト
国籍	สัญชาติ サンチャート
国内線	เส้นทางภายในประเทศ センターンパイナイプラ テート
国内の	ในประเทศ ナイプラテート
国立公園	อุทยานแห่งชาติ ウッタヤーンヘンチャート
国立の	แห่งชาติ ヘンチャート

ここ	ที่นี่ ティーニー
午後	บ่าย バーイ
心地よい	สะดวกสบาย サドゥアクサバーイ
ココナツ	มะพร้าว マプラーウ
ココナツミ ルク	กะทิ カティ
午後の便	เที่ยวบ่าย ティーアウバーイ
腰	สะโพก サポーク
個室	ห้องเดี่ยว ホンディーアウ
コショウ	พริกไทย プリックタイ
故障	เสีย／ชำรุด シーア／チャムルット
故障する	ทำพัง タンパン
個人用	ใช้ส่วนตัว チャイスアンテゥア
個性	บุคลิกลักษณะ ブッカリクラクサナ
小銭	เหรียญ リアン
小銭入れ	กระเป๋าใส่เหรียญ クラパウサイリアン
午前	เช้า チャウ
午前の便	เที่ยวเช้า ティーアウチャウ
答える	ตอบ トープ
国家	รัฐ ラット
国歌	เพลงชาติ プレーンチャート

171

国会議事堂	รัฐสภา ラッタサパー	粉ミルク	นมผง ノムポン	コンシェルジュ	พนักงานต้อนรับ パナックガーントーンラップ
国旗	ธงชาติ トンチャート	琥珀	สีเหลืองอำพัน シールアンアンパン	今週	สัปดาห์นี้ サップダーニー
国境	ชายแดน チャーイデーン	コピー	คัดลอก カットロ―ク	コンセント	ปลั๊กไฟ プラックファイ
骨折	กระดูกหัก クラドゥークハック	胡麻油	น้ำมันงา ナムマンガー	コンタクトレンズ	คอนแทคเลนส์ コーンテークレーン
小包	ห่อพัสดุ ホーパッサドゥ	困る	ลำบาก/แย่ ラムバーク/イェー	コンドーム	ถุงยางอนามัย トゥンヤーンアナマイ
骨董品	ของโบราณ コーンボーラーン	ごみ	ขยะ カヤ	今晩	คืนนี้/เย็นนี้ クーンニー/イェンニー
骨董品店	ร้านขายของโบราณ ラーンカーイコーンボーラーン	ごみ箱	ถังขยะ タンカヤ	コンビニエンスストア	ร้านสะดวกซื้อ ラーンサドゥアクスー
コットン	ฝ้าย ファーイ	ゴム	ยาง ヤーン	コンピューター	คอมพิวเตอร์ コンピュトゥー
コップ	แก้ว ケーウ	小麦	ข้าวสาลี カーウサーリー		
小道具	เครื่องมือขนาดเล็ก クルーアンムーカナートレック	小麦粉	แป้งสาลี ペーンサーリー	さ	
言葉	คำศัพท์ カムサップ	米	ข้าว カーオ	サービス	การบริการ カーンボリカーン
子供	เด็ก デック	ゴルフ	กอล์ฟ ゴッフ	サービス料	ค่าบริการ カーボリカーン
子供と一緒に	กับเด็ก カップデック	ゴルフコース	สนามกอล์ฟ サナームゴッフ	サーフィン	กระดานโต้คลื่น クラダーントークルーン
子供服	เสื้อผ้าเด็ก スーアパーデック	ゴルフボール	ลูกกอล์ฟ ルークゴッフ	災害	ภัยพิบัติ パイピバット
子供料金	ราคาเด็ก ラーカーデック	コレクトコール	เก็บเงินปลายทาง ケップグンプライターン	再確認する	ตรวจสอบอีกครั้ง トゥルーアドソープイーククラン
小鳥	เกาะเล็กเกาะน้อย コレックコノイ	壊れ物	ของเปราะบาง コーンプロバーン	最近	หมู่นี้ ムーニー
ことわざ	สุภาษิต スパーシット	壊れる	แตก/เปราะ テーク/プロ	サイクリング	การขี่จักรยาน カーンキーチャックラヤーン
ことわる	ปฏิเสธ バティセート	今月	เดือนนี้ ドゥアンニー	在庫	คลังสินค้า クランシンカー
		コンサート	คอนเสิร์ต コンサート	最後の	สุดท้าย スットターイ
粉	ผง ポン	混雑	แออัด エーアッド	サイコロ	ลูกเต๋า ルークタウ

172

祭日	วันหยุดเทศกาล ワンユットテーサカーン	探す	ค้นหา コンハー	茶道	การชงชา カーンチョンチャー
材質	คุณภาพวัตถุดิบ クンナパープウットゥディップ	魚	ปลา プラー	砂漠	ทะเลทราย タレーサーイ
最終目的地	ปลายทางสุดท้าย プラーイターンスットター イ	酒店	ร้านเหล้า ラーンラウ	(サッカー などの) サポーター	กระจับ クラチャップ
最終列車	รถไฟขบวนสุดท้าย ロットファイカブーアン スッターイ	詐欺	การหลอกลวง カーンロークルアン	様々な	ต่างๆ ターンターン
最小の	น้อยที่สุด／เล็กที่สุด ノイティースット／ レックティースット	先払い	จ่ายล่วงหน้า チャーイルアンナー	寒い	หนาว ナーオ
菜食主義者	มังสวิรัต マンサウィラット	桜	ซากุระ サクラ	寒気	อากาศหนาว アーカートナーウ
最初の	แรกสุด レークスット	酒	เหล้า ラーウ	冷める	เย็น イェン
最新の	ใหม่สุด マイスット	差出人	ผู้ส่ง プーソン	皿	จาน チャーン
サイズ	ขนาด カナート	刺身	ปลาดิบ プラーディップ	サラダ	สลัด サラッド
最前列	ขบวนหน้าสุด カブアンナースット	査証	วีซ่า ウィザー	猿	ลิง リン
最大の	ใหญ่สุด ヤイスット	座席	ที่นั่ง ティーナン	ざる	ตะแกรงร้อน タクレーンローン
財団	มูลนิธิ ムーラニティ	座席番号	หมายเลขที่นั่ง マーイレークティーナン	さわやかな	สดชื่น ソットチューン
最低料金	ค่าบริการขั้นต่ำ カーボリカーンカンタム	左折禁止	ห้ามเลี้ยวซ้าย ハームリーアウサーイ	三角	สามเหลี่ยม サームリーアム
再発行する	ผลิตใหม่ パリットマイ	札入れ	กระเป๋าสตางค์ クラパオサターング	三脚	สามขา サームカー
裁判	ศาล サーン	撮影禁止	ห้ามถ่ายรูป ハームターイループ	サングラス	แว่นกันแดด ウェンカンデート
財布	กระเป๋าสตางค์ クラパオサターング	作家	นักเขียน ナックキアン	珊瑚礁	แนวปะการัง ネーウパカーラン
材料	วัตถุดิบ ウットゥディップ	サッカー	ฟุตบอล フットボーン	酸素マスク	หน้ากากอ็อกซิเจน ナーカークオクシチェン
サイン	ลายเซ็น ライセン	雑貨店	ร้านขายของเบ็ดเตล็ด ラーンカーイコーンベットタレッド	産地	สถานที่ผลิต サターンティーパリット
サウナ	ซาวน่า サウナー	雑誌	นิตยสาร ニッタヤサーン	サンドイッチ	แซนด์วิช センウィット
		砂糖	น้ำตาล ナムターン	桟橋	เสา／ดอม่อ サウ／トーモー

散髪	การตัดผม カーンタットポム	時間	เวลา／ชั่วโมง ウェーラー／チュアモーン	自然	ธรรมชาติ タマチャート
散歩	การเดินเล่น カーンドゥーンレン	至急	ด่วน ドゥアン	下	ใต้ タイ
	し	刺激物	แรงบันดาลใจ レーンバンダーンチャイ	舌	ลิ้น リン
痔	ริดสีดวงทวาร リッシードゥアンタワーン	試験	สอบ ソープ	下着	ชุดชั้นใน チュットチャンナイ
試合	เกมการแข่งขัน ゲームカーンケンカン	資源	แหล่ง レン	親しい	สนิทสนม サニットサノム
シーツ	แผ่น ペン	事件	เรื่องราวที่เกิดขึ้น ルアンラーウティークートクン	下の	ด้านล่าง ダーンラーン
CD店	ร้านซีดี ラーンシーディー	事故	อุบัติเหตุ ウバッティヘート	下の階	ชั้นล่าง チャンラーン
シートベルト	เข็มขัดนิรภัย ケムカットニラパイ	時刻	เวลา ウェーラー	試着室	ห้องลองเสื้อผ้า ホンローンスアーパー
寺院	วัดพุทธ ワッドプット	時刻表	ตารางเวลา タラーンウェーラー	試着する	ลองสวมใส่ ローンスウムサイ
ジーンズ	กางเกงยีนส์ カーンケーンイーン	事故証明書	ใบประกันอุบัติเหตุ バイプラカンウバッティヘート	市庁舎	ศาลากลางจังหวัด サーラークラーンチャンワット
自営業	นักธุรกิจอิสระ チックトゥラキットイッサラ	仕事	ทำงาน タムガーン	質	คุณภาพ クンナパープ
塩	เกลือ グルーア	時差ボケ	เจ็ทแล็ก ジェットレック	歯痛	ปวดฟัน プーアトファン
塩辛い	เค็ม ケム	磁石	แม่เหล็ก メーレック	失業	ว่างงาน ウーンガーン
歯科医	ทันตแพทย์ タンタペート	刺繍	เย็บปักถักร้อย イェップパックタクローイ	実際に	จริงๆ チンチン
市街	ในเมือง ナイムアン	辞書	พจนานุกรม ポッチャナーヌクロム	湿度	ความชื้น クアームチューン
市街地図	แผนที่เมือง ペーンティームアン	地震	แผ่นดินไหว ペンディンワイ	湿度が高い	ความชื้นสูง クアームチューンスーン
市外通話	การโทรต่างจังหวัด カーントーターンチャンウット	静かな	เงียบ ギーアプ	失敗する	ล้มเหลว ロムレーウ
四角	สี่เหลี่ยม シーリアム	史跡	แหล่งประวัติศาสตร์ レンプラウットティサート	湿布	ยาประคบ ヤープラコップ
自画像	ภาพเหมือน パープムアン	施設	สิ่งอำนวยความสะดวก シンアムヌアイクアームサドゥアク	質問	คำถาม カムターム
				質問する	ถาม ターム

室料	ค่าเช่าห้อง カーチャウホン	脂肪	ไขมัน カイマン	ジャズクラブ	แจ๊สคลับ ジャズクラブ
指定席	ที่นั่งสำรอง ティーナンサムローン	島	เกาะ コ	社長	ประธาน プラターン
自転車	จักรยาน チャクヤーン	姉妹	พี่น้อง ピーノーン	シャツ	เสื้อเชิ้ต スーアシャート
自動	อัตโนมัติ アッタノーマット	閉まる	ปิด ピット	シャッター	ชัดเตอร์ シャッター
自動車	รถยนต์ ロットヨン	シミ	จุด／แต้ม／ดวง チュッド／テーム／ドゥアン	車道	ถนน タノン
自動販売機	ตู้จำหน่ายสินค้าอัตโนมัติ トゥーチャムナーイシンカーアッタノーマット	地味	ธรรมดา タンマダー	ジャム	แยม イェーム
市内	ในเมือง ナイムアン	ジム	โรงยิม ローンイム	車両	ขบวนรถ カブアンロット
市内通話	โทรศัพท์ภายในประเทศ トーラサップパイナイプラテート	事務所	สำนักงาน サムナックガーン	シャワー	ฝักบัวอาบน้ำ ファクブアアープナム
市内へ	สู่ในเมือง スーナイムアン	湿った	เปียกชื้น ピアクチューン	シャワー付き	มีฝักบัว ミーファクブア
品切れの	ตัดจากสต็อค タットチャークストック	閉める	ปิด ピット	シャンプー	แชมพู チャンプー
品物	สินค้า シンカー	地面	พื้นดิน プーンディン	週	สัปดาห์ サップダー
市の中心部	ใจกลางเมือง チャイクラーンムアン	社会福祉	สวัสดิการสังคม サワッディカーンサンコム	銃	ปืน プーン
芝居	ละคร ラコーン	ジャガイモ	มันฝรั่ง マンファラン	自由	อิสระ イッサラ
支配人	ผู้จัดการทั่วไป プーチャットカーントゥアパイ	市役所	ศาลากลางจังหวัด サーラークラーンチャンウット	習慣	ขนบธรรมเนียม カノプタムニアム
始発電車	รถไฟขบวนแรก ロットファイカブアンレーク	蛇口	ก๊อกน้ำ コクナム	宗教	ศาสนา サーサナー
芝生	สนามหญ้า サナームヤー	車掌	ผู้ควบคุม プークアプクム	集合場所	สถานที่ชุมนุม サターンティーチュムヌム
支払い	จ่าย チャーイ	写真	รูปถ่าย ループターイ	住所	ที่อยู่ ティーユー
持病	โรคเรื้อรัง ロークルアラン	写真店	ร้านถ่ายรูป ラーンターイループ	ジュース	น้ำผลไม้ ナムポンラマイ
紙幣	ใบแจ้งหนี้ バイチェーンニー	ジャズ	แจ๊ส ジャズ	修正する	แก้ไข ケーカイ

175

自由席	ที่นั่งที่ไม่ต้องจอง ティーナンティーマイトン チョーン	出発	ออกเดินทาง オークドゥーンターン	乗客	ผู้โดยสาร プードイサーン
渋滞	แออัด／แน่น エーアット／ネン	出発時間	เวลาออกเดินทาง ウェーラーオークドゥーン ターン	状況	สถานการณ์ サターナカーン
終電	รถไฟเที่ยวสุดท้าย ロットファイティーアウス ットターイ	出発する	ออกเดินทาง オークドゥーンターン	条件	เงื่อนไข グーアンカイ
充電器	เครื่องชาร์จไฟ クルーアンチャートファイ	出発ロビー	เลาจน์พักรอเดินทาง ラウジパックロードゥーン ターン	証拠	หลักฐาน ラックターン
充電する	ชาร์จไฟ チャートファイ	出版社	บริษัทผู้ตีพิมพ์ ボリサットプーティーピム	正午	เที่ยงตรง ティアントロン
週末	สุดสัปดาห์ スットサップダー	首都	เมืองหลวง ムアンルアン	詳細	รายละเอียด ラーイライアト
修理工場	โรงงานซ่อม ローンガーンソーム	主婦／主夫	แม่บ้าน／พ่อบ้าน メーバーン／ポーバーン	錠剤	ยาเม็ด ヤーメット
修理する	ซ่อม ソーム	趣味	งานอดิเรก ガーンアディレーク	正直な	ซื่อตรง スートロン
授業料	ค่าเทอม カートゥーム	主役	ตัวเอก トゥアエーク	症状	อาการ アーカーン
祝日	วันหยุดนักขัตฤกษ์ ワンユットナックカッタルック	種類	ประเภท プラペート	小説	นวนิยาย ナワニヤーイ
宿泊カート	รถเข็นโรงแรม ロットケンローンレーム	受話器	หูโทรศัพท์ フートーラサップ	乗船券	ตั๋วเรือ トゥアルアー
宿泊客	แขกที่มาค้างคืน ケークティーマーカーン クーン	準備	เตรียม トリアム	肖像画	ภาพคน パープコン
手術	ผ่าตัด パータット	順路	เส้นทางปกติ センターンポカティ	醸造所	โรงเบียร์ ローンビア
首相	นายกรัฐมนตรี ナーヨックラッタモントリー	上演	การแสดง カーンサデーン	招待	คำเชิญ カムチューン
出血する	เลือดออก ルーアドオーク	ショウガ	ขิง キン	招待する	เชื้อเชิญ チュアチューン
出国カート	บัตรขาออก バットカーオーク	紹介する	แนะนำ ネナム	冗談	ล้อเล่น ローレン
出国税	ภาษีขาออก パーシーカーオーク	消火器	เครื่องดับเพลิง クルーアンダップルーン	使用中	ไม่ว่าง マイワーン
出身地	บ้านเกิด バーンクード	小学校	โรงเรียนประถม ローンリアンプラトム	消毒液	น้ำยาฆ่าเชื้อ ナムヤーカーチュアー
出入国管理	ตรวจคนเข้าเมือง トゥルアトコンカウムアン	消化不良	ไม่ย่อย マイヨーイ	衝突	ปะทะกัน パタカン
				乗馬	ขี่ม้า キーマー

情報	ข้อมูล／ข่าวสาร コームーン／カーウサーン	食料品店	ร้านขายของชำ ラーンカーイコーンチャム	人工皮革	หนังเทียม ナンティアム
情報誌	นิตยสารข่าว ニッタヤサーンカーウ	食器	ภาชนะ パーチャナ	新婚旅行	ฮันนีมูน ハンニムーン
消防署	สถานีดับเพลิง サターニーダップルーン	食器店	ร้านขายภาชนะ ラーンカーイパーチャナ	診察	ตรวจวินิจฉัย トゥルアトウィニッチャイ
照明	แสงสว่าง セーンサウァーン	ショッピング街	ย่านช้อปปิ้ง ヤーンショッピン	寝室	ห้องนอน ホンノーン
正面スタンド	ที่ด้านหน้า ティーダーンナー	ショッピングセンター	ศูนย์การค้า スーンカーンカー	真実	ความจริง クアームチン
醤油	ซอสถั่วเหลือง ソーストゥアルーアン	書店	ร้านหนังสือ ラーンナンスー	真珠	ไข่มุก カイムック
常用薬	ยาสามัญประจำบ้าน ヤーサーマンプラチャムバーン	処方箋	ใบสั่งยา バイサンヤー	紳士用	สำหรับผู้ชาย サムラップーチャーイ
使用料	ค่าเช่า カーチャウ	署名	ลายเซ็น ラーイセン	親戚	ญาติ ヤート
ショー	โชว์ ショー	所有物	สมบัติ ソムバット	親切な	ใจดี チャイディー
ジョギング	จ็อกกิ้ง ジョッキン	書類	เอกสาร エカサーン	心臓	หัวใจ フアチャイ
食あたり	อาหารเป็นพิษ アーハーンペンピット	調べる	ตรวจสอบ トゥルアトソープ	寝台車	รถนอน ロッドノーン
職業	อาชีพ アーチープ	シリアル	อาหารเช้า アーハーンチャウ	寝台料金	ค่าที่นอน カーティーノーン
食事	รับประทานอาหาร ラップラターンアーハーン	知る	รู้／รู้จัก ルー／ルーチャック	診断書	ใบรับรองแพทย์ バイラップローンペート
食堂	โรงอาหาร ロンアーハーン	シルク	ผ้าไหม パーマイ	新年	ปีใหม่ ビーマイ
食堂車	รถเสบียง ロットサビアン	城	ปราสาท プラーサート	新聞	หนังสือพิมพ์ ナンスーピム
職人	ช่างฝีมือ チャーンフィームー	白い	ขาว カーウ	じんましん	ลมพิษ ロムピット
植物	พืชพรรณ プートパン	シワ	ริ้วรอย リウローイ	深夜	กลางดึก クラーンドゥック
植物園	สวนพฤกษศาสตร์ スアンプルクササート	シングルルーム	ห้องเดี่ยว ホンディーアウ	親友	เพื่อนสนิท プーアンサニット
食欲	ความอยากอาหาร クアームヤークアーハーン	信号	สัญญาณ サンヤーン		**す**
		人口	ประชากร プラチャーコーン	酢	น้ำส้มสายชู ナムソムサーイチュー

177

スイートル ーム	ห้องสูท ホンスート	ズキズキ 痛む	ปวดเป็นระยะ プーアドペンラヤ	ストロー	หลอด ロート
水泳	ว่ายน้ำ ウーイナム	過ぎる	เกิน グーン	スナック 菓子	ขนมขบเคี้ยว カノムコップキーアウ
水彩画	ภาพวาดสีน้ำ パープウートシーナム	すぐに	ทันที タンティー	砂浜	หาดทราย ハードサーイ
水晶	คริสตัล クリスタン	スケジュール	ตารางเวลา ターラーンウェーラー	スニーカー	รองเท้าสนีคเกอร์ ローンターウスニーカー
推薦	แนะนำ ネナム	スケッチ 禁止	ห้ามวาดรูป ハームウートループ	スパ	สปา サパー
水族館	พิพิธภัณฑ์สัตว์น้ำ ピピッタパンサットナム	スコアボード	กระดานคะแนน クラダーンカネーン	スパイス	เครื่องเทศ クルーアンテート
スイッチ	สวิตช์ スイッチ	少し	นิดหน่อย ニットノイ	スピーカー	เครื่องขยายเสียง クルーアンカヤーイシアン
水道	ประปา プラパー	寿司	ซูชิ スシ	スプーン	ช้อน チョーン
睡眠	นอนหลับ ノーンラップ	涼しい	เย็น イェン	すべての	ทั้งหมด タンモッド
睡眠不足	นอนไม่พอ ノーンマイポー	勧める	แนะนำ ネナム	すべりやすい	ลื่นง่าย ルーンガーイ
睡眠薬	ยานอนหลับ ヤーノーンラップ	スター	ดารา ダーラー	すべる	ลื่น ルーン
数字	เลข レーク	スタイル	สไตล์ スタイル	スポーツ	กีฬา キーラー
スーツ	เสื้อสูท スーアスート	スタンド	เวที ウェーティー	スポーツ 用品店	ร้านอุปกรณ์กีฬา ラーンウッパコーンキーラー
スーツケース	กระเป๋าเดินทาง クラパウドゥーンターン	頭痛	ปวดหัว プーアドフウア	ズボン	กางเกง カーンケーン
スーパー マーケット	ซูเปอร์มาเก็ต スパーマーケット	すっぱい	เปรี้ยว プリーアウ	隅の席	ที่นั่งด้านใน ティーナンダーンナイ
スエード	หนังกลับ ナングラップ	ステージ	เวที ウェーティー	住む	อยู่อาศัย ユーアーサイ
スカート	กระโปรง クラプローン	素敵な	ยอดเยี่ยม ヨートイアム	すり	นักล้วงกระเป๋า ナックルアンクラパウ
スカーフ	ผ้าพันคอ パーパンコー	捨てる	ทิ้ง ティン	すりおろした	บด ポッド
スカイ ウォーク	ทางเดินลอยฟ้า ターンドゥーンローイファー	ストッキング	ถุงน่อง トゥンノン	座る	นั่ง ナン
スカイ トレイン	รถไฟลอยฟ้า ロットファイローイファー	ストレス	ความเครียด クアームクリーアド		

基本会話

グルメ

ショッピング

ビューティ

見どころ

エンタメ

ホテル

乗りもの

基本情報

単語集

せ

姓	นามสกุล
	ナームサクン
(〜の) 生家	บ้านเกิด
	バーンクート
生花店	ร้านขายดอกไม้
	ラーンカーイドークマーイ
税関	ศุลกากร
	スラカコーン
請求書	ใบแจ้งหนี้
	バイチェーンニー
税金	ภาษี
	パーシー
清潔な	สะอาด
	サアート
政治	การเมือง
	カーンムアン
生鮮食品	อาหารสด
	アーハーンソット
正装	ชุดพิธีการ
	チュットピティーカーン
生年月日	วันเดือนปีเกิด
	ワンドゥアンピークート
制服	เครื่องแบบ
	クルーアンベープ
性別	เพศ
	ペート
生理	ประจำเดือน
	プラチャムドゥアン
生理痛	ปวดประจำเดือน
	プアドプラチャムドゥアン
生理用品	ผ้าอนามัย
	パーアナーマイ
西暦	คริสต์ศักราช
	クリスサッカラート
税を払う	จ่ายภาษี
	チャーイパーシー
セーター	เสื้อถัก
	スーアタック

セーフティ・ボックス	กล่องเซฟตี้
	クロンセーフティー
セール	การขาย
	カーンカーイ
セールスマン	คนขายของ
	コンカーイコーン
世界	โลก
	ローク
世界遺産	มรดกโลก
	モラドクローク
咳	ไอ
	アイ
席	ที่นั่ง
	ティーナン
席を予約する	จองที่นั่ง
	チョーンティーナン
石けん	สบู่
	サブー
接続(交通機関の)	เชื่อมต่อ
	チュアムトー
接着剤	กาว
	カーウ
セット	เซ็ต
	セット
背中	หลัง
	ラン
セルフサービス	บริการตนเอง
	ボリカーントンエーン
栓	จุกขวด
	チュックーアト
先月	เดือนที่แล้ว
	ドゥアンティーレーウ
洗剤	ผงซักฟอก
	ポンサクフォーク
船室	ห้องโดยสาร
	ホンドイサーン
先週	สัปดาห์ที่แล้ว
	サップダーティーレーウ
先住民	คนพื้นเมือง
	コンプーンムアン

洗浄ボタン	ปุ่มชักผ้า
	プムサックバー
戦争	สงคราม
	ソンクラーム
ぜんそく	หอบหืด
	ホープフート
洗濯	ซักล้าง
	サックラーン
洗濯機	เครื่องซักผ้า
	クルーアンサックバー
洗濯する	ซัก
	サック
洗濯物	ของซักล้าง
	コーンサックラーン
船長	กัปตัน
	カップタン
宣伝	โฆษณา
	コースナー
栓抜き	ที่เปิดขวด
	ティードークーアト
扇風機	พัดลม
	パットロム
前方の	ด้านหน้า
	ターンナー
前方の席	ที่นั่งด้านหน้า
	ティーナンターンナー
専門医	แพทย์เฉพาะทาง
	ペートチャポターン
専門店	ร้านค้าเฉพาะทาง
	ラーンカーチャポターン

そ

象	ช้าง
	チャーン
像	ภาพ
	パープ
双眼鏡	กล้องส่องทางไกล
	クロンソンターンクライ

総合検診	การตรวจสอบที่ครอบคลุม คาーントゥルーアトゥソープ ティークローブクルム		体温計	เทอร์โมมิเตอร์ ターモーミター		タイ舞踊	รำไทย ラムタイ
掃除	การทำความสะอาด カーンタムクアームサアート		大学	มหาวิทยาลัย マハーウィッタヤーライ		太陽	ดวงอาทิตย์ ドゥアンアーティット
掃除する	ทำความสะอาด タムクアームサアート		大学生	นักศึกษา ナックスクサー		タイ料理	อาหารไทย アーハーンタイ
痩身	ลดน้ำหนัก ロットナムナック		退屈な	น่าเบื่อ ナーブーア		タオル	ผ้าเช็ดตัว パーチェットトゥア
騒々しい	ดังอึกทึก ダンウックトゥック		タイ語	ภาษาไทย パーサータイ		高い(高さ)	สูง スーン
僧侶	พระภิกษุสงฆ์ プラピクスソン		タイ古式 マッサージ	นวดแผนไทย ヌーアドペーンタイ		高い(値段)	แพง ペーン
速達	ด่วน ドゥアン		滞在する	พักอาศัย パックアーサイ		滝	น้ำตก ナムトック
速度計	เครื่องวัดความเร็ว クルーアンウッドクアーム レウ		大寺院	วิหารใหญ่ ウィハーンヤイ		たくさんの	มาก マーク
底	ก้น ゴン		大使館	สถานทูต サターントゥート		タクシー	แท็กซี่ テクシー
素材	วัสดุ ワッサドゥ		体質	รัฐธรรมนูญ ラッタタンマヌーン		タクシー 乗り場	ป้ายจอดแท็กซี่ パーイチョードテクシー
率直な	ตรงไปตรงมา トロンパイトロンマー		体重	น้ำหนักตัว ナムナクトゥア		託児所	สถานรับเลี้ยงเด็ก サターンラップリアンデッ ク
外	ข้างนอก カーンノーク		大丈夫	ไม่เป็นไร マイペンライ		宅配便	การจัดส่งด่วน カーンチャットソンドゥア ン
ソファ	โซฟา ソーファー		大聖堂	โบสถ์คริสต์ ボートクリス		助ける	ช่วยเหลือ チュアイルーア
ソフト ウェア	ซอฟท์แวร์ ソフトウェア		大切な	สำคัญ サムカン		正しい	ถูกต้อง トゥークトン
空	ท้องฟ้า トーンファー		体操	ยิมนาสติก ジムナスティック		立ち見席	ที่ยืน ティーユーン
(〜を) 尊 敬する	นับถือ ナップトゥー		大統領	ประธานาธิบดี プラターナティッボディー		立つ	ยืน ユーン
			台所	ห้องครัว ホンクルア		脱脂綿	สำลี サムリー
	た		台風	ไต้ฝุ่น タイフン		建物	ตึก トゥック
タイ(国名)	ประเทศไทย プラテートタイ		タイヤ	ยางรถยนต์ ヤーンロットヨン		建てる	สร้าง サーン
体温	อุณหภูมิร่างกาย ウンナプームラーンカイ		ダイヤモンド	เพชร ペット			

種	เมล็ดพันธุ์ เม็ทพัน	団体旅行	กรุ๊ปทัวร์ กรุ๊ปทัวร์	チケット	ตั๋ว ตั๋ว
楽しい	สนุกสนาน สะหนุกสะหนาน	暖房	เครื่องทำความร้อน เคลื่องทำควมล้อน	チケット ショップ	ร้านขายตั๋ว ล้านคายตั๋ว
タバコ	บุหรี่ บุหรี่	ダンボール	กล่องลัง กล่องลัง	地図	แผนที่ แพนที่
タバコを吸う	สูบบุหรี่ สูบบุหรี่	暖炉	เตาผิง เตาผิง	父	พ่อ พ่อ
ダブルルーム	ห้องดับเบิ้ล ห้องดับเบิ้ล			チップ	ชิป ชิป
食べる	กิน กิน	**ち**		地方	ภูมิภาค พูมิพาก
打撲	ตบตี ตบตี	血	เลือด เลือด	チャイナタウン	ย่านคนจีน ย่านคนจีน
卵	ไข่ ไค่	地域	เขตพื้นที่ เขตพื้นที่	着陸	ลงจอด ลงจอด
タマネギ	หอมหัวใหญ่ หอมฟัวใหญ่	小さい	เล็ก เล็ก	チャンス	โอกาส โอกาด
試す	ลอง ลอง	チェックアウト	เช็คเอาท์ เช็คเอาท์	注意	ข้อควรระวัง ข้อควรระวัง
足りない	ไม่พอ ไม่พอ	チェックアウトの時間	เวลาเช็คเอาท์ เวลาเช็คเอาท์	中学生	นักเรียนมัธยมต้น นักเลียนมัธยมต้น
タワー	ตึก ตึก	チェックイン	เช็คอิน เช็คอิน	中型車	รถขนาดกลาง ลดขนาดกลาง
単語	คำ คำ	地下	ใต้ดิน ไต้ดิน	中学校	โรงเรียนมัธยมต้น โรงเลียนมัธยมต้น
炭酸水	น้ำอัดลม น้ำอัดลม	近くにある	อยู่ใกล้ๆ ยู่ใกล้ใกล้	中くらい	กลางๆ กลางกลาง
炭酸なしの水	น้ำไม่อัดลม น้ำไม่อัดลม	地下鉄	รถไฟใต้ดิน ลดไฟใต้ดิน	中国	ประเทศจีน ประเทดจีน
男女	ชายหญิง ชายอิง	地下鉄駅	สถานีรถไฟใต้ดิน สะถานีลดไฟใต้ดิน	中国産	ผลิตในประเทศจีน ผะลิตในประเทดจีน
誕生日	วันเกิด วันเกิด	地下鉄路線図	แผนที่เส้นทางใต้ดิน แพนที่เส้นทางใต้ดิน	中国料理	อาหารจีน อาหานจีน
男女共同	ร่วมกัน ล่วมกัน	近道	ทางลัด ทางลัด	中古品	ของเก่า ของเก่า
ダンス	เต้นรำ เต้นรำ	近道する	ลัด ลัด	注射	ฉีดยา ฉีดยา
団体	กลุ่มคน／สมาคม กลุ่มคน／สะมาคม	地球	โลก โลก		

駐車禁止	ห้ามจอดรถ ฮ้ามจอดร็อต
駐車場	ที่จอดรถ ตี้จอดร็อต
駐車する	จอดรถ จอดร็อต
駐車料金	ค่าจอดรถ ค่าจอดร็อต
昼食	อาหารเที่ยง อาฮ้านเตี่ยน
注文	สั่ง สั่น
長距離 電話	โทรศัพท์ทางไกล โตราสับตางไกล
彫刻	ประติมากรรม／งานแกะสลัก ประติมากัม／งาน แกะสลัก
彫刻家	ประติมากร／ช่างแกะสลัก ประติมากอน／ช่าง แกะสลัก
頂上	ยอด／ด้านบน ยอด／ด้านบน
朝食	อาหารเช้า อาฮ้านเช้า
長方形	สี่เหลี่ยมผืนผ้า สี่เลี่ยมผืนผ้า
調味料	เครื่องปรุงรส เครื่องปรุนรด
チョコレート	ช็อกโกแลต ช็อกโกแล่ต
直行バス	รถบัสสายตรง ร็อตบัสส้ายตรง
直行便	สายตรง ส้ายตรง
治療	บำบัดรักษา บำบัดรัักษ้า
鎮痛剤	ยาบรรเทาปวด ยาบันเทาปวด

つ

ツアー	ทัวร์ ทัว
ツアー料金	ค่าทัวร์ ค่าทัว
追加する	เพิ่ม เพิ่ม
追加料金	ค่าใช้จ่ายเพิ่มเติม ค่าใช้จ่ายเพิ่ม เติม
ツイン ルーム	ห้องแบบทวิน ฮ้องแบบทวิน
通貨申告	ประกาศเงินตรา ประกาดงินตรา
通行止め	สิ้นสุด สิ้นสุด
通訳する	แปลแบบล่าม แปลแบบล่าม
通路側の席	ที่นั่งติดทางเดิน ตี้นั่งติดทางเดิน
疲れる	เหนื่อย เนื่อย
月	เดือน เดือน
次の	ต่อไป ต่อไป
月日	วันและเดือน วันเลเดือน
机	โต๊ะ โต๊ะ
続ける	ทำต่อไป ทำต่อไป
包んで	ห่อ ห่อ
つぶした	บด บด
爪	เล็บ เล็บ

爪切り	กรรไกรตัดเล็บ กันไกรตัดเล็บ
冷たい	เย็น เย็น
梅雨	ฤดูฝน ลดูฝน
強い	แข็งแรง／เข้มแข็ง แข็นแรน／เข้มแข็น
釣り銭	เงินทอน งินทอน
連れ	นำ／พา นำ／พา

て

手	มือ มือ
提案	ข้อเสนอ ข้อเสน้อ
Tシャツ	เสื้อยืด เสื้ออาเอืด
ティー バッグ	ถุงชา ตุงชา
ディーラー	คนกลาง คนกลาน
庭園	สวน สวน
テイクアウト (持ち帰り)	นำกลับบ้าน นำกลับบ้าน
定刻の	กำหนดการ กำนดการ
定食	อาหารชุด อาฮ้านชุด
ティッシュ	กระดาษทิชชู่ กระดาดทิชชู่
停留所 (バスの)	ป้ายจอดรถ ป้ายจอดร็อต
テーブル	โต๊ะ โต๊ะ
テーブル クロス	ผ้าปูโต๊ะ ผ้าปูโต๊ะ

手紙	จดหมาย チョトマーイ
できたての	เสร็จใหม่ๆ セットマイマイ
出口	ทางออก ターンオーク
デザート	ของหวาน コーンウーン
デザートスプーン	ช้อนของหวาน チョーンコーンウーン
デザイナー	นักออกแบบ ナックオークベープ
デザイン	ดีไซน์ ディサイ
デジタルカメラ	กล้องดิจิตอล クロンディチトン
手数料	ค่าบริการ カーボリカーン
手帳	สมุดบันทึก サムットバントゥック
手作りの	งานฝีมือ ガーンフィームー
手伝う	ช่วยเหลือ チュアイルアˇ
鉄道	ทางรถไฟ ターンロットファイ
鉄道駅	สถานีรถไฟ サターニーロットファイ
テニス	เทนนิส テンニッス
テニスコート	สนามเทนนิส サナームテンニッス
テニスボール	ลูกเทนนิส ルークテンニッス
手荷物	กระเป๋าเดินทาง クラパオドゥーンターン
手荷物預かり所	ที่รับฝากของ ティーラップファークコーン
手荷物預かり札	ใบรับฝากของ バイラップファークコーン

デパート	ห้างสรรพสินค้า ハーンサッパシンカー
手袋	ถุงมือ トゥンムー
寺	วัด ウット
出る	ออก オーク
テレビ	โทรทัศน์ トーラタット
テロ	การก่อการร้าย カーンコーカーンラーイ
店員	พนักงานของร้าน パナックガーンコーンラーン
天気	อากาศ アーカート
電気	ไฟฟ้า ファイファー
電気製品	เครื่องใช้ไฟฟ้า クルーアンチャイファイファーˇ
天気予報	พยากรณ์อากาศ バヤーコーンアーカート
伝言	ข้อความ コークアーム
展示	งานมหกรรม／งานนิทรรศการ ガーンマハカム／ガーンニタッサカーン
展示する	แสดง サデーン
電車	รถไฟฟ้า ロットファイファー
天井	เพดาน ベーダーン
電卓	เครื่องคิดเลข クルーアンキットレークˇ
電池	แบตเตอรี่ バットゥーリー
テント	เต็นท์ テント

伝統	ดั้งเดิม タンドゥーム
伝統行事	พิธีการดั้งเดิม ピティーカーンタンドゥーム
電報	โทรเลข トーラレークˇ
展望台	หอดูดาว ホードゥーダーウ
展覧会	นิทรรศการ ニタッサカーン
電話	โทรศัพท์ トーラサップ
電話代	ค่าโทรศัพท์ カートーラサップ
電話帳	สมุดโทรศัพท์ サムットーラサップ
電話ボックス	ตู้โทรศัพท์ トゥートーラサップ

と

ドア	ประตู プラトゥー
トイレ	ห้องสุขา ホンスカー
トイレットペーパー	กระดาษชำระ クラダートチャムラ
唐辛子	พริกแดง プリックデーン
陶磁器店	ร้านค้าเซรามิค ラーンカーセーラーミック
搭乗	ขึ้นเครื่อง クンクルーアン
搭乗ゲート	ประตูขึ้นเครื่อง プラトゥークンクルーアン
搭乗券	บัตรผ่านขึ้นเครื่อง バッドパーンクンクルーアン
搭乗時間	เวลาขึ้นเครื่อง ウェーラークンクルーアン
銅像	รูปปั้นทองสัมฤทธิ์ ループバントーンサムリット

到着	เดินทางถึง ดูーンターントゥン	時計店	ร้านขายนาฬิกา ラーンカーイナリカー	トランプ	เล่นไพ่ レンパイ
到着が 遅い	มาถึงช้า マートゥンチャー	都市	เมืองใหญ่ ムアンヤイ	鳥	นก ノック
到着時間	เวลามาถึง ウェーラーマートゥン	図書館	ห้องสมุด ホンサムット	取り替える	สลับ／เปลี่ยนกัน サラップ／プリアンカン
到着する	มาถึง マートゥン	届ける	ส่ง ソン	取り消す	ยกเลิก ヨックルーク
盗難	โจร チョーン	とどまる	อยู่／พัก ユー／パック	鶏肉	เนื้อไก่ ヌアカイ
糖尿病	โรคเบาหวาน ロークバウワーン	どのくらい	เท่าใด タウダイ	ドレス	ชุดเดรส チュッドレス
動物	สัตว์ サット	徒歩	เดิน ドゥーン	泥棒	ขโมย カモーイ
動物園	สวนสัตว์ スアンサット	トマト	มะเขือเทศ マクアテート	<div align="center">**な**</div>	
同僚	เพื่อนร่วมงาน プアンルアムガーン	停まる	หยุด ユット	内線	โทรศัพท์ภายใน トラサップパーイナイ
道路	ถนน タノン	泊まる	ค้างคืน カーンクーン	ナイト クラブ	ไนท์คลับ ナイトクラブ
道路地図	แผนที่ถนน ペーンティータノン	トム・ヤム・ クン	ต้มยำกุ้ง トムヤムクン	ナイト スポット	สถานที่เที่ยวกลางคืน サターンティーティーアウ クラーンクーン
遠い	ไกล グライ	友だち	เพื่อน プアン	ナイト ツアー	ทัวร์กลางคืน ツアクラーンクーン
トースト	ขนมปังปิ้ง カノンパンピン	ドライ アイス	น้ำแข็งแห้ง ナムケンヘーン	ナイフ	มีด ミート
通り	ถนน タノン	ドライ クリーニング	ซักแห้ง サックヘーン	ナイロン	ไนล่อน ナイローン
都会の	ในเมือง ナイムアン	ドライブ	ขับ カップ	治す	รักษา ラックサー
特産品	สินค้าพื้นเมือง シンカープーンムアン	ドライヤー	เครื่องเป่า クルーアンパオ	長い	ยาว ヤーウ
読書灯	โคมไฟอ่านหนังสือ コームファイアーンナンス——	ドラッグ ストア	ร้านขายยา ラーンカーイヤー	長袖	แขนยาว ケーンヤーウ
特徴	เอกลักษณ์ エーカラック	トラブル	ปัญหา パンハー	中庭	ลานบ้าน ラーンバーン
特別行事	เหตุการณ์พิเศษ ヘートカーンピセート	トラベラーズ・ チェック	เช็คเดินทาง チェックドゥーンターン	中身	เนื้อหาสาระ ヌアハーサーラ
時計	นาฬิกา ナリカー	ドラマ	ละคร ラコーン	眺め	ทิวทัศน์ ティウタット

基本会話

グルメ

ショッピング

ビューティ

見どころ

エンタメ

ホテル

乗りもの

基本情報

単語集

眺めがよい	ทิวทัศน์สวยงาม ティウタットスアイガーム
泣く	ร้องไห้ ローンハイ
夏	ฤดูร้อน ルドゥーローン
何か	บางอย่าง バーンヤーン
ナプキン	ผ้าเช็ดปาก パーチェッドパーク
名札	นามบัตร ナームバット
鍋	หม้อ モー
名前	ชื่อ チュー
生の	สด ソット
生ハム	แฮมสด ハムソット
生もの	ของสด コーンソット
波	คลื่น クルーン
涙	น้ำตา ナムター
軟膏	ครีม クリーム
何でも	ไม่ว่าอะไรก็ตาม マイワーアライゴーターム
ナンプラー	น้ำปลา ナンプラー

に

似合う	เหมาะ モ
匂う	เหม็น／ได้กลิ่น メン／ダイクリン
2階	ชั้นสอง チャンソーン

苦い	ขม ゴム
2階席 （劇場の）	ที่นั่งแถวสอง ティーナンテーウソーン
2階前方席 （劇場の）	ที่นั่งด้านหน้าแถวสอง ティーナンダーンチーナーテーウソーン
ニキビ	สิว シウ
賑やかな	ครึกครื้น クルックルーン
逃げる	หลบ／หนี ロップ／ニー
煮込んだ	ตุ๋น トゥン
西	ตะวันตก タワントック
24時間 営業	เปิด 24 ชั่วโมง ブードイーチップシーチュアモーン
偽物	ของเลียนแบบ ゴーンリアンベープ
日用品	ของใช้ประจำวัน ゴーンチャイプラチャムワン
日記	บันทึก バントゥック
日食	สุริยคราส スリヤクラート
日本	ประเทศญี่ปุ่น プラテートイーブン
日本語	ภาษาญี่ปุ่น パーサーイーブン
日本車	รถญี่ปุ่น ロットイーブン
日本人	ชาวญี่ปุ่น チャーウイーブン
日本 大使館	สถานทูตญี่ปุ่น サターントゥートイーブン
日本の 連絡先	ที่อยู่ที่ญี่ปุ่น ティーユーティーイーブン

日本料理	อาหารญี่ปุ่น アーハーンイーブン
荷物	สัมภาระ サンパーラ
荷物受取 所	ที่รับสัมภาระ ティーラップサンパーラ
荷物棚	ชั้นวางสัมภาระ チャンワーンサンパーラ
入院	เข้าโรงพยาบาล カウローンパヤーバーン
乳液	น้ำยาง ナムヤーン
入学	เข้ามหาวิทยาลัย カウマハーウィッタヤーライ
入国	เข้าประเทศ カウプラテート
入国カード	บัตรขาเข้า バッドカーカオ
入国審査	ด่านตรวจคนเข้าเมือง ダーントゥルーアトコンカオムアン
入国目的	จุดประสงค์ในการเข้าประเทศ チュットプラソンナイカーンカウプラテート
入場料	ค่าผ่านประตู カーパーンプラテゥー
ニュース	ข่าว カーオ
ニューハーフ	สาวประเภทสอง サーウプラペートソーン
入力	ใส่／กรอก サイ／クローク
尿	ปัสสาวะ バットサーウ
庭	สวน スアン
人気のある	มีความนิยม ミークアームニヨム
人気の高い ツアー	ทัวร์ที่ได้รับความนิยมสูง ツアティーダイラップクアームニヨムスーン

人形	ตุ๊กตา トゥッカター		ねんざ	เคล็ด／ยอก／แพลง クレット／ヨーク／プレーン		乗り継ぎ	ต่อรถ トーロット
人数	จำนวนคน チャムヌアンコン		年中行事	เหตุการณ์ระหว่างปี ヘートカーンラウーンビー		乗り継ぎ カウンター	เคาน์เตอร์ต่อรถ カウンタートーロット
ニンニク	กระเทียม クラティアム		年齢	อายุ アーユ		乗り物酔い	เมายานพาหนะ マウヤーンパーハナ
妊婦	หญิงตั้งครรภ์ インタンカン					乗る	ขึ้น クン
			の				
ぬ			脳	สมอง サモーン		**は**	
盗まれた品 物	ของโจร コーンチョーン		農家	เกษตรกร カセートタコーン		歯	ฟัน ファン
ぬるい	อุ่น ウン		農業	เกษตรกรรม／การเกษตร カセートタカム／カーン カセート		バー	บาร์ バー
濡れる	เปียก ピアク		脳しんとう	สมองกระทบกระเทือน サモーンクラトップクラテ ウアン		パーティ	ปาร์ตี้／งานเลี้ยง パーティー／ガーンリー アン
ね			脳卒中	เส้นเลือดในสมองแตก センルアットナイサモー ンテーク		ハードウェア	ฮาร์ดแวร์ ハードウェア
ネクタイ	เนคไท ネクタイ		のど	คอ コー		肺炎	ปอดบวม ポードブアム
猫	แมว メーウ		のどが痛い	เจ็บคอ チェップコー		バイオリン	ไวโอลิน ワイオリン
ネズミ	หนู ヌー		飲み物	เครื่องดื่ม クルーアンドゥーム		バイキング	บุฟเฟ่ต์ ブッフェー
値段	ราคา ラーカー		飲む	ดื่ม ドゥーム		灰皿	ที่เขี่ยบุหรี่ ティーキアブリー
熱	ไข้ カイ		のり （文房具）	กาว カーウ		俳優	นักแสดง ナックサデーン
熱狂的な	กระตือรือร้น クラトゥルーロン		乗り換え	เปลี่ยนสาย プリアンサーイ		入る	เข้า カオ
ネックレス	สร้อยคอ ソーイコー		乗り換え券	ตั๋วต่อรถ トゥアトーロット		ハエ	แมลงวัน マレーンワン
値引き	ส่วนลด スアンロット		乗り換える	เปลี่ยนสาย プリアンサーイ		ハガキ	ไปรษณียบัตร プライサニヤバット
値札	ป้ายราคา パーイラーカー		乗り込む	ขึ้น クン		はかり	เครื่องชั่ง クルーアンチャン
眠い	ง่วง グアン		乗りそこなう	ตกรถ トックロット		吐き気	คลื่นไส้ クルーンサイ
寝る	นอน ノーン					吐く	อาเจียน アーチィーアン

186

拍手	ปรบมือ プロブムー
博物館	พิพิธภัณฑ์ ピピッタパン
博覧会	นิทรรศการ ニタッサカーン
箱	กล่อง クロン
はさみ	กรรไกร カンクライ
橋	สะพาน サパーン
箸	ตะเกียบ タキーアップ
始まる	เริ่ม ルーム
初めての	ครั้งแรก クランレーク
パジャマ	ชุดนอน チュットノーン
場所	สถานที่ サターンティー
バス	รถเมล์ ロットメー
バスタオル	ผ้าเช็ดตัว パーチェットトゥア
バスタブ	อ่างอาบน้ำ アーンアープナム
バスタブ付き	มีอ่างอาบน้ำ ミーアーンアープナム
バス停	ป้ายรถเมล์ パーイロッドメー
パスポート	พาสปอร์ต パースポード
バス路線図	แผนที่เส้นทางรถบัส ペーンティーセンターン ロッドバス
パソコン	คอมพิวเตอร์ コンピュートゥー
旗	ธง トン

肌	ผิว ピウ
バター	เนย ヌーイ
蜂蜜	น้ำผึ้ง ナムプン
バッグ	กระเป๋า クラパオ
バッテリー	แบตเตอรี่ パットゥリー
派手な	ฉูดฉาด チュートチャート
花	ดอกไม้ ドークマイ
鼻	จมูก チャムーク
花火	ดอกไม้ไฟ ドークマイファイ
母	แม่ メー
歯ブラシ	แปรงสีฟัน プレーンシーファン
葉巻	ซิการ์ シカー
浜辺	ชายหาด チャーイハート
歯磨き粉	ยาสีฟัน ヤーシーファン
早く	เร็ว レウ
払う	จ่าย チャーイ
パラソル	ร่มกระโดด ロムクラドード
針	เข็ม ケム
春	ฤดูใบไม้ผลิ ルドゥーバイマイパリ
バルコニー	ระเบียง ラピアン

晴れ	แจ่มใส チェムサイ
パン	ขนมปัง カノムパン
バン(車)	รถตู้ ロットゥー
ハンガー	ไม้แขวน／ที่แขวน マイクウェーン／ティーク ウェーン
繁華街	ย่านธุรกิจ ヤーントゥラキット
ハンカチ	ผ้าเช็ดหน้า パーチェットナー
パンク	ยางรั่ว ヤーンルア
番号	หมายเลข マーイレーク
番号案内	บอกหมายเลข ボークマーイレーク
絆創膏	พลาสเตอร์ プラスター
半袖	แขนสั้น ケーンサン
パンダ	แพนด้า パンダー
反対する	ไม่เห็นด้วย マイヘンドゥアイ
(車の) ハンドル	พวงมาลัย プアンマーライ
半日の	ครึ่งวัน クルンワン
ハンバーガー	แฮมเบอร์เกอร์ ハンバーガー
パンフレット	ใบปลิว バイプリウ
半分	ครึ่งหนึ่ง クルンヌン

	ひ
火	ไฟ ファイ

日	วัน	ワン
ピアス	ต่างหู	ターングー
ピアノ	เปียโน	ピアノー
ビアホール	โรงเบียร์	ローンビア
ピーナッツ	ถั่วลิสง	トゥアリソン
ビール	เบียร์	ビア
日帰り旅行	เที่ยววันเดียว	ティーアウワンディーアウ
皮革	หนัง	ナン
皮革製品	เครื่องหนัง	クルーアングナン
東	ตะวันออก	タワンオーク
引き出し	ลิ้นชัก	リンチャック
引く	ดึง	ドゥン
悲劇	โศกนาฏกรรม	ソークナータカム
飛行機	เครื่องบิน	クルーアンビン
ビザ	วีซ่า	ウィーサー
美術館	หอศิลป์	ホーシン
非常口	ทางออกฉุกเฉิน	ターンオークチュックチューン
非常ボタン	ปุ่มฉุกเฉิน	プムチュックチューン
左	ซ้าย	サーイ
左へ曲がる	เลี้ยวซ้าย	リーアウサーイ
日付	วันที่	ワンティー
引っ越す	ย้าย	ヤーイ
必需品	ของใช้จำเป็น	コーンチャイチャンペン
必要な	จำเป็น	チャンペン
ビデオカメラ	กล้องวิดีโอ	クローンウィディオー
ひどく痛い	ปวดมาก	プアトマーク
1人あたり	ต่อหนึ่งคน	トーヌングコン
皮膚	ผิวหนัง	ビウチン
秘密	ความลับ	クアームラップ
日焼け	แดดเผา	デートパウ
日焼け止めクリーム	ครีมกันแดด	クリームカンデート
ビュッフェ	บุฟเฟต์	ブッフェ
費用	ค่าใช้จ่าย	カーチャイチャーイ
秒	วินาที	ウィナーティー
病院	โรงพยาบาล	ローンパヤーバーン
美容院	ร้านเสริมสวย	ラーンスームスアイ
美容液	เซรั่ม	セーラム
病気	ป่วย	プアイ
表紙	หน้าปก	ナーポック
標識	สัญญาณ	サンヤーン
漂白剤	น้ำยาซักผ้าขาว	ナムヤーサクパーカーウ
ヒロイン	นางเอก	ナーンエーク
拾う	เก็บ	ケップ
広場	พื้นที่โล่ง	プーンティーローン
瓶	แจกัน	チェーカン
敏感肌	ผิวบอบบาง	ビウボープバーン
貧血	โลหิตจาง	ローヒットチャーン
品質	คุณภาพสินค้า	クンナパープシンカー
便箋	กระดาษโน้ต	クラダートノート
(飛行機の)便名	ชื่อเที่ยว	チューティーアウ

ふ

ファストフード	อาหารขยะ	アーハーンカヤ
ファンデーション	รองพื้น	ローンプーン
風景画	ภาพทิวทัศน์	パープティウタット
封書	ซองผนึก	ソーンパヌック
ブーツ	รองเท้าบูท	ローンタウブート
封筒	ซองจดหมาย	ソーンチョトマーイ
フードセンター	ศูนย์อาหาร	スーンアーハーン
プール	สระว่ายน้ำ	サウーイナム

フェリー	เรือเฟอร์รี่ ルアーファーリー	プラグ	ปลั๊ก プラック	紛失報告	ประกาศแจ้งของหาย プラカートチェンコーンハーイ
フォーク	ส้อม ソム	ブラジャー	เสื้อยกทรง スアーヨックソン	噴水	น้ำพุ チムプ
付加価値税 (VAT)	ภาษีมูลค่าเพิ่ม (VAT) パーシームーラカーラーン	フラッシュ	แฟลช フラッシュ	文法	ไวยากรณ์ ワイヤコーン
服	เสื้อผ้า／เครื่องแต่งกาย スーアパー／クルーアンテンカーイ	フラッシュ禁止	ห้ามใช้แฟลช ハームチャイフラッシュ	文房具店	ร้านเครื่องเขียน ラーンクルーアンキーアン
腹痛	ปวดท้อง プアドトーン	プラットホーム	ชานชาลา チャーンチャーラー	**へ**	
含む	รวม ルアーム	ブランド	ยี่ห้อ イーホー	ヘアブラシ	แปรงหวีผม プレーンウィーポム
袋	ถุง トゥン	不良品	ของเสีย コーンシア	閉館時間	เวลาปิดทำการ ウェーラーピッドタムカーン
婦人科医	สูตินรีแพทย์ スーティナリーペート	プリンター	เครื่องพิมพ์ クルーアンピム	平均	เฉลี่ย チャリア
婦人用	สำหรับผู้หญิง サムラップウーイン	古い	เก่า カオ	閉鎖	เลิกกิจการ ルーワーキッチャカーン
舞台	เวที ウェーティー	ブレーキ	เบรก ブレーク	平日	วันธรรมดา ワンタンマダー
物価	ราคา ラーカー	風呂	อ่างอาบน้ำ アーンアープチム	閉店	ร้านปิด ラーンピット
船便	เที่ยวเรือ ティーアウルア	ブロー	พัด パット	平和	สันติสุข サンティスック
船酔い	เมาเรือ マウルア	ブローチ	เข็มกลัด ケムクラット	別室	ห้องพิเศษ ホンピセート
船	เรือ ルア	プログラム	โปรแกรม プログラム	ベッド	เตียง ティーアン
船に乗る	ขึ้นเรือ クンルア	プロレスラー	นักมวยปล้ำ ナックムアイプラム	ヘッドフォン	หูฟัง フーファン
冬	ฤดูหนาว ルドゥナーウ	フロント	ส่วนต้อนรับด้านหน้า スアントーンラップダーンナー	別々に	ต่างหาก タンハーク
フライト	เที่ยวบิน ティーアウビン	雰囲気	บรรยากาศ バンヤカート	別料金	ค่าใช้จ่ายเพิ่มเติม カーチャイチャーイプームトゥーム
フライパン	กระทะทอด クラタトート	文化	วัฒนธรรม ワッタナタム	ベトナム	เวียดนาม ウィアットナム
ブラウス	เสื้อผู้หญิง スアプーイン	文学	วรรณคดี ワナカディー	ヘビ	งู グー
		紛失物	ของหาย コーンハーイ		

189

ベビーカー	รถเข็นเด็ก ร็อดเข็นเด็ก	返品する	ส่งคืนสินค้า ส่งคืนสินค้า	ボクシング	การต่อยมวย คานต่อยมวย
部屋	ห้อง ห้อง	便利な	สะดวก สะดวก	ポケット	กระเป๋าเสื้อ กระเป๋าเสื้อ
部屋代	ค่าห้อง ค่าห้อง			保険	ประกัน ประกัน
部屋の鍵	กุญแจห้อง กุญแจห้อง	**ほ**		保険会社	บริษัทประกัน บอริษัทประกัน
部屋番号	หมายเลขห้อง หมายเลขห้อง	棒	ท่อนไม้ ท่อนไม้	歩行者優先	สำหรับคนเดินเท้า สำหรับคนเดินเท้า
ベランダ	ระเบียง ระเบียง	貿易	การค้า คานค้า	ほこり	ฝุ่น ฝุ่น
ヘリコプター	เฮลิคอปเตอร์ เฮลิคอปเตอร์	方角	ทิศทาง ทิศทาง	星	ดาว ดาว
ベルト	เข็มขัด เข็มขัด	帽子	หมวก หมวก	保証金 (前金)	เงินประกัน เงินประกัน
ペン	ปากกา ปากกา	宝石	อัญมณี อันยมะนี	保証書	ใบรับประกัน ใบรับประกัน
勉強	เรียน เรียน	宝石店	ร้านขายอัญมณี ร้านค้าขายอันยมะนี	ポスター	แผ่นภาพ แผ่นภาพ
弁護士	ทนายความ ทนายความ	包装	บรรจุภัณฑ์ บันจุพัน	ポスト	ไปรษณีย์ ไปรษณีย์
便座	โถส้วม โถส้วม	包帯	ผ้าพันแผล ผ้าพันแผล	ボストン バッグ	กระเป๋าเดินทาง กระเป๋าเดินทาง
弁償する	ชดใช้ ชดใช้	包丁	มีดสับ มีดสับ	ボタン	ปุ่ม ปุ่ม
ペンダント	โคมระย้า โคมระย้า	暴動	การจลาจล คานจลาจล	墓地	สุสาน สุสาน
ベンチ	ม้านั่ง ม้านั่ง	方法	วิธี วิธี	ホッチキス	ลวดเย็บกระดาษ ลวดเย็บกระดาษ
弁当	ข้าวกล่อง ข้าวกล่อง	法律	กฎหมาย กดหมาย	ホット ケーキ	ฮอทเค้ก ฮอทเค้ก
扁桃腺炎	ต่อมทอนซิลอักเสบ ต่อมทอนซิลอักเสบ	ポーター	พนักงานยกกระเป๋า พนักงานยกกระเป๋า	ホットドッグ	ฮอทดอก ฮอทดอก
変な音	เสียงแปลกๆ เสียงแปลกแปลก	ボート	เรือ เรือ	ホテル	โรงแรม โรงแรม
便秘	ท้องผูก ท้องผูก	ホーム ページ	โฮมเพจ／เว็บไซต์ โฮมเพจ／เว็บไซต์	ホテルリスト	รายชื่อโรงแรม รายชื่อโรงแรม
便秘薬	ยาระบาย ยาระบาย	ボールペン	ปากกาลูกลื่น ปากกาลูกลื่น		

190

歩道	ฟุตบาท フットバート
哺乳瓶	ขวดนม クアットノム
骨	กระดูก クラドゥーク
ボランティア	อาสาสมัคร アーサーサマック
ポリエステル	ใยสังเคราะห์ ヤイサンクロ
ポロシャツ	เสื้อโปโล スアポーロー
本	หนังสือ ナンスー
ほんの少し	แค่นิดหน่อย／เพียงเล็กน้อย ケーニットノイ／ピアンレックノイ
本物	ของจริง コーンチン
本屋	ห้องสมุด ホンサムッド
翻訳	แปล プレー

ま

迷子	เด็กหลงทาง デックロンターン
毎日	ทุกวัน トックワン
前売券	ตั๋วพรีเซลล์ トゥアプリーセル
前髪	ผมหน้าม้า ポンナーマー
曲がる	เลี้ยว／งอ リーアオ／ゴー
枕	หมอน モーン
孫	หลาน ラーン

まずい	ไม่ดี マイディー
マスク	หน้ากาก ナーカーク
貧しい	จน／ขาดแคลน チョン／カートクレーン
マスタード	มัสตาร์ด マスタード
混ぜ合わせた	คนให้เข้ากัน コンハイカウカン
町	เมือง ムアン
待合室	ห้องรอ ホンロー
間違う	ผิดเวลา ピットウェーラー
待つ	รอ ロー
マッサージ	นวด ヌアド
マッサージ店	ร้านนวด ラーンヌアド
真っ直ぐ	ตรงไป トロンパイ
マッチ	ไม้ขีดไฟ マイキートファイ
祭り	งานเทศกาล ガーンテサカーン
窓	หน้าต่าง ナーターン
窓側の席	ที่นั่งข้างหน้าต่าง ティーナンカーンナーターン
マナー	มารยาท マラヤート
マニキュア	แต่งเล็บ テンレップ
マヨネーズ	มายองเนส マヨンネース
マラソン	มาราธอน マラトン

丸い	กลม クロム
マレーシア	มาเลเซีย マレーシア
漫画	การ์ตูน カートゥーン
マンゴー	มะม่วง マムアン
満席	ที่นั่งเต็ม ティーナンテム
満足	พอใจ ポーチャイ
真ん中	ตรงกลาง トロンクラーン
万年筆	ปากกาหมึกซึม パークカームックスム

み

右	ขวา クワー
右へ曲がる	เลี้ยวขวา リーアウクワー
岬	แหลม レーム
短い	สั้น サン
ミシン	จักรเย็บผ้า チャックイェップパー
水	น้ำ ナム
湖	ทะเลสาบ タレーサープ
水着	ชุดว่ายน้ำ チュットウイナム
水を流す	เปิดน้ำ プードナム
店	ร้านค้า ラーンカー
味噌	เต้าเจี้ยว タウチーアウ

191

道	ถนน / タノン
道順	เส้นทาง / センターン
道で	บนถนน / ポンタノン
道に迷う	หลงทาง / ロンターン
緑	เขียว / キーアウ
港	ท่าเรือ / ターールア
南	ทิศใต้ / ティッタイ
ミニバー	มินิบาร์ / ミニバー
ミネラルウォーター	น้ำแร่ / ナムレー
身分証明書	บัตรประจำตัวประชาชน / バッドプラチャムトゥアプラチャーチョン
脈拍	ชีพจร / チーバチョーン
みやげ	ของฝาก / コーンファーク
ミャンマー	พม่า / パマー
ミュージカル	ละครเพลง / ラコーンプレーン
見る	ดู / ドゥー
ミルクティ	ชานม / チャーノム

む

ムエタイ	มวยไทย / ムアイタイ
迎えに行く	ไปรับ / パイラップ
昔	เมื่อก่อน / ムアコーン

無効	ไม่ได้ผล / マイダイポン
虫	แมลง / マレーン
無地	ธรรมดา / タンマダー
蒸し暑い	ร้อนอบอ้าว / ローンオップアウ
蒸した	ระเหย / ラフーイ
難しい	ยาก / ヤーク
息子	ลูกชาย / ルークチャーイ
娘	ลูกสาว / ルークサーウ
無制限の	ไม่จำกัด / マイチャムカット
無駄な	ที่เปล่าประโยชน์ / ティープラウプラヨート
無着色	ไม่ใส่สี / マイサイシー
無添加	ปลอดสารเคมี / プロートサーンケミー
村	หมู่บ้าน / ムーバーン
無料の	ไม่มีค่าใช้จ่าย / マイミーカーチャイジャーイ

め

明細	รายละเอียด / ラーイライアット
名所	สถานที่ที่น่าสนใจ / サターンティーティーチーンソンチャイ
メイド	แม่บ้าน / メーバーン
眼鏡	แว่นตา / ウェンター

眼鏡店	ร้านขายแว่นตา / ラーンカーイウェンター
目薬	ยาหยอดตา / ヤーヨーター
目覚まし時計	นาฬิกาปลุก / ナリカープルク
目印	มาร์ค / マーク
珍しい	แปลกประหลาด / プレークプララート
目玉焼き	ไข่ดาว / カイダーウ
メニュー	เมนู / メーヌー
めまいがする	เวียนหัว / ウィアンフア
メモ	บันทึก / バントゥック
メモリーカード	เมโมรี่การ์ด / メモリーカート
綿	เส้นฝ้าย / センファーイ
麺	เส้นบะหมี่ / センバミー
免税	ปลอดภาษี / プロードパーシー
免税店	ร้านสินค้าปลอดภาษี / ラーンシンカープロードパーシー
免税品	สินค้าปลอดภาษี / シンカープロードパーシー
綿素材	ฝ้าย / ファーイ

も

もう一度	อีกครั้ง / イークラン
申込み	สมัคร / サマック

基本会話

グルメ

ショッピング

ビューティ

見どころ

エンタメ

ホテル

乗りもの

基本情報

単語集

毛布	ผ้าห่ม パーホム
モーニングコール	บริการโทรปลุกตอนเข้า ボーリカーントーブルクトーンチャオ
目的	จุดประสงค์ チュドプラソン
目的地	ที่หมาย ティーマーイ
文字	ตัวอักษร テゥアアクソーン
もしもし	สวัสดี サウディー
持ち帰り （テイクアウト）	ห่อกลับบ้าน ホークラップバーン
持ち込み 禁止品	สิ่งของห้ามถือเข้า シンコーンハームトゥーカオ
持ち主	เจ้าของ チャウコーン
もっと大きい	ใหญ่ขึ้น ヤイクン
もっと小さい	เล็กลง レックロン
もっと安い	ถูกลง トゥーククロン
もっと良い	ดีขึ้น ディークン
戻ってくる	กลับมา クラップマー
模様	ลวดลาย ルアットライ
森	ป่า パー
門	ประตู プラトゥー
文句	บ่น ボン

や

焼いた	ย่างสุกแล้ว ヤーンスックレーウ
やかん	กลางคืน クラーンクーン
焼く	ย่าง ヤーン
役者	นักแสดง ナックサデーン
約束	สัญญา サンヤー
夜景	แสงสียามค่ำคืน セーンシーヤームカムクーン
やけど	ไหม้ マイ
野菜	ผัก パック
やさしい	ใจดี チャイディー
安い	ถูก トゥーク
安売り店	ร้านขายของถูก ラーンカーイコーントゥーク
屋台	ร้านแผงลอย ラーンペーンロイ
薬局	ร้านขายยา ラーンカーイヤー
屋根	หลังคา ランカー
山	ภูเขา プーカウ
山側の	ฝั่งภูเขา ファンプーカウ

ゆ

| 湯 | น้ำร้อน
ナムローン |

遊園地	สนามเด็กเล่น／ สวนสนุก サナムデックレン／スアンサヌック
有効期間	ระยะเวลาหมดอายุ ラヤウェラーモッドアーユ
有効な	ที่ใช้ได้ดี ティーチャイダイディー
有効にする	ใช้ได้ チャイダイ
友情	มิตรภาพ ミットラパープ
夕食	อาหารเย็น アーハーンイェン
友人	เพื่อน プアン
ユースホステル	บ้านพักเยาวชน バーンパックヤーワチョン
夕立	ฝนหน้าร้อน フォンナーローン
郵便	ไปรษณีย์ プライサニー
郵便局	ที่ทำการไปรษณีย์ ティータムカーンプライサニー
郵便番号	รหัสไปรษณีย์ ラハットプライサニー
郵便料金	ค่าบริการไปรษณีย์ カーボーリカーンプライサニー
有名な	มีชื่อเสียง ミーチューシアング
ユーモア	ขำขัน カムカン
遊覧船	เรือสำราญ ルアサムラーン
有料トイレ	ห้องน้ำเสียค่าบริการ ホンナムシアカーボーリカーン
有料道路	โทลเวย์ トールウェー

有料の	มีค่าใช้จ่าย ミーカーチャイチャーイ
雪	หิมะ ヒマ
輸血	การถ่ายเลือด カーンターイルーアド
ゆでた	ต้ม トム
ゆで卵	ไข่ต้ม カイトム
輸入	นำเข้า ナムカオ
指輪	แหวน ウェン
夢	ความฝัน クアームファン
ゆるい	หลวม ルーアム

よ

酔う （酒などに）	เมา マオ
用具	เครื่องมือ クルーアンムー
ようじ	ธุระ トゥラ
様子	อาการ アーガーン
曜日	วัน ワン
洋服タンス	ตู้เสื้อผ้า トゥースアパー
ヨーグルト	โยเกิร์ต ヨーグート
浴室	ห้องอาบน้ำ ホンアープナム
横	แนวนอน ネーオノーン
横になる	เป็นแนวนอน ペンネーオノーン

汚れ	สกปรก ソカプロック
予算	งบประมาณ ゴップラマーン
予想	คาดการณ์ カートカーン
予定	กำหนดการ カムノットカーン
夜中	กลางดึก クラーンドゥック
呼び出し ボタン	ปุ่มกดเรียก プムゴットリーアク
予約	การจอง カーンチョーン
予約確認 票	ตารางยืนยันการนัด タラーングユーンヤンカーンナット
予約する	จอง チョーン
予約席	ที่นั่งจอง ティーナンチョーン
予約リスト	ตารางนัด タラーングナット
夜	กลางคืน クラーンクーン

ら

来月	เดือนหน้า ドゥアンナー
来週	สัปดาห์หน้า サップダーナー
ライター	ไฟแช็ก ファイチェック
来年	ปีหน้า ピーナー
ラオス	ลาว ラオ
ラジオ	วิทยุ ウィッタユ
ラベル	ฉลาก チャラーク

| ランプ | โคมไฟ
コームファイ |

り

理解する	เข้าใจ カオチャイ
リスト	ลิสต์ リスト
リハビリ	กายภาพบำบัด カーイヤパープバンバッド
リムジンバス （空港）	ลีมูซีนบัส リムシーンバス
理由	เหตุผล ヘートポン
留学する	เรียนต่อต่างประเทศ リアントーターンプラテート
両替	แลกเปลี่ยน レークプリアン
両替所	ที่รับแลกเปลี่ยนเงิน ティーラップレークプリアングン
料金	ค่าธรรมเนียม カータムニアム
料金表	ตารางราคา タラーングラーカー
料金メーター	มิเตอร์ราคา ミターラーカー
漁師	ชาวประมง チャーウプラモン
領収書	ใบเสร็จรับเงิน バオセットラップグン
両親	พ่อแม่ ポーメー
料理	อาหาร アーハーン
旅行	ท่องเที่ยว トーンティーアウ
旅行会社	บริษัทท่องเที่ยว ボリサットーンテーウ

離陸	บินขึ้น ビンクン
隣人	เพื่อนบ้าน プアンバーン
リンス	ชำระล้าง チャムララーン

る

ルームサービス	รูมเซอร์วิส ルームサーヴィス
ルームサービス代	ค่ารูมเซอร์วิส カールームサーヴィス
ルームメイト	รูมเมท ルームメート
ルーレット	รูเล็ท ルーレット
留守	ไม่อยู่ マイユー

れ

冷蔵庫	ตู้เย็น トゥーイェン
冷房	เครื่องปรับอากาศ クルーアンプラップアーカート
レーヨン	ใยสังเคราะห์ ヤイサンクロ
歴史	ประวัติศาสตร์ プラウッティサード
レギュラーガソリン	น้ำมันเครื่องธรรมดา ナンマンクルーアンタンマダー
レコード店	ร้านแผ่นเสียง ラーンベンシーアン
レジ	แคชเชียร์ キャッシャ
レシート	ใบเสร็จรับเงิน バイセッドラップグン
レストラン	ภัตตาคาร パッターカーン

列車	รถไฟ ロットファイ
列車内で	ในขบวนรถไฟ ナイカブーアンロットファイ
レベル	เลเวล レウェル
レモン	มะนาว マナーウ
連休	วันหยุดยาว ワンユットヤーウ
レンズ	เลนส์ レン
レンタカー	รถเช่า ロットチャオ
連泊する	ค้างคืนระยะยาว カーンクーンラヤヤーウ
連絡先	สถานที่ติดต่อ サターンティーティットー

ろ

廊下	ทางเดิน ターンドゥーン
老人	ผู้สูงอายุ プースーンアーユ
ろうそく	เทียน ティーアン
ローマ字	อักษรโรมัน アクソーンローマン
路線図	แผนที่การเดินทาง ベンティーカーンドゥーンターン
ロッカー	ล็อคเกอร์ ロッカー
ロビー	ร็อบบี้ ロッピー
ロマンチックな	โรแมนติก ローメーンティック

わ

ワイシャツ	เสื้อเชิ้ตขาว スアチュートカーウ
ワイン	ไวน์ ワイン
ワインオープナー	ที่เปิดจุกขวดไวน์ ティーブードチュッククウトワイン
ワインリスト	ไวน์ลิสต์ ワインリスト
若い	เยาว์วัย ヤウワイ
忘れる	ลืม ルーム
渡し船	เรือข้ามฟาก ルアカームファーク
ワッフル	วาฟเฟิล ワッフーン
割引き	ส่วนลด スアンロット
割増料金	การเก็บเงินเพิ่ม カーンケップグンブーム
割れ物	ของแตกง่าย コーンテークガーイ
湾	อ่าว アーウ
ワンピース	ชุดวันพีซ チュットワンピース

基本会話 / グルメ / ショッピング / ビューティ / 見どころ / エンタメ / ホテル / 乗りもの / 基本情報 / 単語集

単語集 (泰和)

Thai ——→ Japanese

ก	
กด ゴット	押す
กรรไกร カンクライ	はさみ
กระเทียม クラティアム	ニンニク
กระเป๋า クラパオ	バッグ
กระเป๋าเดินทาง クラパオドゥーンターン	旅行カバン
กระเป๋าสตางค์ クラパオスターン	財布
กระเพาะอาหาร クラポアーハーン	胃
กระจก クラチョック	グラス
กระจกเงา クラチョックガウ	鏡
กระจกสี クラチョックシー	ステンドグラス
กระดาษ クラダード	紙
กล้อง クロン	カメラ
กล้องดิจิตอล クロンディチタル	デジタルカメラ
กว้าง クアーン	広い
กาแฟ カーフェー	コーヒー
กางเกง カーンケーン	ズボン
การแสดง カーンサデーン	上演
การจอง カーンチョーン	予約
การตกปลา カーントックプラ	お釣り
การท่องเที่ยว カーントーンティーアオ	観光
การทำบัญชี カーンタムバンチー	会計
กาว カーウ	のり（文房具）
กำหนดการ カムノットカーン	予定
เก็บเงินปลายทาง ゲップグンプラーイターン	コレクトコール
เกลือ グルーア	塩
เก่า カオ	古い
เก้าอี้รถเข็น カオイーロットケン	車椅子
แก้ว ゲーウ	コップ
แก้วกระดาษ ゲーウクラダート	紙コップ
ไกล クライ	遠い
ข	
ขโมย カモーイ	泥棒
ขน コン	毛皮
ขนาด カナート	サイズ
ขวา クワー	右
ข้อเท้า コーターウ	足首
ข้อควรระวัง コークワンラワン	注意
ข้อควรระวังเกี่ยวกับการใช้ コークワンラワンキーアウカップカーンチャイ	取扱い注意
ข้อความ コークアーム	メッセージ
ของเลียนแบบ コーンリアンベープ	偽物
ของเหลว コーンレーウ	液体
ของขวัญ コーンクワン	贈り物
ของฝาก コーンファーク	おみやげ
ของหวาน コーンワーン	デザート
ของหาย コーンハーイ	紛失物
ข้อบังคับ コーバンカップ	規則
ข้อศอก コーソーク	肘
ขับรถ カップロット	運転
ขากรรไกร カーカンクライ	下あご
ข้างนอก カーンノーク	外

基本会話

グルメ

ショッピング

ビューティ

見どころ

エンタメ

ホテル

乗りもの

基本情報

単語集

ข้างหน้าต่าง カーンチャーターン	窓側の
ขาว カーウ	白い
ข่าว カーウ	ニュース
ข้าว カーウ	米
ขึ้น クン	乗る
ขึ้นเครื่อง クンクルアン	搭乗
เขตพื้นที่ ケートプーンティー	地域
เข็มขัดนิรภัย ケムカットニラパイ	シートベルト
เข้า カウ	入る
เขียน キーアン	書く
ไข่ カイ	卵
ไข้ カイ	熱
ไข้หวัด カイウット	インフルエンザ

ค

คนขับรถ コンカップロット	運転手
ค้นหา コンハー	探す
ครอบครัว クロープクルア	家族
คริสต์มาส クリスマース	クリスマス
ความเจ็บปวด クワームチェップウト	痛み
ความดันโลหิต クワームダンローヒット	血圧
ความทรงจำ クワームソンチャム	思い出
ความลับ クワームラップ	秘密
ความสูง クワームスーン	高さ
ความอยากอาหาร クワームヤークアーバーン	食欲
คอ コー	首
คอฟฟี่ช็อป コッフィーショップ	喫茶店
คอมพิวเตอร์ コンピュトゥー	パソコン
ค่อยๆ コイコイ	ゆっくりと
คัดลอก カットローク	コピー
ค่าแท็กซี่ カーテクシー	タクシー料金
ค่าโดยสาร カードイサーン	運賃
ค่าโทรศัพท์ カートーラサップ	電話料金
ค่าใช้จ่ายเพิ่มเติม カーチャイチャーイラームトゥーム	追加料金
ค้างชำระ カーンチャムラ	後払い
คาดการณ์ カートカーン	予想
ค่าทัวร์ カートゥア	ツアー料金
ค่าบริการ カーボーリカーン	サービス料
ค่าบริการ カーボーリカーン	手数料
ค่าบริการไปรษณีย์ カーボーリカーンプライサニー	郵便料金
ค่าบริการขั้นต่ำ カーボーリカーンカンタム	最低料金
คาบาเร่ต์ キャバレー	キャバレー
ค่าผ่านประตู カーパーンプラトゥー	入場料
คาราเต้ カラテー	空手
คำเชิญ カムチューン	招待
คำพูด カムプート	ことば
คิ้ว キュウ	眉毛
คูปอง クーポーン	クーポン
คู่มือนำเที่ยว クームーナムティーアウ	ガイドブック
เครื่องเคลือบ クルーアンクルーアップ	陶磁器
เครื่องเป่า クルーアンパオ	ドライヤー
เครื่องเรือน クルーアンルアン	家具
เครื่องชั่ง クルーアンチャン	はかり
เครื่องดื่ม クルーアンドゥーム	飲み物
เครื่องดื่มค็อกเทล クルーアンドゥームコークテーン	カクテル
เครื่องทำความร้อน クルーアンタムクアームローン	暖房
เครื่องบิน クルーアンビン	飛行機
เครื่องประดับ クルーアンプラダップ	アクセサリー
เครื่องปรุงรส クルーアンプルンロット	調味料

เครื่องปั้นดินเผา ครื้ฟเอานปันดินเผา	陶器
เครื่องหนัง ครื้ฟเอานนัง	革製品
แครอท แคร็อต	ニンジン
โคมไฟ โคมไฟ	ランプ

ฆ

โฆษณา โคสนา	広告

ง

งานเทศกาล งานเทสกาน	祭り
งานแฮนด์เมด งานแฮนเมต	手芸品
งานอดิเรก งานอดิเรก	趣味
ง่าย งาย	簡単な
เงิน เงิน	金(かね)
เงินเหรียญ เงินเรียน	硬貨
เงินฝาก เงินฟาก	預金
เงินสด เงินสด	現金

จ

จดหมาย จดหมาย	手紙
จอง จอง	予約する
จักรยาน จักรยาน	自転車
จัดการ จัดการ	整理する
จาน จาน	皿
จำนวน จำนวน	数
จุดประสงค์ จุดประสง	目的
เจ็บปวด เจ็บปวด	痛む
โจร โจน	盗難
ใจกลาง ใจกลาง	中心

ฉ

ฉีดยา ฉีดยา	注射

ช

ช้อน ช้อน	スプーン
ชำระล้าง ชำระลาง	リンス
ชิป ชิป	チップ
ชื่อ ชื่อ	名前
ชุดบัตรโดยสาร ชุดบัตรโดยสาร	定期券
ชุดวันพีซ ชุดวันพีซ	ワンピース
เช็คเงินสด เช็คเงินสด	小切手
เช็คเดินทาง เช็คเดินทาง	トラベラーズチェック
เช็คเอาท์ เช็คเอาท์	チェックアウト
เช็คอิน เช็คอิน	チェックイン
เช้า เช้า	朝
แชมพู แชมพู	シャンプー
ซองจดหมาย ซองจดหมาย	封筒
ซอสมะเขือเทศ ซอสมะเขือเทศ	ケチャップ
ซักล้าง ซักลาง	洗う
ซากปรักหักพัง ซากปรักหักพัง	遺跡
ซ้าย ซ้าย	左
ซื้อ ซื้อ	買う
ซื้อของ ซื้อของ	買い物
ซูเปอร์มาเก็ต ซูเปอร์มาเก็ต	スーパーマーケット
เซ็ต เซ็ต	セット

ด

ดนตรี ดนตรี	音楽
ด่วน ด่วน	速達
ดัดผม ดัดผม	パーマ
ด่านตรวจคนเข้าเมือง ด่านตรวจคนเข้าเมือง	入国審査
ดิน ดิน	土
ดิสโก้ ดิสโก้	ディスコ
ดีไซน์ ดีไซน์	デザイン
ดึง ดึง	引く
เด็ก เด็ก	子供

เด็กทารก デックタ―ロック	赤ん坊
เด็กผู้ชาย デックプーチャーイ	男の子
เด็กผู้หญิง デックプーイン	女の子
เดินทางถึง ドゥーンターントゥン	到着
ได้รับ ダイラップ	受け取る

ต

ตกปลา トックプラー	釣り
ตรงไป トロンパイ	まっすぐ
ตรวจสอบอีกครั้ง トゥルーアットソープイーククラン	再確認する
ตลาด タラート	市場
ต่อราคา トーラーカー	バーゲン
ตะเกียบ タキーアップ	箸
ตะวันตก タワントック	西
ตะวันออก タワンオーク	東
ตั๋ว トゥア	切符／チケット
ตั๋วเครื่องบิน トゥアクルーアンビン	航空券
ตั๋วไป-กลับ トゥアパイ-グラップ	往復切符
ตัวอย่าง トゥアヤーン	見本
ตามกำหนด タームカムノット	定刻に
ตาราง ターラーン	表

ตารางเวลา ターラーングウェーラー	時刻表
ตารางแสดงรายละเอียด ターラーンサデーンラーイライーアッド	明細書
ตารางราคา ターラーンラーカー	料金表
ตำรวจ タムルアト	警察
ติดต่อ ティットトー	連絡する
ตื้น トゥーン	浅い
ตู้เย็น トゥーイェン	冷蔵庫
ตู้จำหน่ายสินค้าอัตโนมัติ トゥーチャムナーイシンカーアットノーマット	自動販売機
ตู้นิรภัย トゥーニラバイ	金庫
ตู้ล็อกเกอร์หยอดเหรียญ トゥーロッカーヨートリアン	コインロッカー
เต้นรำ テンラム	舞踊
เตารีด タオリート	アイロン
เต้าหู้ タウフー	豆腐
เตียง ティーアン	ベッド
เตียงเสริม ティーアンスーム	エキストラベッド
แตกต่าง テークターン	違う
แต่งเล็บ テーンレップ	マニキュア
โต๊ะ ト	テーブル
ใต้ タイ	下

ถ

ถนน タノン	道
ถังขยะ タンカヤ	ごみ箱
ถุงเท้า トゥンターオ	靴下
ถุงกระดาษ トゥンクラダード	紙袋
ถูก トゥーク	安い
โถปัสสาวะ トーパットサーウ	便器

ท

ท่องเที่ยว トーンティーアウ	旅行
ท่องเที่ยวต่างประเทศ トーンティーアウターンプラテート	海外旅行
ท้องผูก トーンプーク	便秘
ทะเล タレー	海
ทางเข้า ターンカオ	入り口
ทางเดิน タ―ンドゥーン	廊下
ทางม้าลาย ターンマーラーイ	横断歩道
ทางรถไฟ ターンロットファイ	鉄道
ทางออก ターンオーク	出口
ทางออกฉุกเฉิน ターンオークチュックチューン	非常口
ทำให้ร้อน タムハイローン	熱した

199

ทำของหาย	タムコーンハーイ	紛失
ทำความสะอาด	タムクアームサアート	クリーニング
ทำงาน	タムガーン	仕事
ทำด้วยมือ	タムドゥアイムー	手製の
ทิวทัศน์	ティウタット	景色
ทิวทัศน์จากบนเครื่องบิน	ティウタットチャーククルーアンビン	遊覧飛行
ทิศทาง	ティットターン	方角
ที่เขี่ยบุหรี่	ティキィアブリー	灰皿
ที่เปิดขวด	ティープードクーアト	栓抜き
ที่ขายตั๋ว	ティーカーイトゥア	切符売り場
ที่จอดรถ	ティーチョートロット	駐車場
ที่ทำการไปรษณีย์	ティータムカーンプライサニー	郵便局
ที่นั่ง	ティーナン	座席
ที่นั่งจอง	ティーナンチョーン	予約席
ที่นั่งที่ไม่ต้องจอง	ティーナンティーマイトンチョーン	自由席
ที่นั่งปลอดบุหรี่	ティーナンプロードブリー	禁煙席
ที่นั่งสำรอง	ティーナンサムローン	予備席
ที่รับแลกเปลี่ยนเงิน	ティーラップレークプリアングン	両替所

ที่หยุดรถบัส	ティーユットロットバス	停留所(長距離バスの)
ที่อยู่	ティーユー	住所
ที่อยู่ผู้รับ	ティーユープーラップ	宛先
เทนนิส	テンニス	テニス
เทอร์โมมิเตอร์	ターモーミーター	体温計
เท้า	ターウ	足
แท็กซี่	テェクシー	タクシー
โทรเลข	トーラレーク	電報
โทรทัศน์	トーラタット	テレビ
โทรศัพท์	トーラサップ	電話
โทรศัพท์ทางไกล	トーラサップターンクライ	長距離電話
โทรศัพท์ภายในประเทศ	トーラサップパーイナイプラテート	市内通話
โทรศัพท์มือถือ	トーラサップムートゥー	携帯電話

ธ

ธนาคาร	タナーカーン	銀行
ธรรมชาติ	タムマチャート	自然

น

นก	ノック	鳥
นม	ノム	牛乳

นวด	ヌーアット	マッサージ
นักเรียน	ナックリアン	学生
นักล้วงกระเป๋า	ナックルアングラパオ	スリ
นามบัตร	ナームバット	名刺
น่ารัก	ナーラック	かわいい
นาฬิกา	ナリカー	時計
นาฬิกาปลุก	ナリカーブルク	目覚し時計
น้ำ	ナム	水
น้ำแข็ง	ナムケン	氷
น้ำแร่	ナムレー	ミネラルウォーター
น้ำไม่อัดลม	ナムマイアットロム	炭酸なしの水
น้ำชา	ナムチャー	紅茶
น้ำซุป	ナムスップ	汁
น้ำตาล	ナムターン	砂糖
น้ำมัน	ナムマン	油
น้ำมันเครื่อง	ナムマンクルーアン	エンジンオイル
น้ำร้อน	ナムローン	湯
น้ำส้มสายชู	ナムソムサーイチュー	酢
น้ำอัดลม	ナムアットロム	炭酸水
นิทรรศการ	ニタッサカーン	展覧会

นิ้ว ニゥ	指	บัตรผ่านขึ้นเครื่อง バットバーンクンクルーアン	搭乗券	ใบปลิว バイプリウ	パンフレット
นุ่ม ヌム	柔らかい	บันได バンダイ	階段	ใบสั่งยา バイサンヤー	処方箋
เนคไทด์ ネクタイ	ネクタイ	บันไดเลื่อน バンダイルーアン	エスカレーター	ใบอนุญาตขับรถระหว่างประเทศ バイアヌヤードカップロットラウーンプラテート	国際運転免許証
เนื้อแกะ ヌァケ	羊肉	บาง (ความหนา) バーン(クワームナー)	薄い(厚さ)	**ป**	
เนื้อไก่ ヌァカイ	鶏肉	บาดเจ็บ バートチェップ	けが	ประเทศ プラテート	国
เนื้อวัว ヌアウア	牛肉	บ้าน バーン	家	ประกัน プラカン	保険
เนื้อหมู ヌアムー	豚肉	บาร์ バー	バー	ประกาศ プラカート	アナウンス
ในเมือง ナイムアン	市街	บำบัดรักษา バンバトラックサー	治療	ประชาสัมพันธ์ プラチャーサムパン	受付
ไนท์คลับ ナイトクラブ	ナイトクラブ	บุฟเฟต์ ブッフェ	バイキング	ประตูขึ้นเครื่อง プラトゥークンクルーアン	搭乗ゲート
บ		บุหรี่ ブリー	たばこ	ประธานาธิบดี プラターナーティッポディー	大統領
บน ボン	上	เบสบอลอาชีพ ベースボールアーチープ	プロ野球	ประสิทธิภาพ プラシッティパープ	効果
บรรจุภัณฑ์ バンチュパン	包装	เบา バウ	軽い	ปลอดบุหรี่ プロートブリー	禁煙
บริการโทรปลุกตอนเช้า ボーリカーントーブルクトーンチャオ	モーニングコール	เบียร์ ビア	ビール	ปลอดภัย プロートパイ	安全
บริการตนเอง ボーリカーントンエーン	セルフサービス	แบบตะวันตก ベープタワントック	洋式	ปลอดภาษี プロートパーシー	免税
บริษัท ボーリサト	会社	โบสถ์ ポート	教会	ปลอดสารเคมี プロートサーンケミー	無添加
บริสุทธิ์ ボーリスット	純粋な	โบสถ์คริสต์ ポートクリス	大聖堂	ปลายทาง プラーイターン	行き先
บัตรเครดิต バットクレーディット	クレジットカード	ใบเสร็จรับเงิน バイセットラップグン	領収書	ปวดท้อง プアトーン	腹痛
บัตรขาเข้า バットカーカオ	入国カード	ใบแจ้งหนี้ バイチェーンニー	請求書	ปวดหัว プアトゥア	頭痛
บัตรขาออก バットカーオーク	出国カード	ใบประกันอุบัติเหตุ バイプラカンウバッティヘート	事故証明書	ปั๊มน้ำมัน パムナムマン	ガソリンスタンド

ป้า／อา／น้า (ผู้หญิง) パー／アー／ナー (ラーイン)	叔母／伯母
ป้ายจอดแท็กซี่ パーイチョードテクシー	タクシー乗り場
ป้ายรถเมล์ パーイロットメー	バス停
ปิด ピット	閉める
ปีนเขา ピーンカオ	登山
ปุ่มซักผ้า プムサックパー	洗浄ボタン
เปรี้ยว プレーウ	すっぱい
เปลี่ยน プリーアン	かえる
เปิด プート	開ける
เปิด 24 ชั่วโมง プートイーチップシーチュアモーン	24時間営業
แปรงสีฟัน プレーンシーファン	歯ブラシ
แปลแบบล่าม プレーベープラーム	通訳する
แปลกประหลาด プレークプララート	珍しい
โปรแกรม プロクラム	プログラム
โปสการ์ด ポーストカート	絵はがき
ไปรษณีย์ プライサニー	ポスト
ไปรษณีย์ プライサニー	郵便

ผ	
ผม ポム	髪

ผลไม้ ポンラマイ	果物
ผลรวม ポンルアム	合計
ผลิตใหม่ パリットマイ	再発行
ผัก パク	野球
ผ้าเช็ดตัว パーチェットトゥア	タオル
ผ้าเช็ดหน้า パーチェットナー	ハンカチ
ผ่าตัด パータット	手術
ผ้าพันแผล パーパンプレー	包帯
ผ้าพันคอ パーパンコー	スカーフ
ผ้าม่าน パーマーン	カーテン
ผ้าห่ม パーホム	毛布
ผิวหนัง ピウナン	皮膚
ผู้ใหญ่ プーヤイ	大人
ผู้ไม่บรรลุนิติภาวะ プーマイバンルニティパーワ	未成年
ผู้ชม プーチョム	観客
ผู้หญิง プーイン	女性
แผนที่ ベーンティー	地図
แผนที่เมือง ベーンティームアン	市街地図
แผนที่การเดินทาง ベーンティーカーンドゥーンターン	路線図

ฝ	
ฝน フォン	雨
ฝักบัวอาบน้ำ ファクブアアープナム	シャワー

พ	
พนักงานเสิร์ฟ パナックガーンスーフ	給仕人
พนักงานต้อนรับ パナックガーントーンラップ	受付人
พบเจอ ポップチュー	会う
พยากรณ์อากาศ パヤーコーンアーカート	天気予報
พรม プロム	カーペット
พริกแดง プリックデーン	唐辛子
พริกไทย プリックタイ	コショウ
พรุ่งนี้ プルンニー	明日
พัฒนา パッタナー	現像
พาสปอร์ต パースポード	パスポート (旅券)
พิเศษ ピセート	特別な
พิพิธภัณฑ์ ピピッタパン	博物館
พิพิธภัณฑ์สัตว์น้ำ ピピッタパンサットナム	水族館
พูด プート	言う
พูดคุย プートクイ	話す

เพลง / プレーン	歌
เพศ / ペート	性別
แพง / ペーン	高い(値段)

ฟ

ฟัน / ファン	歯
แฟกซ์ / ファック	ファックス
ไฟฟ้าดับ / ファイファーダップ	停電

ภ

ภัตตาคาร / パッタカーン	レストラン
ภาพ / パープ	絵
ภาพยนตร์ / パーパヨン	映画
ภาษาอังกฤษ / パーサーアングリット	英語
ภาษี / パーシー	税金
ภาษีมูลค่าเพิ่ม(VAT) / パーシームーラカープーム	付加価値税(VAT)
ภาษีสนามบิน / パーシースナームビン	空港税
ภูเขา / プーカオ	山
ภูมิแพ้ / プームペー	アレルギー
ภูมิภาค / プーミパーク	(その)地方の

ม

มอบหมาย / モープマーイ	任せる
มา / マー	来る
มายองเนส / マヨンネース	マヨネーズ
มารยาท / マーラヤート	礼儀
มีค่าใช้จ่าย / ミーカーチャイチャーイ	有料の
มีชื่อเสียง / ミーチューシーアン	有名な
มีดโกน / ミートコーン	剃刀
มืด / ムート	暗い
มือ / ムー	手
เมนู / メーヌー	メニュー
เมื่อก่อน / ムアコーン	昔
เมื่อวาน / ムアワーン	昨日
แม่น้ำ / メーナム	川
แมลง / マレーン	虫
แมว / メーウ	猫
ไม่เป็นทางการ / マイベンターンカーン	カジュアルな
ไม่ดี / マイディー	まずい
ไม่ใส่สี / マイサイシー	無着色

ไม่มีค่าใช้จ่าย / マイミーカーチャイチャーイ	無料の
ไม่ว่าง / マイワーン	使用中

ย

ยกเลิก / ヨックルーク	取り消す
ยา / ヤー	薬
ยาแก้ปวด / ヤーケープーアト	アスピリン
ยาแก้หวัด / ヤーケーウット	風邪薬
ยาก / ヤーク	難しい
ยาบรรเทาปวด / ヤーバンタオプート	鎮痛剤
ยาระบาย / ヤーラバーイ	便秘薬
ยาลดไข้ / ヤーロットカイ	解熱剤
ยาว / ヤーウ	長い
ยาสมุนไพร / ヤーサムンプライ	漢方薬
ยาหยอดตา / ヤーヨートー	目薬
ยุง / ユン	蚊
แยกต่างหาก / イェークターンハーク	別々

ร

รถเช่า / ロットチャオ	レンタカー
รถเมล์ / ロットメー	バス
รถไฟ / ロットファイ	列車

タイ語	読み	日本語
รถไฟใต้ดิน ロットファイタイディン	地下鉄
รถไฟขบวนแรก ロットファイカブアーン レーク	始発列車
รถไฟขบวนสุดท้าย ロットファイカブアーン スットターイ	最終列車
รถด่วนพิเศษ ロットドゥアンピセート	特急
รถบัสท่องเที่ยว ロットバストーンティー アウ	観光バス
รถบัสทางไกล ロットバスターンクライ	長距離バス
รถพยาบาล ロットパヤーバーン	救急車
รถยนต์ ロットヨン	自動車
ร่ม ロム	傘
รองเท้า ローンタウ	靴
ร้องเพลง ローンプレーン	歌う
ร้อน ローン	熱い
รอยเปื้อน ローイブーアン	しみ
รอยขีดข่วน ローイキートクーワン	傷
ระยะเวลาหมดอายุ ラヤウェーラーモットアユ	有効期間
ระหว่างทำการ ラウーンタムカーン	営業中
รับประทานอาหาร ラップラターンアーハ ーン	食事
รับฝาก ラップファーク	預かる
รั่วไหล ルアライ	漏れる

ราเมง ラメン	ラーメン
ร่าเริง ラールーン	明るい
ราคา ラーカー	値段
ราคาต่าง ラーカーターン	差額
ร่างกาย ラーンカーイ	体
ร้านเสื้อผ้า ラーンスアーバー	洋服店
ร้านแลกเปลี่ยนเงิน ラーンレークプリアング ン	両替商
ร้านขายขนมปัง ラーンカーイカノムパン	パン屋
ร้านขายของชำ ラーンカーイコーンチャム	食料品店
ร้านขายยา ラーンカーイヤー	薬局
ร้านค้า ラーンカー	店
ร้านปิด ラーンピット	閉店
ร้านสะดวกซื้อ ラーンサドゥーアクスー	コンビニ
ร้านสินค้าปลอดภาษี ラーンシンカープロート パーシー	免税店
ร้านหนังสือ ラーンナンスー	書店
รีบ リーブ	急ぐ
รูปถ่าย ループターイ	写真
รูมเซอร์วิส ルームサーウィス	ルーム サービス
เร็ว レウ	早い

เรียบง่าย リアープガーイ	質素な
เรือ ルア	船
เรือสำราญ ルアサムラーン	遊覧船
โรงเรียน ローンリアン	学校
โรงแรม ローンレーム	ホテル
โรงพยาบาล ローンパヤーバーン	病院
โรงละคร ローンラコーン	劇場
โรงอาหาร ローンアーハーン	食堂
ฤดู ルドゥー	季節

ล

ลง ロン	降りる
ลม ロム	風
ลายเซ็น ライセン	サイン
ลิปสติก リップスティック	口紅
ลิฟท์ リフト	エレベーター
ลีมูซีนบัส リムシーンバズ	リムジンバス
ลึก ルック	深い
ลุง／อา／น้า ルン／アー／ナー	叔父／伯父
ลูกค้า ルークカー	客
ลูกชาย ルークチャー	息子

基本会話

グルメ

ショッピング

ビューティ

見どころ

エンタメ

ホテル

乗りもの

基本情報

単語集

ลูกสาว ルークサーウ	娘
ลูกอม ルークオム	あめ
เล่น レン	遊ぶ
เลาจน์พักรอเดินทาง ラウジパックロードゥーンターン	出発ロビー
เลือด ルーアド	血
เลือดออก ルーアドオーク	出血する
เลื่อนออกไป ルーアンオークパイ	延期する
โลก ロ̂ーク	世界
โลหิตจาง ローヒットチャーン	貧血

ว	
วัฒนธรรม ウッタナタム	文化
วัด ウット	寺
วันเกิด ワンクード	誕生日
วันเดียวกัน ワンディーアウカン	当日
วันครบรอบ ワンクロ̂ップロ̂ープ	記念日
วันนี้ ワンニ́ー	今日
วันมะรืน ワンマルーン	明後日
วันหยุด ワンユット	休暇
วันออกเดินทาง ワンオークトゥーンターン	出発日

ว่ายน้ำ ウ̂ーイナ̂ム	水泳
วิ่ง ウ̀ィン	走る
วิทยุ ウィッタユ	ラジオ
เวลาเปิดทำการ ウェーラープードタムカーン	開館(営業)時間
เวลากลางคืน ウェーラークラーンクーン	夜間
เวลาขึ้นเครื่อง ウェーラークンクルーアン	搭乗時間
เวลาท้องถิ่น ウェーラートーンティン	現地時間
เวลาปิดทำการ ウェーラーピッドタムカーン	閉館時間
เวลาว่าง ウェーラーウ̂ーン	自由時間
เวลาออกเดินทาง(เครื่องบิน) ウェーラーオークドゥーンターン(クルーアンビン)	出発時間(飛行機)
เวลาออกเดินทาง(รถไฟ) ウェーラーオークドゥーンターン(ロットファイ)	出発時間(電車)
แว่นตา ウ̂ェンター	眼鏡
ไวน์ลิสต์ ワインリス	ワインリスト

ศ	
ศาสนา サ̂ーサナー	宗教
ศุลากร スラカーコーン	税関

ส	
สกปรก ソカプロ̀ック	汚い

ส่ง ソン	送る
ส่งคืนสินค้า ソンクーンシンカー	返品する
สดใส ソットサ̂イ	晴れている
สถานแนะนำการท่องเที่ยว サターンネナムカーントーンティーアウ	観光案内所
สถานที่เก็บทรัพย์สินสูญหาย サターンティーケップサップシンスーンハーイ	遺失物取扱所
สถานที่แนะนำ サターンティーネナム	案内所
สถานที่ติดต่อ サターンティーティットトー	連絡先
สถานทูต サターントゥート	大使館
สถานทูตญี่ปุ่น サターントゥートイーナン	日本大使館
สถานี サターニー	駅
สถานีตำรวจ サターニータムルアト	警察署
สถานีตำรวจภูธร サターニータムルアトプートーン	派出所
สถานีรถไฟใต้ดิน サターニーロットファイタイディン	地下鉄駅
สนามบิน サナームビン	空港
สบู่ サブー	石けん
สร้อยคอ ソ̂ーイコー	ネックレス
สวน スアン	庭
ส่วนต้อนรับด้านหน้า スアントーンラップダーンナー	フロント

ส่วนลด スアンロット	割引き	
สวนสัตว์ スアンサット	動物園	
สวยงาม スアイガーム	美しい	
สั่ง サン	注文する	
สัญชาติ サンチャート	国籍	
สัญญาณเตือน サンヤーントゥーアン	警報	
สั้น サン	短い	
สามารถ サーマート	可能	
สาย サーイ	遅れる	
สายไม่ว่าง サーイマイワーン	通話中	
สำเร็จรูป サムレットループ	インスタント	
สำรวจ サムルアト	調査する	
สำหรับเด็ก サムラップデック	子供用	
สิ่งของมีค่า シンコーンミーカー	貴重品	
สินค้าเรียกคืน シンカーリークックン	申告品	
สินค้าปลอดภาษี シンカープロートバーシー	免税品	
สินค้าพื้นเมือง シンカープーンムアング	特産品	
สินค้าหมด シンカーモット	売り切れ	
สิ้นสุด シンスット	通行止め	
สี シー	色	

สีเงิน シーグン	銀	
สีแดง シーデーン	赤	
สีน้ำเงิน シーナムグン	青	
เส้นไหม センマーイ	絹	
เส้นทางภายในประเทศ センターンバーイナイプ ラテート	国内線	
เส้นทางระหว่างประเทศ センターンラウーンプラ テート	国際線	
เส้นป่าน センパーン	麻	
เส้นฝ้าย センファーイ	綿	
เสียใจ シアチャイ	悲しい	
เสี่ยงต่อการกระแทก シアントーカーンクラテ ーク	壊れやすい	
เสื้อคลุม スアクルム	上着	
เสื้อชูชีพ スアチューチープ	救命胴衣	
แสงสว่าง セーンサウーン	明かり	
แสตมป์ スタンプ	切手	

ห

หนวกหู ヌーアクフー	うるさい	
หนัก ナック	重い	
หนังสือ ナンスー	本	
หนังสือพิมพ์ ナンスーピム	新聞	

หนา ナー	厚い	
หนาว ナーウ	寒い	
หมวก ムーアク	帽子	
หมอ モー	医者	
หมอน モーン	枕	
หมา マー	犬	
หมากฝรั่ง マークフラン	ガム	
หมายเลข マーイレーク	番号	
หมายเลขเที่ยวบิน マーイレークティーアウ ビン	便名	
หมายเลขโทรศัพท์ マーイレークトーラサッ プ	電話番号	
หมายเลขจอง マーイレークチョーン	予約番号	
หมายเลขที่นั่ง マーイレークティーナン	座席番号	
หมายเลขบัตรประจำตัวประชาชน マーイレークバットプラ チャムトゥアプラチャー チョン	暗証番号	
หมายเลขห้อง マーイレークホン	部屋番号	
หมู่เลือด ムールーアト	血液型	
หลอด ロート	ストロー	
หลังคา ランカー	屋根	
หวัด ウット	風邪	
หวาน ウーン	甘い	

ห้อง ฮ่ง	部屋	แหวน ウェーン	指輪	อาหารเย็น アーハーンイェン	夕食
ห้องแบบทวิน ฮ่งベーブツイン	ツイン ルーム	ใหม่ マイ	新しい	อาหารจานเดียว アーハーンチャーンディーアウ	一品料理
ห้องครัว ฮ่งクルア	台所	ไหม้ マイ	やけど	อินเตอร์เน็ต インターネット	インター ネット
ห้องรอ ฮ่งロー	待合室	ไหล่ ライ	肩	อุณหภูมิ ウンハプーム	気温
ห้องรับรอง ฮ่งラップローン	休憩室			อุณหภูมิร่างกาย ウンハプームラーンカイ	体温
ห้องสมุด ฮ่งサムット	図書館	**อ**		อุ่น ウン	暖かい
ห้องสุขา ฮ่งスカー	トイレ	อพาร์ทเมนท์ アパートメン	アパート	อุบัติเหตุ ウバッティヘート	事故
หอบหืด ホーフート	ぜんそく	อร่อย アロイ	おいしい	อุบัติเหตุทางจราจร ウバッティヘートターンチャラチョーン	交通事故
ห่อพัสดุ ホーパッサドゥ	小包	ออกเดินทาง オークドゥーンターン	出発	เอ็กซเรย์ エクスレー	レントゲン
หัว ウア	頭	อัญมณี アンヤマニー	宝石	เอกสาร エーカサーン	書類
หัวไชเท้า フアチャイタオ	大根	อัตราแลกเปลี่ยน アッタラーレークプリアン	為替レート	แอร์ エー	エアコン
ห้างสรรพสินค้า ハーンサッパシンカー	デパート	อัตราค่าห้องพัก アッタラーカーホンパック	宿泊料		
ห้ามใช้แฟลช ハームチャイフラッシュ	フラッシュ 禁止	อันตราย アンタラーイ	危険		
ห้ามจอดรถ ハームチョートロット	駐車禁止	อาเจียน アーチィーアン	吐く		
ห้ามถ่ายรูป ハームターイループ	撮影禁止	อาการชา アーカーンチャー	麻酔		
หิมะ ヒマ	雪	อากาศ アーカート	天気		
เหนือ ヌーア	北	อาชีพ アーチープ	職業		
เหนือย ヌーアイ	疲れる	อายุ アーユ	年齢		
เหล้า ラウ	酒	อาหาร アーハーン	料理		
แห่งชาติ ヘンチャート	国立の	อาหารเช้า アーハーンチャオ	朝食		

ことりっぷ co-Trip 会話帖

タイ語

STAFF

●編集
ことりっぷ編集部
カルチャー・プロ

●執筆
ことりっぷ編集部
カルチャー・プロ

●タイ語監修
Ruchanurucks Miti

●写真
ことりっぷ編集部

●表紙
GRiD

●フォーマットデザイン
GRiD

●キャラクターイラスト
坂崎千春
スズキトモコ
(シリーズキャラクター)

●本文イラスト
ずんだちるこ

●DTP制作
明昌堂

●地図制作協力
田川企画

●校正
山下さをり
オメガ・コミュニケーションズ

2024年1月1日 2版1刷発行

発行人　川村哲也
発行所　昭文社

本社：〒102-8238東京都千代田区麹町3-1
☎0570-002060 (ナビダイヤル)
IP電話などをご利用の場合は☎03-3556-8132
※平日9:00〜17:00(年末年始、弊社休業日を除く)

ホームページ https://www.mapple.co.jp/

※乱丁・落丁本はお取替えいたします。

許可なく転載、複製することを禁じます。
©Shobunsha Publications, Inc.2024.1
ISBN978-4-398-21584-0
定価は表紙に表示してあります。